Grundkurs Algorithmen und Datenstrukturen in JAVA

Andreas Solymosi • Ulrich Grude

Grundkurs Algorithmen und Datenstrukturen in JAVA

Eine Einführung in die praktische Informatik

6., aktualisierte und ergänzte Auflage

Andreas Solymosi
Beuth-Hochschule für Technik Berlin
Berlin, Deutschland

Ulrich Grude
Beuth-Hochschule für Technik Berlin
Berlin, Deutschland

ISBN 978-3-658-17545-0   ISBN 978-3-658-17546-7 (eBook)
DOI 10.1007/978-3-658-17546-7

Die Deutsche Nationalbibliothek verzeichnet diese Publikation in der Deutschen Nationalbibliografie; detaillierte
bibliografische Daten sind im Internet über http://dnb.d-nb.de abrufbar.

Springer Vieweg
© Springer Fachmedien Wiesbaden GmbH 2000, 2001, 2002, 2008, 2014, 2017

Gedruckt auf säurefreiem und chlorfrei gebleichtem Papier

Springer Vieweg ist Teil von Springer Nature
Die eingetragene Gesellschaft ist Springer Fachmedien Wiesbaden GmbH
Die Anschrift der Gesellschaft ist: Abraham-Lincoln-Str. 46, 65189 Wiesbaden, Germany

Vorwort zur 6. Auflage

Nachdem die 3. Auflage vergriffen war, haben wir das Buch für die Version 5 von Java überarbeitet, um die Möglichkeiten der ausdrucksreicheren Sprache auszunutzen: Generizität, Aufzählungstypen und die Zählschleife („verbesserte for-Schleife") wurden benutzt, um die Algorithmen noch verständlicher darzustellen. Jetzt, vor der 6. Auflage, wurde Java nochmals bereichert: Die „Lambdas" kamen in der Version 8 dazu, die viele Algorithmen wiederum vereinfachen. Also wurde das Buch weiter ergänzt. Leser, die diese neuen Sprachelemente noch nicht kennen, können mit Hilfe der (knappen) Erklärungen und Fußnoten einen Einblick bekommen, um sich mit ihnen vertraut zu machen. Die Sachkundigen können gerne vorschlagen, wie die dargestellten Algorithmen mit dem neuen Paradigma („Funktionale Programmierung") noch prägnanter formuliert werden können – die Möglichkeiten sind fast unerschöpflich.

Es ist noch zu betonen, dass viele der dargebotenen Algorithmen nicht für den Alltagsgebrauch gedacht sind, da die Standardbibliotheken von Java viel flexiblere (und oftmals auch effizientere) Versionen oder Alternativen anbieten. Vielmehr sind sie didaktisch nützlich, um zu lernen, wie solche Programme funktionieren. Dann kann der Java-Programmierer auch Lösungen für Probleme entwickeln, für die es keine Standardklassen gibt.

In die 6. Auflage wurden auch die dankend entgegengenommenen Korrekturhinweise eingearbeitet sowie der Online-Service aktualisiert. Hier können die im Buch vorgestellten Programme sowie die Lösungen einiger Übungen heruntergeladen werden:

http://public.beuth-hochschule.de/oo-plug/A&D

Auf der Internetseite finden sich auch einige Kapitel aus älteren Auflagen sowie eine Email-Adresse für Hinweise auf Fehler, Verbesserungsvorschläge und andere Bemerkungen.

Einleitung

Das Fach „Algorithmen und Datenstrukturen" deckt „klassische Themen" der Ausbildung von Informatikern ab. Es gibt viele Lehrbücher, die klassische Algorithmen (wie Sortierverfahren usw.) und klassische Datenstrukturen (wie Reihungen,[1] verkettete Listen, Bäume usw.) mehr oder weniger verständlich vorstellen. Die meisten – insbesondere die besten – von ihnen wurden vor einiger Zeit geschrieben, deswegen verwenden sie typischerweise auch eine „klassische" Programmiersprache (wie Algol, Pascal, C o. ä.) und keine neuere Sprache wie Java.

Vermutlich verbreitet sich Java heute schneller als alle anderen Programmiersprachen. Dies hat im Wesentlichen zwei Gründe:

- die Plattformunabhängigkeit, die ihre Verwendung im Internet ermöglicht
- die Objektorientierung, die moderne Programmentwicklungstechniken und -paradigmen unterstützt.

Java wird auch zunehmend als erste Unterrichtssprache verwendet, z. B. in den Informatikstudiengängen an der *Beuth Hochschule Berlin*. So gibt es immer mehr Studenten, die noch keine andere Programmiersprache beherrschen. Um sie in *Algorithmen und Datenstrukturen* fortlaufend unterrichten zu können, wurde dieses Lehrbuch entwickelt.

Es wendet sich an folgende Zielgruppen:

- Studenten von Informatikstudiengängen
- Schüler mit Leistungskurs Informatik
- Auszubildende in IT-Berufen mit Schwerpunkt Software
- Programmierer und
- Interessierte an anspruchsvollen Algorithmen.

Es ist geeignet sowohl als Lehrmaterial für Vorlesungen und Kurse wie auch zum Selbststudium.

---

[1] Felder, arrays.

Der Leser sollte möglichst die folgenden Voraussetzungen erfüllen:

- Erfahrung im Erstellen einfacherer Programme
- Kenntnisse der Programmiersprache Java
- insbesondere die Behandlung von Reihungen[1] und Datenstrukturen, die durch Referenzen (Zeiger) miteinander verkettet sind

Nicht erforderlich sind (vertiefte) Kenntnisse der Standardbibliothek und der fortgeschrittenen Mechanismen wie Polymorphie, Ausnahmebehandlung, abstrakte Klassen u. ä. Zum Erlernen der Sprache Java werden zum Beispiel folgende Lehrbücher empfohlen:

Solymosi, *Schmiedecke:* Programmieren mit Java
Vieweg Verlag 2001, ISBN 3-528-25697-4 (3. Auflage)
Grude: Java ist eine Sprache
Vieweg Verlag 2005, ISBN 3-528-05914-1

Die meisten guten Bücher[2] zum Thema *Algorithmen und Datenstrukturen* haben einen hohen akademischen Anspruch. Es gibt nur einige, die als Lehrbücher (z. B. als Begleitliteratur für Hochschulvorlesungen) geeignet sind. Die Mehrzahl von diesen ist jedoch für Universitätsstudiengänge entstanden. Für Fachhochschulen, wo dem theoretischen Ansatz die Praxisrelevanz vorangestellt wird, sind sie oft zu anspruchsvoll. Die Informatikstudenten an Fachhochschulen sind weniger an mathematischen Beweisen als an verständlich formulierten Algorithmen interessiert.

Insbesondere wurde auf die *Lesbarkeit* der Programme in den meisten – hauptsächlich älteren – Lehrbüchern kein Schwerpunkt gelegt. In der Zwischenzeit[3] wissen wir aber: Im Allgemeinen ist das Lesen von Programmen oftmals schwerer als das Schreiben. Bei der Entwicklung der Beispielprogramme dieses Lehrbuchs wurde auf die Lesbarkeit Acht gegeben:

- Wahl der Bezeichner
- angemessene Kommentare
- inhärente[4] Strukturierung
- konsequentes Druckbild (Einrückung, Klammerung, Schriftarten).

Hierdurch soll der Leser schneller den Sinn, den Ablauf und das Prinzip der Algorithmen erfassen können. Auch Studenten sollen sich daran gewöhnen, Programme mit hohem Lesbarkeitsgrad zu schreiben.

Beim Verfassen dieses Lehrbuchs wurden des Weiteren folgende Ziele verfolgt:

1. Einige wichtige und bekannte Algorithmen (z. B. die Algorithmen *Quicksort* und *Heapsort* zum Sortieren von Reihungen, der *Knuth-Morris-Pratt-Algorithmus* zum Suchen einer Zeichenkette in einem Text, *Baumdurchläufe* usw.) werden vorgestellt.

---

[2] s. Literaturverzeichnis und Empfehlungen.
[3] durch die Entwicklung des *Software Engineering*.
[4] sich aus dem Wesen der Aufgabe ergebende.

2. Der Leser soll dabei Erfahrungen sammeln, wie man Algorithmen schreiben, lesen und wie man den dynamischen Ablauf eines Algorithmus darstellen kann.

Einen Algorithmus kann man z.B. in natürlicher Sprache, in „Pseudocode", als Ablaufdiagramm („Kästchen mit Pfeilen dazwischen"), als Struktogramm („geschachtelte Kästchen"), als Java-Programm, als Assembler-Programm usw. darstellen.

Einen Ablauf des Algorithmus kann man z.B. durch eine Folge von „Momentaufnahmen" darstellen, oder durch spezielle Diagramme und Grafiken. Man kann einen solchen Ablauf auch an einer Tafel „mit Kreide und Schwamm" oder auf einem Papier mit „Bleistift und Radiergummi" vorführen. Zeichentrickfilme oder Computeranimationen sind auch sehr geeignet, ihre Herstellung ist aber meistens aufwändig.

3. Die Studenten von Lehrveranstaltungen dieses Fachs sollen auch üben, genau und verständlich über Algorithmen zu sprechen und zu schreiben. Sie sollen einige wichtige Fachbegriffe (z.B. *Algorithmus*, *B-Baum*, *Halde* usw.) kennen lernen und in ihr aktives Vokabular aufnehmen. Insbesondere sollen sie sich auch mit der Komplexität von Algorithmen befassen und ein Verständnis für die Algorithmen-Klassen P und NP gewinnen.

4. Sie sollen theoretisch und praktisch etwas über das Verhältnis von (abstrakten) Algorithmen und (konkreter) Programmierung erfahren.

Vertrautheit mit abstrakten Algorithmen ist eine notwendige, aber keineswegs hinreichende Voraussetzung für „gute Programmierung im Alltag".

Die in diesem Buch abgedruckten Beispielprogramme stehen im Internet unter der folgenden Adresse zur Verfügung:

```
http://www.beuth-hochschule.de/~oo-plug/A&D
```

Fragen, Verbesserungsvorschläge und Kritik können an die folgenden Adressen gesendet werden:

```
solymosi@beuth-hochschule.de
```
oder
```
grude@beuth-hochschule.de
```

Die Autoren A. S. und U. G.

Danksagungen

Ich danke den Studenten (auch von anderen Hochschulen), die durch aufmerksames Lesen des Buches einige Fehler und Unklarheiten entdeckt und uns Hinweise gegeben haben. Außerdem gebührt meiner Frau Dr. I. Solymosi und unseren vier Kindern Dank, die die Belastungen der Arbeit an so einem Buch ertragen und mitgetragen haben. Und nicht zuletzt danke ich Gott, meinem Schöpfer und liebendem Vater, der mich nicht nur mit Fähigkeiten für meinen Beruf ausgestattet, sondern durch sein persönliches Opfer auch erlöst hat.

Andreas Solymosi

Inhaltsverzeichnis

Abbildungsverzeichnis

Tabellenverzeichnis

Begriffsbildung

1

Zusammenfassung

In diesem Kapitel sollen einige grundlegende Begriffe wie „Algorithmus" und „Komplexität" erläutert werden. Wir wollen sie nicht exakt definieren, wohl aber ein Grundverständnis für sie erarbeiten.

1.1   Algorithmus

▶ Wollte man den Begriff „Algorithmus" präzise definieren, so müsste man seine Bedeutung willkürlich einschränken. Deshalb soll dieser Begriff hier nicht *definiert*, sondern nur *erläutert* werden. Als „weicher" Begriff mit großem Bedeutungsumfang wird er uns besonders nützlich sein.

Als Ausgangspunkt dieser Erläuterungen seien ein paar typische (und besonders berühmte) Beispiele für Algorithmen genannt:

- der Algorithmus von Euklid zur Berechnung des größten gemeinsamen Teilers („ggT") zweier positiver ganzer Zahlen.
- der Algorithmus „Quicksort" zum Sortieren von Reihungen.
- der Knuth-Morris-Pratt-Algorithmus zum Suchen einer (kürzeren) Zeichenkette in einem (längeren) Text.
- Algorithmus zum Traversieren eines Baumes.
- Algorithmus zum Finden des hamiltonschen Weges in einem Graphen.

Algorithmen sind sehr *abstrakte* Gebilde. Man kann einen (abstrakten) Algorithmus auf verschiedene Weise und mehr oder weniger *konkret darstellen.*

© Springer Fachmedien Wiesbaden GmbH 2017
A. Solymosi, U. Grude, *Grundkurs Algorithmen und Datenstrukturen in JAVA*,
DOI 10.1007/978-3-658-17546-7_1

Zum Beispiel beschreibt *Euklid*[1] seinen Algorithmus im 7. Buch seiner „Elemente" so:

„Es seien AB, CD, die beyden gegebnen Zahlen, so dass die grössere, AB, von der kleinern, CD, nicht genau gemessen werde. Nimm immer die kleinere von der größern weg, bis ein Rest kommt, welcher die nächstvorgehende Zahl genau mißt. Dieser Rest ist das gröste gemeinschaftliche Maaß der beyden gegebenen Zahlen."[2]

Mit der „*Zahl* AB" ist die *Strecke* zwischen den Punkten A und B gemeint und „Die Zahl EF *misst* eine Zahl GH (genau)" bedeutet: „Die (Länge der) Strecke GH ist ein *ganzzahlig Vielfaches* der (Länge der) Strecke EF".[3]

Die folgende Java-Funktion `ggtIterativ` ist auch eine Darstellung des euklidischen Algorithmus. Sie enthält als wesentlichen Bestandteil eine `while`-Schleife:

```
static int ggtIterativ(int ersteZahl, int zweiteZahl) { //⁴
 // requires⁵ ersteZahl > 0 && zweiteZahl > 0; ensures return > 0
 while (ersteZahl != zweiteZahl)
  if (ersteZahl > zweiteZahl)
   ersteZahl -= zweiteZahl; //⁶
  else
   zweiteZahl -= ersteZahl;
 return ersteZahl;
}
```

Auch die folgende Java-Funktion `ggtRekursiv` stellt den euklidischen Algorithmus dar:

```
static int ggtRekursiv(int ersteZahl, int zweiteZahl) {
 // requires ersteZahl > 0 && zweiteZahl > 0; ensures return > 0
 if (ersteZahl > zweiteZahl)
  return ggtRekursiv(ersteZahl - zweiteZahl, zweiteZahl);
 else if (ersteZahl < zweiteZahl)
  return ggtRekursiv(ersteZahl, zweiteZahl - ersteZahl);
 else // ersteZahl == zweiteZahl
  return ersteZahl;
}
```

---

[1] 3. Jahrhundert v. Chr.

[2] Aus dem Griechischen übersetzt von J. F. Lorenz, s. [Eu] im Literaturverzeichnis.

[3] Das Zitat ist unvollständig. Wer sich für die vollständige Darstellung des Algorithmus interessiert, sollte sie bei Euklid nachlesen (ca. 2 Seiten, inklusive Korrektheitsbeweis).

[4] In Java sollten alle Methoden, die nicht auf Objektelemente zugreifen, als Klassenmethoden (**static**) vereinbart werden.

[5] Die aus der Sprache Eiffel (s. [Mey]) entliehenen reservierten Wörter **requires** und **ensures** sind *Zusicherungen* (in Java nur als Kommentar): Die Methode funktioniert nur dann erwartungsgemäß, wenn der Boolesche Ausdruck nach **requires** vor der Ausführung der Methode den Wert **true** liefert. Sie garantiert die Erfüllung der **ensures**-Bedingung nach der Ausführung.

[6] In Java werden Parameter per Wert („by value") übergeben, d. h. im Methodenrumpf werden sie wie lokale Variablen behandelt: Sie können verändert werden, wenn sie nicht als **final** vereinbart worden sind.

Wir haben hier also drei *Darstellungen* des Algorithmus von Euklid. Die (ins Deutsche übersetzte) Darstellung von Euklid selbst ist ziemlich abstrakt, d. h. sie lässt noch viele Einzelheiten offen. Die beiden Java-Funktionen sind ungefähr gleich konkret und beide konkreter als die Beschreibung von Euklid. Der *Algorithmus* selbst ist das Abstrakte, welches allen drei Darstellungen gemeinsam ist.

Die Vorstellung, dass es einerseits *abstrakte Algorithmen* gibt und andererseits mehr oder weniger *konkrete Darstellungen* von Algorithmen, ist sehr praktisch und in vielen Zusammenhängen nützlich. Diese Vorstellung bringt aber auch gewisse Probleme mit sich.[7] Eines dieser Probleme soll hier anhand eines Beispiels skizziert werden.

Die folgende Java-Funktion berechnet ebenfalls den größten gemeinsamen Teiler von zwei natürlichen Zahlen:

```java
static int ggt1(int ersteZahl, int zweiteZahl) {
 // requires ersteZahl > 0 && zweiteZahl > 0; ensures return > 0
 for (int i = Math.max(ersteZahl, zweiteZahl); i>0; i--) //8
  if ((ersteZahl % i == 0) && (zweiteZahl % i == 0))
   return i;
 return 0; // wenn requires nicht erfüllt
}
```

Hier wird aber nirgends „die kleinere von der größeren [Zahl] weg[genommen]" wie bei Euklid, also ist `ggt1` offensichtlich keine Darstellung des euklidischen Algorithmus, sondern eine Darstellung eines anderen Algorithmus zur Berechnung des größten gemeinsamen Teilers.

Es ist aber fraglich, welchen Algorithmus wohl die folgende Java-Funktion darstellt:

```java
static int ggt2(int ersteZahl, int zweiteZahl) { // Zusicherungen ähnlich
 while (ersteZahl != 0 && zweiteZahl != 0)
  if (ersteZahl > zweiteZahl)
   ersteZahl = ersteZahl % zweiteZahl;
  else
   zweiteZahl = zweiteZahl % ersteZahl;
 return ersteZahl + zweiteZahl;
}
```

Diese Funktion `ggt2` hat Ähnlichkeit mit der Funktion `ggtIterativ`. Deshalb kann man `ggt2` für eine Darstellung des euklidischen Algorithmus halten. Andererseits wird auch in der Funktion `ggt2` nirgends „die kleinere von der größeren [Zahl] weg[genommen]" wie

---

[7] Sie sind nicht speziell auf Algorithmen bezogen, sondern in allgemeinerer Form; das Verhältnis zwischen *abstrakt* und *konkret* wurde unter anderen schon von den griechischen Philosophen *Platon* und *Aristoteles* diskutiert.

[8] Alternative Formulierung ohne Benutzung von Standardklassen:
```java
for(int i = ersteZahl > zweiteZahl ? ersteZahl : zweiteZahl; i>0; i--)
```

bei Euklid. Deshalb kann man auch bestreiten, dass die Java-Funktion `ggt2` eine Darstellung des euklidischen Algorithmus ist und sie für eine Darstellung eines anderen Algorithmus halten.

Wer dieser letzteren Meinung ist, sollte die folgende Java-Funktion untersuchen:

```java
static int ggt3(int ersteZahl, int zweiteZahl) { // Zusicherungen ähnlich
 while (ersteZahl != zweiteZahl)
  if (ersteZahl > zweiteZahl)
   while (ersteZahl > zweiteZahl)
    ersteZahl -= zweiteZahl;
  else
   while (zweiteZahl > ersteZahl)
    zweiteZahl -= ersteZahl;
 return ersteZahl;
}
```

Diese Funktion `ggt3` ist nicht besonders elegant, aber auch sie berechnet den größten gemeinsamen Teiler und nimmt dazu „die kleinere von der größeren [Zahl] weg", wie Euklid. Also ist die Java-Funktion `ggt3` eine Darstellung des euklidischen Algorithmus. Andererseits hat die Funktion `ggt3` sehr große Ähnlichkeit[9] mit der Funktion `ggt2`, die (zumindest nach Ansicht einiger) keine Darstellung des euklidischen Algorithmus ist.

Hier wird (hoffentlich) deutlich: Indem man eine Darstellung eines Algorithmus (z. B. eine Darstellung des Algorithmus von Euklid) in kleinen Schritten verändert, kann man es beliebig schwer machen zu entscheiden, ob die veränderte Darstellung noch den selben Algorithmus oder schon einen anderen Algorithmus darstellt. Der Begriff „Algorithmus von Euklid" hat also keine scharfen Grenzen und lässt sich ohne Willkür auch kaum präzise fassen. Aber auch als „weicher" Begriff wird er für uns brauchbar und nützlich sein. In Zweifelsfällen muss man versuchen, sich möglichst friedlich zu einigen, ob eine bestimmte konkrete Darstellung den einen oder einen anderen Algorithmus darstellt.

Die Vorstellung, dass es verschiedene konkrete Darstellungen von abstrakten Algorithmen gibt, ist besonders dann wichtig und nützlich, wenn man verschiedene Algorithmen zur Lösung desselben Problems (z. B. verschiedene Sortieralgorithmen) miteinander *vergleichen* will. Algorithmen sind so abstrakt, dass ihr Vergleich meist nicht ganz einfach ist. Keinesfalls sollte man sich dabei so konkrete Ergebnisse erhoffen wie „dieser Algorithmus ist schneller als jener" oder „dieser Algorithmus braucht weniger Speicherplatz als jener" oder einfach „dieser Algorithmus ist besser als jener".

---

[9] Der %-Operator ist jeweils durch eine entsprechende Schleife ersetzt.

1.2   Komplexität

▶   Um (abstrakte) Algorithmen miteinander zu vergleichen, hat man den Begriff der
     Komplexität eines Algorithmus entwickelt. Sie beschreibt, wie ein Algorithmus
     mit den zur Verfügung stehenden *Betriebsmitteln* (*resources*), insbesondere mit
     Zeit (Laufzeit) und *Raum* (Speicherplatz) wirtschaftet. Dementsprechend
     unterscheiden wir zwischen *Zeit*- und *Speicherkomplexität*: Die *Speicherkom-
     plexität* eines Algorithmus sagt etwas über den Speicherbedarf der Programme
     aus, die den Algorithmus konkret darstellen. Entsprechend sagt die *Zeitkom-
     plexität* eines Algorithmus etwas über die Laufzeit derselben Programme aus. Die
     Komplexität eines Algorithmus wird in Abhängigkeit von der *Menge* oder *Größe*
     der von ihm bearbeiteten Daten ausgedrückt.

Aber diese Aussagen muss man in jedem Anwendungsfall kritisch prüfen und „in die Praxis" übersetzen. Abstrakte Algorithmen und konkrete Programme sind eben verschiedene
Dinge.

1.3   Verbrauch und Komplexität

Um ein genaueres Verständnis von der Zeitkomplexität zu gewinnen, betrachten wir die
folgende Java-Prozedur:[10]

```
static void proz0(int n) { // requires n >= 0
 proz1();
 proz1();
 for (int index1 = 1; index1 <= n; index1++) {
   proz2();
   proz2();
   proz2();
   for (int index2 = 1; index2 <= n; index2++) {
    proz3();
    proz3();
   };
 };
};
```

---

[10] Java-Methoden mit einem Ergebnis (mit einem „`return`-Wert") nennen wir Funktionen, `void`-
Methoden nennen wir Prozeduren.

Wenn diese Prozedur `proz0` ausgeführt wird, dann werden die Prozeduren `proz1`, `proz2` und `proz3` aufgerufen. Wir können also zunächst drei Arten von Schritten unterscheiden:

```
proz1(); // ist ein Schritt der 1. Art
proz2(); // ist ein Schritt der 2. Art
proz3(); // ist ein Schritt der 3. Art
```

Wie oft wird jeder dieser Schritte ausgeführt, wenn man `proz0` einmal ausführen lässt? Die Antwort hängt offensichtlich vom Wert für den Parameter n ab, den man dabei an `proz0` übergibt:

- es werden 2 Schritte der 1. Art ausgeführt und
- es werden $3n$ Schritte der 2. Art ausgeführt und
- es werden $2n^2$ Schritte der 3. Art ausgeführt.

Wir gehen hier davon aus, dass die Ausführung dieser Schritte die meiste Zeit beanspruchen wird, und dass man die Verwaltung der Schleifen (Erzeugen der Indizes `index1` und `index2`, Initialisieren, Erhöhen und Prüfen dieser Indizes usw.) dagegen vernachlässigen kann. Wenn wir wüssten, wie lange *eine* Ausführung der verschiedenen Schritte dauert, dann könnten wir ausrechnen, wie lange *eine Ausführung von* `proz0` dauert. Natürlich wären diese Ausführungszeiten abhängig vom Parameter n.

Verschiedene Rechner brauchen im Allgemeinen verschieden lange, um einen der Schritte auszuführen. Durch Messungen könnten wir z. B. zu den Angaben in Tab. 1.1 gelangen.

Aus dieser Tabelle könnten wir ausrechnen, wie lange der Rechner *R1* bzw. der Rechner *R2* braucht, um das Programm `proz0` auszuführen (in Abhängigkeit von n). Aber was wüssten wir dann über den *abstrakten Algorithmus*, der durch `proz0` realisiert wird? Und wie lange wird ein neuer Rechner *R3* brauchen, um `proz0` auszuführen?

Nehmen wir der Einfachheit halber einmal an, dass die Schritte der verschiedenen Arten ungefähr gleich viel Zeit brauchen. Dann könnten wir sagen:

- eine Ausführung von `proz0` besteht aus $2n^2 + 3n + 2$ Schritten; oder
- der (genaue) Zeitverbrauch von `proz0` ist $2n^2 + 3n + 2$.

Diese Aussage gilt nicht nur für einen konkreten Rechner. Sie ist sinnvoll für alle Rechner, die für die verschiedenen Schritte etwa gleich lange brauchen (und bei denen man den Aufwand für die Schleifenverwaltung vernachlässigen kann).

Tab. 1.1 Zeitverbrauch für einen Schritt

	1. Art	2. Art	3. Art
Rechner *R1*	3 sec	5 sec	4 sec
Rechner *R2*	5 sec	3 sec	7 sec

Tab. 1.2 Anzahl der Schritte

n	1	10	100	1000
Anzahl Schritte der 1. Art	2	2	2	2
Anzahl Schritte der 2. Art	3	30	300	3000
Anzahl Schritte der 3. Art	2	200	20000	2000000

Wir können aber noch eine abstraktere und allgemein gültige Aussage ableiten: Je größer der Parameter n wird, desto wichtiger werden die Schritte der 3. Art und desto unwichtiger werden die Schritte der 2. und 1. Art. Denn die Anzahl der Schritte der 3. Art wächst „viel schneller" als die Anzahl der anderen Schritte, wie Tab. 1.2 verdeutlichen soll.

Selbst wenn ein Schritt der 1. oder 2. Art „viel länger" dauert, als ein Schritt der 3. Art, kann man für genügend große n die Schritte der 1. und 2. Art vernachlässigen.

Aufgabe 1.1

Angenommen, ein Schritt der 1. oder 2. Art dauert zehnmal so lange wie ein Schritt der 3. Art und n ist gleich 1000. Ein wie großer Prozentsatz der Laufzeit wird dann für Schritte der 3. Art verbraucht?

Man sagt, die Zeitkomplexität von `proz0` ist *von der Größenordnung* n^2. Dies wird mit $O(n^2)$ ausgedrückt.[11] Wenn der genaue Zeitverbrauch von `proz0` ein *Polynom* in n ist, dann gibt man in den Klammern hinter dem O nur die höchste Potenz von n an, ohne irgendwelche Faktoren. Die Angaben $O(3n^2)$ oder $O(\frac{1}{2}n^2 + 25)$ sind unsinnig. Stattdessen sollte man $O(n^2)$ schreiben.

Angenommen, ein Rechner braucht für die Ausführung von `proz0` mit einem bestimmten Wert n genau z Sekunden. Wie lange braucht er dann, wenn wir n verdoppeln? Aus der Zeitkomplexität $O(n^2)$ folgt: Die Ausführungszeit wird vermutlich um den Faktor $(2n)^2/n^2 = 4$ wachsen, der Rechner wird also (ungefähr) $4z$ Sekunden brauchen.

Allgemein gilt: Wenn wir die Problemgröße n um den Faktor a vergrößern, dann wird sich die Laufzeit um den Faktor $(an)^2/n^2 = a^2$ vergrößern.

Diese Aussage gilt nur „für genügend große n", aber sie gilt *für alle Rechner*. Deshalb ist die Größenordnung der Zeitkomplexität $O(n^2)$ nicht nur eine Eigenschaft der konkreten Java-Prozedur `proz0`, sondern auch eine Eigenschaft des abstrakten Algorithmus, der durch `proz0` dargestellt wird.

Ähnliche Überlegungen gelten auch für andere Komplexitäten. Die Zeitkomplexität $O(n^3)$ bedeutet, dass die Verdoppelung von n (zumindest für große n's) eine ungefähre Verachtfachung der nötigen Rechenzeit bewirkt, eine Verzehnfachung von n eine Vertausendfachung des Zeitverbrauchs.

---

[11] Man spricht von der *Landau-Notation*, benannt nach dem deutschen Mathematiker Edmund Landau (1877–1938).

Gleichwertige Lösungen

2

Zusammenfassung

Für die Lösung jeder lösbaren Aufgabe gibt es eine unendliche Anzahl von (abstrakten und konkreten) Algorithmen. Das folgende Problem illustriert, dass eine Aufgabe einfach oder kompliziert, aber auch „schlechter" oder „besser" gelöst werden kann.

2.1 Maximale Teilsumme

Wir haben den Kurs einer 1000-Euro-Aktie der Firma „*MikroSofties*" verfolgt und wissen von jedem der letzten zehn Tage, wie viele Euro eine solche Aktie an diesem Tag an Wert gewonnen bzw. verloren hat (Tab. 2.1 zeigt ein Beispiel).

Insgesamt hat eine Aktie in den zehn Tagen ihren Wert um +4 Euro verändert (weil + 5 − 8 + 3 + 3 − 5 + 7 − 2 − 7 + 3 + 5 = +4 ist). Hätte man solche Aktien unmittelbar vor dem 3. Tag gekauft und unmittelbar nach dem 4. Tag verkauft, so hätte man pro Aktie 6 Euro Gewinn gemacht.

Aufgabe 2.2

Wie viel Gewinn pro Aktie hätte man (innerhalb der zehn Tage) *maximal* machen können?

Lösung 8 Euro. Dazu hätte man vor dem 3. Tag kaufen und nach dem 6. Tag verkaufen oder aber vor dem 9. Tag kaufen und nach dem 10. Tag verkaufen sollen.

Wenn wir den Kurs einer Aktie nicht nur 10 Tage, sondern z. B. 365 Tage lang verfolgt haben, dann kann es ziemlich mühevoll sein, einen günstigsten Kauf- und Verkaufstermin zu finden.

© Springer Fachmedien Wiesbaden GmbH 2017
A. Solymosi, U. Grude, *Grundkurs Algorithmen und Datenstrukturen in JAVA*,
DOI 10.1007/978-3-658-17546-7_2

Tab. 2.1 Veränderung des Aktienwerts

Tag	1	2	3	4	5	6	7	8	9	10
Gewinn/Verlust	+5	−8	+3	+3	−5	+7	−2	−7	+3	+5

2.1.1 Summen und Teilsummen

▶ Eine endliche *Folge* von ganzen Zahlen hat auch eine endliche *Summe*.

Beispielsweise hat die Folge (+5, −8, +3, +3, −5, +7, −2, −7, +3, +5) die Summe +4.

Als Definition können wir festhalten: Eine *Teilfolge* einer Folge besteht aus einem zusammenhängenden Teil der Folge. Jede Folge hat zwei extreme Teilfolgen: die leere Teilfolge () und die gesamte Folge (die auch als „unechte Teilfolge" bezeichnet wird).

Als ein weiteres Beispiel betrachten wir die Folge = (+5, −8, +3, +3, −5, +7, −2, −7, +3, +5), die unter anderen folgende Teilfolgen besitzt:

```
teilfolge1 = (+5, -8, +3, +3)      // echte Teilfolge mit vier Elementen
teilfolge2 = (+3, -5, +7, -2, -7)  // echte Teilfolge mit fünf Elementen
teilfolge3 = (+5)                  // echte Teilfolge mit einem Element
teilfolge4 = ()                    // echte Teilfolge mit null Elementen
teilfolge5 = (+5, -8, +3, +3, -5, +7, -2, -7, +3, +5)
                                   // unechte Teilfolge mit allen Elementen
```

`teilfolge3` kommt sogar mehrmals als Teilfolge in der obigen Folge vor.

Ist `folge` eine Folge und `teilfolge` eine Teilfolge von `folge`, so heißt die Summe von `teilfolge` auch *Teilsumme von* `folge`.

Die Folgen `teilfolge1`, `teilfolge2`, `teilfolge3`, `teilfolge4` und `teilfolge5` haben beispielsweise die Summen +3, −4, +5, 0 und +4. Also sind die Zahlen +3, −4, +5, 0 und +4 *Teilsummen* der obigen Folge. Die Teilsumme +4 kann man auch als „unechte Teilsumme der Folge" bezeichnen, da es sich dabei um die Summe der Folge handelt.

2.1.2 Aufgabenstellung

▶ Sei `folge` eine endliche Folge von ganzen Zahlen (in Form einer Reihung) gegeben. Im folgenden Abschnitt untersuchen wir, wie man die maximale Teilsumme von `folge` berechnen kann.

2.1.3 Intuitive Lösung

Man erzeugt der Reihe nach alle Teilfolgen der gegebenen Folge, berechnet von jeder Teilfolge die Summe und liefert die größte Summe als Ergebnis, etwa so:

```
static int maxTeilsumme3(final int[] folge) {
 int maxSumme = 0; // maximale Teilsumme ist mindestens 0 (Summe der leeren Teilfolge)
 for (int von = 0; von < folge.length; von++)
  for (int bis = von; bis < folge.length; bis++) { // Summe bilden
   int summe = 0;
   for (int i = von; i <= bis; i++)
    summe += folge[i];
    maxSumme = Math.max(summe, maxSumme); // Summe überprüfen, ob größer
  };
 return maxSumme;
}
```

Wir verwenden für Referenzparameter das reservierte Wort final im Sinne von const,[1] wie es in C++ bekannt ist: Damit wollen wir *andeuten*, dass das Parameter*objekt* nicht verändert wird; final in Java sichert nur die Unveränderbarkeit der Parameter*referenz* innerhalb des Methodenrumpfs. Parameter primitiver Typen (z.B. int) werden typischerweise im Methodenrumpf nicht verändert, daher lassen wir dort final weg.

2.1.4 Zeitkomplexität der Lösung

Um etwas über die Schnelligkeit der Funktion maxTeilsumme3 herauszufinden, könnten wir sie in einer bestimmten *Umgebung* laufen lassen und dabei Zeitmessungen vornehmen. Eine solche Umgebung kann z.B. aus einem Studenten bestehen, der Java-Programme mit Papier und Bleistift ausführen kann. Auf einem Rechner können wir eine Umgebung finden, zu der folgende „Dinge" gehören:

- ein Java-*Compiler*, der den Programmtext von maxTeilsumme3 in Bytecode umwandelt
- der Java-*Interpreter*, der den Bytecode ausführt
- das *Betriebssystem*, unter dem der Interpreter abläuft
- die *Hardware*, auf der der Interpreter und das Betriebssystem ausgeführt werden.

Solche Zeitmessungen können uns sehr konkrete Erkenntnisse über die Schnelligkeit der Funktion in einer konkreten Umgebung liefern. Andererseits haben sie den Nachteil, nur für diese eine Umgebung[2] zu gelten. Konkrete Zeitmessungen sagen also direkt nur etwas über die *Kombination* unserer Funktion maxTeilsumme3 mit einer Umgebung aus. Über unsere Funktion maxTeilsumme3 (und den abstrakten Algorithmus, den sie darstellt) sagen sie direkt nichts aus.

---

[1] const ist ein reserviertes Wort in Java, wird aber von den derzeitigen Compilern nicht ausgewertet.

[2] Z.B. PC mit einem 500 MHz Pentium III-Prozessor unter MS-Windows NT Version 4.0 und dem jdk-Compiler, Version 2.1 (der bei der 2. Auflage schon als veraltet galt).

Wir interessieren uns hier aber in erster Linie nicht für Umgebungen, sondern für Eigenschaften der Funktion `maxTeilsumme3`. Umgebungen haben die unangenehme Eigenschaft, sehr zahlreich und sehr vergänglich zu sein. Heute schon gibt es unübersehbar viele verschiedene Hardwarechips, Betriebssysteme und Compiler. Und in ein paar Jahren wird es sicherlich noch mehr und ganz andere Hardwarechips, Betriebssysteme und Compiler geben. Unser Ziel soll es deshalb sein, etwas über „die Schnelligkeit der Funktion `maxTeilsumme3`" herauszufinden, was möglichst *unabhängig von konkreten Umgebungen* ist und auch noch *in ein paar Jahren gilt*.

Wie lange die Funktion `maxTeilsumme3` braucht, um die maximale Teilsumme einer Folge zu berechnen, wird (vermutlich auch in den Umgebungen, die uns in ein paar Jahren zur Verfügung stehen) von der *Länge* der Folge abhängen. Aber *wie* hängt der Zeitbedarf der Funktion `maxTeilsumme3` von der Länge ihres Parameters ab? Oder: Wie verändert sich der Zeitbedarf von `maxTeilsumme3`, wenn wir die Länge von `folge` verdoppeln, verdreifachen, vervierfachen… usw.? Untersuchen wir dazu die folgenden Fragen:

Aufgabe 2.3

Wie oft wird `Math.max` in der Funktion `maxTeilsumme3` aufgerufen, wenn die Reihung `folge` genau *n* Elemente umfasst?

Aufgabe 2.4

Wie oft wird die Addition `summe += folge[i]` ausgeführt (wenn `folge.length` gleich *n* ist)?

Lösung `Math.max` wird auf die Summe jeder echten Teilfolge von `folge` genau einmal angewendet. Wie viele echte Teilfolgen hat eine Folge der Länge *n*? Es ist offensichtlich, dass eine Folge der Länge *n*

- 1 Teilfolge der Länge $n-0$ und
- 2 Teilfolgen der Länge $n-1$ und
- 3 Teilfolgen der Länge $n-2$ und
- …
- $n-2$ Teilfolgen der Länge 3 und
- $n-1$ Teilfolgen der Länge 2 und
- $n-0$ Teilfolgen der Länge 1.

hat. Für die Anzahl der echten Teilfolgen einer Folge der Länge *n* gilt also:

$$1+2+3+\ldots+(n-2)+(n-1)+n = \sum_{i=1}^{n} i = \frac{n}{2}(n+1) = \frac{1}{2}(n^2+n)$$

Diese Formel besagt, wie oft der Vergleich `maxSumme < summe` ausgeführt wird.

Jedes Element von jeder Teilfolge wird genau einmal auf die Summe addiert. Für die Anzahl der Additionen gilt also:

$$\sum_{i=1}^{n} i(n+1-i) = \sum_{i=1}^{n} in + i - i^2 = \sum_{i=1}^{n} in + \sum_{i=1}^{n} i - \sum_{i=1}^{n} i^2 = .$$

$$= n\frac{1}{2}(n^2+n) + \frac{1}{2}(n^2+n) - \frac{n}{6}(n+1)(2n+1) = \frac{1}{6}n^3 + \frac{1}{2}n^2 \frac{1}{3}n$$

Wir sehen: Die Anzahl der Vergleiche wächst im Wesentlichen mit n^2. Die Anzahl der Summierungen wächst im Wesentlichen mit n^3. Wenn n genügend groß ist, werden die Additionen „den größten Teil der Laufzeit von `maxTeilsumme3`" verbrauchen, selbst wenn *ein* Vergleich ein *Vielfaches* der Zeit einer Addition kosten würde.

Das Ergebnis unserer Untersuchung: Der Zeitbedarf der Funktion `maxTeilsumme3` wird für große n vermutlich mit der dritten Potenz von n (der Länge des Parameters `folge`) wachsen. Das heißt z. B.: Wenn wir n verdoppeln (d. h. ver-2-fachen), dann steigt der Zeitbedarf auf das 8-fache (weil 2^3=8 ist). Diese „abstrakte Erkenntnis" ist unabhängig davon, ob wir die Funktion `maxTeilsumme3` auf einem PC oder einem Supercomputer laufen lassen. Und sie wird wahrscheinlich noch ein paar Jahre gültig bleiben.

Etwas informell kann die Komplexität am Programmtext erkannt werden: Die dreifach geschachtelte Schleife[3] deutet auf eine kubische Komplexität hin.

Aufgabe 2.5

Ist es möglich, dass man in Zukunft eine Umgebung (Compiler, Betriebssystem, Hardwarechip) entwickelt, in der die Funktion `maxTeilsumme3` ausgeführt werden kann und in der ihr Zeitbedarf *nicht* mit der dritten Potenz von n wächst? Wie könnte man das erreichen? Oder ist es unmöglich, das zu erreichen?

Aufgabe 2.6

Wie viel Speicherplatz benötigt die Funktion `maxTeilsumme3`? Versuchen Sie, diese Frage „nicht zu konkret" zu beantworten.

2.1.5   Zeit für Raum

▶   Wenn genügend Speicher zur Verfügung steht, kann die Zeitkomplexität auf
$O(n^2)$ reduziert werden, indem die Teilsummen in einer $n \times n$-Matrix[4] gespeichert werden.

Sie können für die Berechnung anderer Teilsummen gebraucht werden und ihre erneute Berechnung bleibt auf diese Weise erspart: Für die Berechnung der Teilsumme vom

---

[3] Mit den Laufvariablen `von`, `bis` und `i`.

[4] Mathematiker sagen *Matrix*, Java-Programmierer sagen *Tabelle*.

Index i bis zum Index j brauchen wir nur eine Addition, wenn die Teilsumme vom Index i bis zum Index j-1 aus der Matrix geholt werden kann. Im Gegensatz dazu hat die intuitive Lösung aus dem vorigen Kapitel j-i Additionen gebraucht.

Zu diesem Zweck wird in einer doppelt geschachtelten Schleife jede Teilsumme (vom Index i bis zum Index j) errechnet und im (i, j)-ten Element der Matrix gespeichert. In einer zweiten geschachtelten Schleife wird nun das Maximum aller Summen ermittelt.

Diese Vorgehensweise – mit einer „halben", d. h. an der Diagonale durchgeschnittenen Matrix (Dreiecktabelle) – kann folgendermaßen als Java-Funktion formuliert werden:

```
static int maxTeilsumme2(final int[] folge) {
final int n = folge.length;
int[][] teilsummen = new int[n][];
/* Dreiecktabelle der Teilsummen: für i ≥ j gilt
    teilsummen[i][j] ist Teilsumme i bis j, d.h. folge[i]+folge[i+1]+ ...
    +folge[j] */
/* Jede Komponente teilsummen[von] mit einer int-Reihung der richtigen Länge
    (nämlich n-von) initialisieren und die 0-te Komponente dieser int-Reihung mit dem
    int-Wert folge[von] (mit der Summe der Teilfolge folge[von..von]) initialisieren: */
for (int von = 0; von < folge.length; von++) {
    teilsummen[von] = new int[n - von]; // von-te Zeile des Dreiecks erzeugen
    teilsummen[von][0] = folge[von]; // 0-te Komponente initialisieren
}
// die Spalte 0 von teilsummen wurde initialisiert; jetzt die übrigen Spalten initialisieren:
for (int von = 0; von < n; von++)
  for (int bis = 1; bis < n - von; bis++)
    teilsummen[von][bis] = teilsummen[von][bis - 1] + folge[von + bis];
/* Teilsummen 0 bis 1, ..., 0 bis n-1:
  Auf die vorherige Teilsumme wurde das nächste Element addiert. */
// die maximale Komponente in teilsummen ermitteln:
int maxSumme = 0;
for (int von = 0; von < n; von++)
  for (int bis = 0; bis < n - von; bis++)
    maxSumme = Math.max(maxSumme, teilsummen[von][bis]);
return maxSumme;
}
```

In dieser Lösung haben wir Laufzeit gespart, indem wir Speicherplatz geopfert haben: Aus den nur doppelt geschachtelten Schleifen[5] ist es ersichtlich, dass dieser Algorithmus eine Zeitkomplexität von nur $O(n^2)$ hat. Dafür muss hier die Dreiecktabelle teilsummen

---

[5] Mit den Laufvariablen von und bis.

erzeugt werden, deren Größe mit n auch quadratisch wächst: Die Speicherkomplexität ist also – im Gegensatz[6] zu `maxTeilsumme3` – jetzt $O(n^2)$.

Diese Überlegung gilt allerdings nur für hinreichend große n. Für kleines n (z. B. für $n = 3$) kann es durchaus vorkommen, dass die Funktion `maxTeilsumme3` schneller ist.

Dies gilt allgemein für Komplexitätsbetrachtungen: Eine „bessere Komplexität" ergibt eine „bessere Laufzeit" oder einen „besseren Speicherplatzbedarf" nur bei hinreichend großer Datenmenge. Für kleine Datenmengen kann ein „schlechterer" Algorithmus durchaus geeigneter sein.

2.1.6 Teile und herrsche

▶ Wir wollen jetzt einen „noch schnelleren Algorithmus" konstruieren, mit dem man die größte Teilsumme einer Zahlenfolge berechnen kann. Dabei wollen wir einer Strategie folgen, die sich bei der Lösung vieler Probleme bewährt hat. Diese Strategie wird häufig *Teile-und-herrsche-Strategie* genannt und ist als politisch-militärische Strategie mindestens seit *Machiavelli*[7] (wahrscheinlich aber schon viel länger) bekannt.

Auf ein algorithmisches Problem angewendet, legt diese Strategie folgende Vorgehensweise nahe:

1. Man nimmt das gesamte Problem (z. B. Berechnung der maximalen Teilsumme von `folge`) und teilt es in mehrere Teilprobleme ein. Besonders häufig teilt man das Gesamtproblem in *zwei etwa gleich große* Teilprobleme ein.
2. Man löst die Teilprobleme.
3. Aus der Lösung der Teilprobleme errechnet man eine Lösung für das Gesamtproblem.

Besonders interessant ist diese Strategie, wenn man sie *rekursiv* anwenden kann, d. h. wenn man die Teilprobleme nach der gleichen Strategie in noch kleinere Teil-Teilprobleme aufteilen kann, und diese Teil-Teilprobleme in noch kleinere Teil-Teil-Teilprobleme usw., bis man nur noch „atomare Problemchen" hat, die man „direkt" (d. h. ohne weitere Teilung) lösen kann.

Wie können wir das Problem „Berechne die maximale Teilsumme von `folge`" in zwei ungefähr gleich große Teilprobleme zerlegen? Offenbar genügt es nicht, `folge` in zwei ungefähr gleich große Hälften `linkeHälfte` und `rechteHälfte` zu teilen, von jeder Hälfte die maximale Teilsumme zu berechnen und die größere dieser beiden Teilsummen

---

[6] `maxTeilsumme3` kommt mit *konstantem Speicher* aus, d. h. der verbrauchte Speicher wächst nicht mit n; seine Speicherkomplexität ist $O(n^0) = O(1)$.

[7] Italienischer Historiker und Stratege, 1469–1527.

als Gesamtergebnis zu nehmen. Denn die maximale Teilsumme von `folge` könnte die Summe einer Folge sein, die teilweise in `linkeHälfte` und teilweise in `rechteHälfte` liegt.

Beispiel

Sei `folge` = $(-1, -1, -1, +1, +1, +1, +1, -1, -1, -1)$. Die maximale Teilsumme ist offenbar +4, und die zugehörige Teilfolge $(+1, +1, +1, +1)$ liegt

- teilweise in `linkeHälfte` = $(-1, -1, -1, +1, +1)$ und
- teilweise in `rechteHälfte` = $(+1, +1, -1, -1, -1)$ von `folge`.

Einige zusätzliche Begriffe werden die Konstruktion eines funktionierenden Algorithmus erleichtern.

▶ **Definition** Wir haben eine Folge `folge` und betrachten alle Teilfolgen, die irgendwo in `folge` anfangen und bis zum rechten Rand von `folge` reichen. Eine solche Teilfolge von `folge` nennen wir eine *rechte Randfolge* von `folge`. Jede rechte Randfolge hat eine Summe. Jetzt betrachten wir die Summen aller rechten Randfolgen von `folge`. Die größte dieser Summen heißt auch *rechtes Randmaximum* von `folge`. *Linke Randfolge* und *linkes Randmaximum* werden analog definiert.

Aufgabe 2.7

Berechnen Sie von folgenden Folgen jeweils die maximale Teilsumme sowie das rechte und das linke Randmaximum:

- `folge1` = $(-3, +5, -20, +4, +8, -4, -9, -2, +3, +2)$
- `folge2` = $(+3, -2, +5, -20, +3, +3)$
- `folge3` = $(-20, +5, +3)$
- `folge4` = $(+1, +1, +1)$
- `folge5` = $(-1, -1, -1)$
- `folge6` = $(+27)$
- `folge7` = (-27)
- `folge8` = $()$

Algorithmus zur Berechnung der maximalen Teilsumme einer Folge `folge` nach der Teile-und-herrsche-Strategie:

1. Wenn `folge` nur aus einer Zahl `zahl` besteht, dann nimm das Maximum von `zahl` und 0.
2. Wenn `folge` aus zwei oder mehr Zahlen besteht dann:
   2.1. Teile `folge` in zwei etwa gleich große Hälften `linkeHälfte` und `rechteHälfte`.
   2.2. Berechne die maximale Teilsumme `maxLinks` und das rechte Randmaximum `rechtesRandMax` von `linkeHälfte`.

2.3. Berechne die maximale Teilsumme `maxRechts` und das linke Randmaximum `linkesRandMax` von `rechteHälfte`.

2.4. Das Maximum der drei Zahlen `maxLinks`, `maxRechts` und `rechtesRandMax + linkesRandMax` ist die maximale Teilsumme von `folge`.

Im folgenden Programm formulieren wir zwei Java-Funktionen mit dem überladenen Namen[8] `maxTeilsummeRekursiv`. Die Version mit einem Parameter vom Typ `int[]` stellt die Lösung der Aufgabe dar:

```java
private static int rechtesRandMax(final int[] folge, int links,
int rechts) { // 9
// requires 0 <= links <= rechts < folge.length
// berechnet rechtes Randmaximum in folge zwischen links und rechts
int bisherMax = 0, bisherSum = 0;
for (int i = rechts; i >= links; i--) {
 bisherSum += folge[i];
 bisherMax = Math.max(bisherMax, bisherSum);
};
 return bisherMax;
}
private static int linkesRandMax(final int[] folge, int links,
int rechts) {
// requires 0 <= links <= rechts < folge.length
// berechnet linkes Randmaximum in folge zwischen links und rechts
int bisherMax = 0, bisherSum = 0;
for (int i = links; i <= rechts; i++) {
 bisherSum += folge[i];
 bisherMax = Math.max(bisherMax, bisherSum);
};
 return bisherMax;
}
private static int maxTeilsummeRekursiv(final int[]folge, int links,
int rechts) {
// requires 0 <= links <= rechts < folge.length
// berechnet maximale Teilsumme in folge zwischen links und rechts
if (links == rechts) // nur ein Element
 return Math.max(0, folge[links]);
```

---

[8] landläufig: „überladene Funktionen"; jedoch nicht die Funktion, sondern ihr Name wird überladen.

[9] Methoden sollten private vereinbart werden, wenn sie nur innerhalb der Klasse aufgerufen werden. In diesem Buch wurden die meisten Methoden „paketweit" (d. h. ohne Zugriffschutz) formuliert, außer wenn die Zugreifbarkeit „betont" werden soll.

```
else {
 final int mitte = (rechts + links)/2;
 final int maxLinks = maxTeilsummeRekursiv(folge, links, mitte);
 final int maxRechts = maxTeilsummeRekursiv(folge, mitte+1, rechts);
 final int rechtesMax = rechtesRandMax(folge, links, mitte);
  // linke Hälfte
 final int linkesMax = linkesRandMax(folge, mitte+1, rechts);
  // rechte Hälfte
 return Math.max(maxRechts, Math.max(maxLinks, rechtesMax + linkesMax));
 }
}
public static int maxTeilsummeRekursiv(final int[] folge) {
 // berechnet maximale Teilsumme von folge
 return maxTeilsummeRekursiv(folge, 0, folge.length-1);
}
```

Aufgabe 2.8

Wie oft[10] kann man eine Folge der Länge 2, der Länge 4, der Länge 8, …, der Länge 1024 in zwei gleiche Hälften teilen?

Aufgabe 2.9

Wie oft kann man eine Folge der Länge 37, der Länge 578 oder der Länge 1234 in zwei ungefähr[11] gleich große Hälften teilen?

Aufgabe 2.10

Wenn man die Funktion maxTeilsummeRekursiv mit einer Folge der Länge n als Parameter aufruft, wie oft ruft sie sich dann rekursiv auf?

Aufgabe 2.11

„Wie viele Befehle" werden bei jedem Aufruf von maxTeilsummeRekursiv ausgeführt, wenn man die rekursiven Aufrufe von maxTeilsummeRekursiv *nicht* mitzählt?

Aufgabe 2.12

Begründen Sie, dass der Zeitbedarf der Funktion maxTeilsummeRekursiv proportional zu $n \log n$ wächst.

Aufgabe 2.13

Diskutieren Sie die „Geschwindigkeiten" der Funktionen maxTeilsumme3, maxTeilsumme2 und maxTeilsummeRekursiv relativ zueinander. Ist

---

[10] In wie vielen Schritten: Eine Folge der Länge 8 wird im 1. Schritt in zwei Folgen der Länge 4, im 2. Schritt in vier Folgen der Länge 2 und im 3. Schritt in acht Folgen der Länge 1 geteilt.

[11] Wenn es nicht genau „aufgeht": Eine Folge der Länge 37 kann in eine Folge der Länge 18 und eine Folge der Länge 19 aufgeteilt werden, die „ungefähr" gleich lang sind.

`maxTeilsummeRekursiv` immer schneller als `maxTeilsumme3`? Welche Rolle spielen die Umgebungen (Compiler, Hardware usw.), in denen die Funktionen ablaufen?

2.1.7 Die optimale Lösung

▶ Die Funktion `maxTeilsumme3` hat eine Zeitkomplexität von $O(n^3)$, `maxTeilsumme2` hat eine Zeitkomplexität von $O(n^2)$, `maxTeilsummeRekursiv` hat eine Zeitkomplexität von $O(n \log n)$. Damit ist `maxTeilsummeRekursiv` (als abstrakter Algorithmus) „viel schneller" als `maxTeilsumme3`. Häufig ist es so, dass die Teile-und-herrsche-Strategie zu einem „schnellsten" Algorithmus führt. Für das Problem der maximalen Teilsumme einer Folge ist das nicht der Fall. Es gibt einen noch schnelleren Algorithmus als `maxTeilsummeRekursiv`.

Auch für die Funktion `maxTeilsummeRekursiv` gilt: Sie „fasst jedes Element der Folge `folge` mehrmals an". Das tut sie, wenn sie die (rechten und linken) Randmaxima der beiden Hälften, und dann der Hälften der Hälften usw. der Folge `folge` berechnet. Es ist aber möglich, die maximale Teilsumme von `folge` zu berechnen, indem man jedes Element von `folge` nur genau einmal „anfasst".

Algorithmus zur Berechnung der maximalen Teilsumme von `folge`, bei dem jedes Element nur einmal angefasst wird:

Wir gehen elementweise von links nach rechts durch `folge`. Bei jedem Schritt berechnen wir für die schon „untersuchte" linke Teilfolge von `folge` (sie beginnt am Anfang von `folge` und endet bei dem Element, welches wir gerade untersuchen):

1. die maximale Teilsumme dieser linken Teilfolge und
2. das rechte Randmaximum dieser linken Teilfolge.

```
static int maxTeilsumme1(final int[] folge) {
 int bisherMax = 0;
 int randMax = 0;
 for (int zahl : folge) { // Zählschleife¹²
  randMax = Math.max(0, randMax + zahl);
  bisherMax = Math.max(bisherMax, randMax);
 };
 return bisherMax;
}
```

---

[12] Das Sprachelement *Zählschleife* (oder „verbesserte for-Schleife") ab der Java Version 5 ermöglicht, alle Elemente aus einer Reihung in eine Variable hineinzulesen und sie im Schleifenrumpf zu verwenden.

Aufgabe 2.14

Wie verändert sich der Zeitbedarf der Funktion `maxTeilsumme1` wenn wir die Länge von `folge` verdoppeln? Welche Zeitkomplexität hat die Funktion `maxTeilsumme1` also?

Aufgabe 2.15

Halten Sie es für möglich, dass man in Zukunft einen Algorithmus `maxTeilsumme0` findet, der das selbe Problem löst wie `maxTeilsumme1`, aber eine noch bessere Zeitkomplexität besitzt? Wenn ja: Wie könnte `maxTeilsumme0` funktionieren? Wenn nein: warum nicht?

Warnung: Für das hier behandelte Problem der maximalen Teilsumme einer Folge und die vier Lösungen `maxTeilsumme3`, `maxTeilsumme2`, `maxTeilsummeRekursiv` und `maxTeilsumme1` gilt: `maxTeilsumme1` hat eine bessere Zeitkomplexität, besteht aus weniger Zeilen Java-Text und ist wohl nicht schwerer zu verstehen als die anderen Lösungen. Die Funktion `maxTeilsumme1` vereint also alle Vorzüge auf sich. Das ist *untypisch*. Für viele bekannte Probleme gilt: Je besser die Lösung, desto umfangreicher und schwerer verständlich ist sie. Aber der Wunschtraum eines jeden Algorithmenbauers ist es, für ein bekanntes Problem einen Lösungsalgorithmus zu finden, der schneller ist, weniger Speicher braucht, sich kürzer darstellen lässt und leichter verständlich ist als alle bisher bekannten Lösungen.

2.1.8 Messergebnisse

Die Java-Funktionen `maxTeilsumme3`, `maxTeilsumme2`, `maxTeilsummeRekursiv` und `maxTeilsumme1` wurden in ein geeignetes Testprogramm eingebaut, mit dem `jdk`-Compiler der Version 2.1 in Bytecode umgewandelt und auf einem PC mit einem 500 MHz Pentium III Prozessor unter Windows NT 4.0 mit dem Java-Interpreter laufen gelassen. Das Testprogramm rief die Funktionen mit Folgen verschiedener Länge n auf und stoppte die Zeit, die die Funktionen brauchten. Die Messergebnisse wurden in Tab. 2.2 erfasst.

Aufgabe 2.16

Wie passen diese Messergebnisse zu den theoretischen Zeitkomplexitäten?

Aufgabe 2.17

Nehmen wir an, dass die Prozedur `blubs` einen konstanten Zeitbedarf hat (d. h. jeder Aufruf von `blubs` benötigt für seine Ausführung gleich viel Zeit, z. B. 37 Millisekunden). Geben Sie für jede der folgenden Prozeduren `proz1`, `proz2`, …, `proz9` an:

1. wie sich ihr Zeitbedarf verändert, wenn man den Parameter n verdoppelt und
2. welche Zeitkomplexität die Prozedur hat, z. B. $O(n)$ oder $O(n^2)$ oder $O(n^3)$ oder $O(n \log n)$ usw.

Tab. 2.2 Zeitverbrauch in hundertstel Sekunden

n	maxTeilsumme3	maxTeilsumme2	maxTeilsummeRekursiv	maxTeilsumme1
100	609	102	11	5
200	4773	208	22	6
300	15955	925	33	6
400	37656	1781	50	0
500	73348	2603	61	0
600	126543	3842	77	0
700			88	6
800			99	5
900			115	5
1000	586303		126	5
2000			264	16
3000			412	22
4000			560	33
5000			703	38
6000			857	50
7000			1010	55
8000			1159	61

```
static void proz1(int n) { // requires n > 0
 for (int i = 1; i <= n; i++)
  blubs();
}
static void proz2(int n) { // requires n > 0
 for (int i = 1; i <= n; i++)
  for (int j = 1; j <= n; j++)
   blubs();
}
static void proz3(int n) { // requires n > 0
 for (int i = 1; i <= n; i++)
  blubs();
 for (int i = 1; i <= n; i++)
  blubs();
}
static void proz4(int n) { // requires n > 0
 for (int i = 1; i <= 100; i++)
  for (int j = 1; j <= n; j++)
   for (int k = 1; k <= 100; k++)
    blubs();
}
```

```
static void proz5(int n) { // requires n > 0
 for (int i = 1; i <= n; i++)
  for (int j = 1; j <= i; j++)
   blubs();
}
static void proz6(int n) { // requires n > 0
 for (int i = 1; i <= n/2; i++)
  for (int j = 1; j <= n/4; j++)
   for (int k = 1; k <= n/8; k++)
    blubs();
}
static void proz7(int n) { // requires n > 0
 for (int i = 1; i <= n * n; i++)
  for (int j = 1; j <= n * n * n; j++)
   blubs();
}
static void proz8(int n) { // requires n > 0
 blubs();
 if (n > 1)
  proz8(n-1);
}
static void proz9(int n) { // requires n > 0
 blubs();
 if (n > 1) {
  proz9(n-1);
  proz9(n-1);
 }
}
```

2.1.9   Gleichwertigkeit von Algorithmen

▶   Die Algorithmen, die durch die Funktionen maxTeilsumme3, maxTeilsumme2, maxTeilsummeRekursiv und maxTeilsumme1 dargestellt werden, sind *gleichwertig*.

Dies bedeutet, dass sie für jede Eingabe (für jede Folge) dieselbe Ausgabe (dasselbe Ergebnis, d. h. dieselbe Zahl als maximale Teilsumme) produzieren. Diese Aussage ist jedoch etwas gewagt, zumal es schwer ist, sie zu beweisen. Es gibt zwar Anstrengungen, die Gleichwertigkeit von Algorithmen mathematisch zu sichern; in der Praxis wird sie jedoch meistens nur durch *Tests* glaubhaft gemacht.

Ein Test kann die Korrektheit eines Programms nicht *beweisen*, sondern sie höchstens einleuchtend – d. h. wahrscheinlich – machen.[13] So kann man auch die Gleichwertigkeit dieser Funktionen einsehen. Hierzu müssen *Testfälle* konstruiert werden. Ein Testfall für eine Funktion besteht aus einem aktuellen Parameter und aus dem erwarteten Ergebnis. Im Falle der maximalen Teilsumme ist zum Beispiel

folge = $(-1, -1, -1, +1, +1, +1, +1, -1, -1, -1)$, Ergebnis = $+4$

ein Testfall. Es gibt typischerweise unendlich viele Testfälle,[14] deswegen können wir nicht alle durchprobieren und so die Korrektheit eines Programms beweisen. Mit einem geschickt zusammengestellten Satz von Testfällen kann sie aber einsichtig gemacht werden. Hierbei spielt neben einigen Strategien[15] – wie Äquivalenzklassenbildung, Betrachtung von Grenzfällen usw. – auch die gute Intuition des Programmierers eine wichtige Rolle.

Ähnlich wie die Korrektheit eines Programms kann die Gleichwertigkeit von Algorithmen nur einleuchtend gemacht werden, indem ein Satz von Testfällen mit ihnen bearbeitet wird. Wenn sie alle das gleiche Ergebnis produzieren, gehen wir davon aus, dass sie gleichwertig sind.

Bemerkung Die Gleichwertigkeit (*Äquivalenz*) von Algorithmen allgemein zu beweisen ist ein *unlösbares Problem*. Dies bedeutet, dass es z. B. kein Java-Programm geben kann, das den Quellcode von zwei Java-Funktionen einliest und feststellt, ob sie zwei gleichwertige Algorithmen darstellen oder nicht. Wir werden uns im Abschn. 7.2 mit unlösbaren Problemen auseinandersetzen.

2.2 Komplexitätsformel

▶ Nach diesen konkreten Beispielen können wir nun die Formeln für Komplexität etwas präziser interpretieren.

Unter *konstanter Komplexität* verstehen wir, dass der Zeit- oder Speicherverbrauch des Algorithmus von der Menge (oder Größe) der Daten nicht abhängig ist. Sie wird mit der Formel $O(1)$ oder $O(n^0)$ bezeichnet.[16] Die *lineare Komplexität* $O(n)$ oder $O(n^1)$ bedeutet, dass der Verbrauch von Betriebsmitteln mit der Menge (oder Größe) der Eingabedaten proportional wächst: Doppelt so viele (oder große) Daten zu bearbeiten kostet doppelt so

---

[13] „… program testing can be used very effectively to show the presence of bugs, but never to show their absence" [EWD].

[14] s. *Unendlichkeitsbedingung* im Abschn. 7.1.

[15] s. alle gängigen Lehrbücher für *Software Engineering*.

[16] O steht für Ordnung oder Größenordnung.

viel Zeit (oder Speicherplatz), dreimal oder zehnmal so viele Daten zu bearbeiten ist dreimal oder zehnmal so teuer. Die *quadratische Komplexität* $O(n^2)$ heißt dementsprechend,
dass doppelt, dreimal oder zehnmal so viele Daten einen vier-, neun- oder hundertfachen
Verbrauch an Betriebsmitteln verursachen.

Die *logarithmische Komplexität* wird durch die Formel $O(\log n)$ ausgedrückt, wobei
die Basis des Logarithmus meistens 2 beträgt: Eine vierfache Datenmenge verursacht
doppelten Verbrauch, eine acht- oder 1024-fache Menge einen drei- oder zehnfachen
Verbrauch. Man sagt, sie sei „besser" als die lineare, „schlechter" als konstante. Diese
Qualifikation gilt allerdings typischerweise nur für große Datenmengen. Manchmal wird
die Komplexität $O(n \log n)$ auch *logarithmisch* genannt: Sie ist „besser" als die quadratische, „schlechter" als lineare.

Man spricht von *polynomialer Komplexität*, wenn es eine Zahl $k > 0$ gibt, dass die Komplexität „besser" ist als $O(n^k)$. Manche Algorithmen sind „schlechter" als polynomial: Ihre
Komplexität kann dann *exponentiell* sein: $O(2^n)$. Hier bedeutet eine doppelte, drei- oder
zehnfache Datenmenge eine 4-, 8- oder 1024-fache Bearbeitungszeit (bzw. einen solchen
Speicherverbrauch). Die Basis 2 kann hierbei durch eine andere Zahl ersetzt werden.

Die Formel $O(n^3)$ drückt etwa Folgendes aus: Es gibt eine Funktion $f(n)$, die in Abhängigkeit der (Menge oder Größe der) Eingabedaten den genauen Verbrauch an Betriebsmitteln beschreibt, und in der n in der dritten Potenz (und nicht in einer höheren) vorkommt.
Mathematisch ausgedrückt bedeutet dies Folgendes:[17]

$$\lim_{n\to\infty} \frac{f(n)}{n^3} = c$$

Die Komplexität $O(2^n)$ besagt, dass die Funktion $f(n)$ die Variable n im Exponent enthält. Sie könnte z. B. $f(n) = 31 \cdot 10^n + n^{25} + 22{,}5 \cdot n \log n + 370$ sein. Sie ist typischerweise schwer zu finden, man interessiert sich nur für ihr am schnellsten wachsendes
Glied.

2.3   Datenstrukturen

▶   Im Abschn. 2.1 haben wir gesehen, dass es zur Lösung einer bestimmten Auf-
     gabe gleichwertige Algorithmen mit unterschiedlichen Qualitätsmerkmalen
     geben kann. Ähnliches kann auch über Datenstrukturen gesagt werden.

Mit Hilfe von Datenstrukturen können *Behälterklassen*[18] erstellt werden, deren Objekte
mehrere Werte eines Datentyps aufnehmen können. Typischerweise stellen diese Klassen

---

[17] c ist eine Konstante ungleich 0.
[18] Nach der Terminologie von [SolSch] *Multibehälter*. In der Java-Bibliothek gibt es ähnliche Samm-
lungsklassen (*collection classes*).

Zugriffmethoden zur Verfügung. Dem Benutzer bleibt der unkontrollierte, direkte Zugriff auf die Datenstruktur verwehrt.

Es gibt zwei typische Techniken für die Implementierung solcher Behälterklassen: diese als *Reihungen* oder als *verkettete Listen* zu programmieren. In [SolSch], [Gr] und in anderen Lehrbüchern für Programmiersprachen werden diese Techniken ausführlich behandelt. Uns interessiert an dieser Stelle nur die Gleichwertigkeit bzw. die Unterschiedlichkeit der beiden Datenstrukturen, d. h. wie weit wir mit ihrer Hilfe gleichwertige Algorithmen programmieren können.

Wir werden jetzt nur zwei typische Operationen für diese Datenstrukturen untersuchen: das Eintragen und das Löschen eines Elements.

2.3.1 Reihungen

Die Länge eines Reihungsobjekts wird in Java bei seiner Erzeugung (durch `new`) festgelegt und kann nicht mehr verändert werden. Dieser Umstand bedeutet, dass eine Reihung immer eine konstante Anzahl von Elementen enthält. Wenn einige von diesen irrelevant („Müll") sind, muss dies neben der Datenstruktur gesondert vermerkt werden.

So kann zum Beispiel ein *Stapel*[19] (ein *LIFO*[20]-Behälter) intern aus einer Reihung bestehen, in der die gestapelten Elemente gespeichert werden, sowie einer Indexvariablen, in der vermerkt wird, wie viele Elemente der Stapel momentan enthält. Das Eintragen eines Elements in den Stapel bewirkt die Inkrementierung dieser Indexvariablen (im folgenden Beispiel `spitze`); ihre Dekrementierung bedeutet das Löschen des zuletzt eingetragenen Elements (siehe Abb. 2.1):

Abb. 2.1 LIFO als Reihung
mit drei Elementen

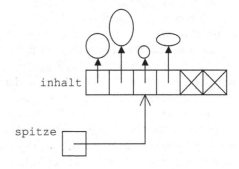

---

[19] Auf Englisch: *stack*; auch *Keller* genannt.

[20] Abkürzung für last in first out.

```
public class Stapel<E> { // ²¹
 private E[] inhalt;
 private int spitze; // Werte von 0 bis inhalt.length-1
 public Stapel(int größe) { // maximale Größe
  inhalt = (E[]) new Object[größe]; //²²
  spitze = -1; // Anfangswert: Stapel ist leer
 }
 public void eintragen(final E element) throws VollAusnahme {
  if (spitze < inhalt.length-1) {
   spitze ++; // nächster freier Platz
   inhalt[spitze] = element;
  } else
   throw new VollAusnahme();
 }
 public void entfernen() throws LeerAusnahme {
  if (spitze > -1)
   spitze --; // Platz des letzten eingetragenen Elements freigeben
  else
   throw new LeerAusnahme();
 }
}
```

Weitere Methoden wie z. B. eine, um das Spitzenelement des Stapels zu lesen, sind denkbar.
Die Komplexität dieser Algorithmen untersuchen wir im Abschn. 4.6 zusammen mit den Suchalgorithmen.

Bemerkung Eine `Stapel` ähnliche Klasse ist `java.util.Stack` mit ihren Methoden `push()`, `pop()`, `top()`, `empty()` usw. in der Standard-Bibliothek. Ein wesentlicher Unterschied zu unserem Stapel ist, dass ein `Stack` mit weiteren (teils von der Oberklasse `Vector` geerbten) Methoden den Zugriff nicht nur auf das Spitzenelement, sondern auch auf darunterliegende erlaubt; sie können nicht nur gelesen sondern auch verändert oder gelöscht werden, was dem Stapel-Prinzip widerspricht. Dies bedeutet, dass ein `Stack`-Objekt gegen Programmfehler oder böswilligem Zugriff weniger geschützt ist. `java.util.Vector` ebenso wie `java.util.ArrayList` sind viel reichere Alternativen zum Sprachelement Reihung (zum Array, wie z. B. `int[]`). Der Vorteil der Reihung ist die Effizienz: sie speichert primitive Daten (wie `int`), die `Collection`-Klassen jedoch nur Referenzen (z. B. auf `Integer`), wobei dies oft vom Compiler optimiert wird. Der Nachteil der Reihungen ist Inflexibilität: Sie können – im Gegensatz zu den `java.util`-Objekten ihre Größe nach dem Erzeugen nicht mehr ändern – dies bringt allerdings wiederum Effizienzvorteile mit sich.

---

[21] *Generische Klassen* sind seit der Java Version 5 verwendbar. Der *Typparameter* E (wie *Element*) muss bei der Ausprägung (Instanziierung) der Klasse, ein beliebiger Referenztyp (Klasse, Schnittstelle oder Aufzählungstyp) eingesetzt werden.

[22] Es wäre eleganter und konsistenter, **new** E[größe] schreiben zu können, aber Java 5 erlaubt keine *generic array creation*.

2.3.2 Verkettete Listen

▶ Nicht nur Algorithmen, sondern auch Datenstrukturen können rekursiv sein:
Auf die Definition einer Datenstruktur (einer Klasse) darf in derselben Definition – in Form einer Referenz – Bezug genommen werden.[23] Ein klassisches Beispiel hierfür ist die *verkettete Liste*. In diesem Kapitel werden wir die *vorwärts*
und die *rückwärts* verkettete Liste untersuchen. Weitere verkette Datenstrukturen, z. B. die *doppelt* verkettete Liste kann man ähnlich – wenn auch komplizier-
ter – programmieren.

Eine Liste wird mit Hilfe von *Kettenelementen* implementiert. Ein Kettenelement wird
typischerweise als eine (geschachtelte) Klasse `Knoten` vereinbart, die einen gespeicherten
Wert sowie eine (oder evtl. mehrere) Referenz(en) enthält:

```
private static class Knoten<E> { // 24
  E wert; // Typparameter wird bei der Ausprägung eingesetzt
  Knoten<E> verbindung; // Rekursion
  Knoten(final E wert, final Knoten<E> verbindung) {
   this.wert = wert;
   this.verbindung = verbindung;
  }
}
```

Über eine Referenz vom Typ `Knoten` kann die verkettete Liste erreicht werden. Wir nennen sie *Anker:*

```
Knoten<E> anker = null;
// Anfügen eines neuen Knotens:
anker = new Knoten<>(element, anker); // neuer Knoten25; der Alte wird verkettet
  ...
anker = anker.verbindung; // löschen des letzten Knotens der Liste
```

Der Anker adressiert das zuletzt erzeugte Kettenelement. Von hier kann man das davor
erzeugte Element erreichen: `verbindung` referenziert das zurückliegende Kettenelement. Alle Elemente können auf diese Weise bis zum ersten (ältesten) erreicht werden.

---

[23] In manchen anderen Programmiersprachen (wie Pascal oder C) erst nach einer **forward**-Verein-
barung.

[24] **private static** ist sinnvoll, wenn Knoten geschachtelt (z. B. innerhalb einer generischen
Klasse `Stapel` oder `Liste`, wie auch die folgenden Methoden) vereinbart wird.

[25] Der Parametertyp des Knotens wird aus dem Kontext (Typ von `anker`) vom Compiler seit der
Version 7 ermittelt (*inferiert*).

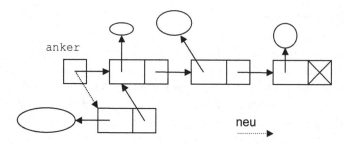

Abb. 2.2 Eintragen in eine rückwärts verkettete Liste

Diese Technik heißt *Rückwärtsverkettung* und die Datenstruktur wird *rückwärts*[26] *verkettete Liste* genannt.

Zur obigen Implementierung des Stapels mit Hilfe einer Reihung ist die Technik der rückwärts verketteten Liste eine Alternative (siehe Abb. 2.2). Sie hat den Vorteil, dass die maximale Anzahl der Elemente nicht festgelegt werden muss:

```
private Knoten<E> anker;
public Stapel() {
  anker = null;
}
public void eintragen(final E element) throws VollAusnahme {
  try {
    anker = new Knoten<E>(element, anker);
  } catch (OutOfMemoryError ausnahme) {
    throw new VollAusnahme();
  }
}
public void entfernen() throws LeerAusnahme {
  try {
    anker = anker.verbindung; // das letzte eingetragene Element ausketten
  } catch (NullPointerException ausnahme) {
    throw new LeerAusnahme();
  }
}
```

Die hier verwendete `try-catch`-Alternative zur `if-else`-Technik (wie beim Stapel im vorigen Abschn. 2.3.1) für die Behandlung von Ausnahmensituationen wurde in [SolSch] ausführlich erläutert.

---

[26] Die Richtung ist zeitlich gemeint: Jeder Knoten referenziert den dahinterliegenden Knoten, der *vor* ihm eingetragen wurde, also rückwärts.

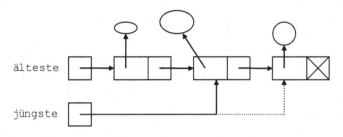

Abb. 2.3 Eintragen in eine vorwärts verkettete Liste

Vorwärts[27] *verkettete Listen* sind geeignet, um *FIFO*[28]-Behälter (Warteschlangen) oder Listen mit freiem Zugriff zu programmieren. Beim Eintragen in eine solche Liste wird ein neues Knotenobjekt erzeugt, dessen verbindung-Komponente das (zeitlich) vorwärts liegende Knotenobjekt referenziert (siehe Abb. 2.3):

```
public void eintragen(final E element) {
 Knoten<E> neu = new Knoten<>(element, null);
 if (älteste != null) { // Liste nicht leer
  jüngste.verbindung = neu; // neuer jüngster Knoten wird eingefügt
  jüngste = neu;
 } else { // Liste noch leer
  jüngste = älteste = neu;
 }
}
```

Hierbei sind älteste und jüngste jeweils die Anker[29] der Liste, die den ältesten bzw. jüngsten Knoten referenzieren; sie werden für eine leere Liste mit null vorbesetzt.[30] Der letzte Knoten der Liste wird mit einer null in ihrer verbindung-Komponente gekennzeichnet.

Das Löschen des ältesten Elements vom Ende der vorwärts verketteten Liste ist einfach:

```
public void löschen() throws LeerAusnahme { // löscht das älteste Element
 if (älteste != null)
  älteste = älteste.verbindung; // ältestes Element wird ausgehängt
 else // Liste leer
  throw new LeerAusnahme();
}
```

---

[27] Jeder Knoten referenziert den Knoten, der *nach* ihm eingetragen wurde: vorwärts.

[28] Abkürzung für first in first out.

[29] Es ist möglich, auch die vorwärts verkettete Liste mit nur einem Anker zu programmieren, indem älteste im letzten Knoten (jetzt immer null) gespeichert wird.

[30] Eine alternative Technik ist, hierfür einen Pseudoknoten zu verwenden, wie im Abschn. 6.1.3.

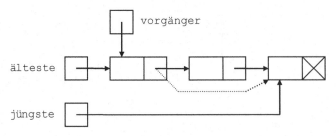

Abb. 2.4 Löschen eines Elements aus der verketteten Liste

Um ein beliebiges Element (aus der Mitte) der verketteten Liste zu löschen (siehe Abb. 2.4),
muss eine Referenz an das *vorangehende* Element vorhanden sein (dieses kann z. B. durch
Suchen (s. Abschn. 4.2) gefunden werden):

```
private void löschen(final Knoten<E> vorgänger) throws LeerAusnahme { // 31
   // löscht das nachfolgende Element
 if (vorgänger != null)
   vorgänger.verbindung = vorgänger.verbindung.verbindung;
   else // kein Element zum Löschen
   throw new LeerAusnahme();
}
```

Im Abschn. 3.2 werden wir auch komplexere Operationen an verketteten Listen untersuchen.

Bemerkung In der Standard-Bibliothek befindet sich die Klasse `java.util.LinkedList`,
die auf ähnlicher Weise wie unser obiger `Stapel` eine verkettete Liste implementiert. Ein
Unterschied liegt in den Ausnahmen: Standardklassen ziehen oft ungeprüfte („unchecked")
Ausnahmen vor. Dies ist angenehmer für den Programmierer, der nicht „gezwungen" wird,
sie behandeln zu müssen, produziert aber weniger sichere Programme.

Aufgabe 2.18

Programmieren Sie das Eintragen in eine vorwärts verkettete Liste auf eine bestimmte
(durch eine Knotenreferenz angegebene) Stelle. Überlegen Sie sich, welcher Knoten
angegeben werden muss.

2.3.3 Gleichwertigkeit von Datenstrukturen

▶   Mit den beiden vorgestellten Programmiertechniken können gleichwertige
       Klassen erstellt werden. Wir verstehen darunter Folgendes:

Nehmen wir an, zwei Klassen, die die beiden unterschiedlichen Techniken für die Datenstruktur verwenden, implementieren dieselbe Schnittstelle:

---

[31] `public` ist nicht sinnvoll, wenn die innere Klasse `Knoten` **private** ist.

```
public interface Stapel<E> {
  public void eintragen(E element) throws VollAusnahme;
    // requires !istVoll(); ensures !istLeer() & lesen() == element
  public E lesen() throws LeerAusnahme; // const³²
    // requires !istLeer() // liefert das zuletzt eingetragene Element
  public void entfernen() throws LeerAusnahme;
    // requires !istLeer(); ensures !istVoll();
    // entfernt das zuletzt eingetragene Element
  public void entleeren(); // ensures istLeer(); // ³³
  public boolean istLeer(); // const
  public boolean istVoll(); // const
public void kopieren(final Stapel<E> quelle); // ensures istGleich(quelle);
  public boolean istGleich(final Stapel<E> stapel); // const
}


class StapelReihung<E> implements Stapel<E> { ... }


class StapelListe<E> implements Stapel<E> { ... }
```

Für die Schnittstelle können – ähnlich wie für Funktionen im Abschn. 2.1.9 – *Testfälle* erstellt werden. Ein Testfall für eine Schnittstelle besteht jedoch nicht aus *einem* (parametrisierten) Aufruf, sondern aus einer *Folge* von Methodenaufrufen und den dazugehörigen aktuellen Parametern:

```
public static void testfall1(Stapel<Integer> stapel) {
  ...
  stapel.eintragen(new Integer(1));
  stapel.eintragen(new Integer(2));
  boolean ergebnis1 = stapel.istLeer();
  Integer ergebnis2 = stapel.lesen();
  ...
}
```

Ein Testfall enthält also Methodenaufrufe, die ihr Zielobjekt (this, das Objekt vor dem Punkt beim Aufruf) verändern,[34] und Methodenaufrufe, die es unverändert lassen, jedoch Information über seinen Zustand liefern.[35] Diese Information muss ausgewertet

---

[32] Der Kommentar const (im Sinne von C++) wird verwendet, um anzudeuten, dass die Methode das Zielobjekt unverändert lässt.

[33] Die Methoden entleeren und istLeer bilden zusammen eine *Eigenschaft* (im Sinne von C#) und müssen konsistent implementiert werden.

[34] Nach der Terminologie von [SolSch] *Mutatoren*.

[35] Nach der Terminologie von [SolSch] *Informatoren*: Funktionsmethoden, die in der Schnittstelle mit // const gekennzeichnet wurden.

(im obigen vereinfachten Beispiel den Variablen `ergebnis1` und `ergebnis2` zugewiesen) und mit dem erwarteten Verhalten der Klasse verglichen werden.

Die beiden Klassen `StapelReihung` und `StapelListe` sind gleichwertig, wenn sie für *jeden* Testfall gleiche Ergebnisse liefern:

```
Stapel<Integer> stapel = new StapelReihung<>(GRÖSSE);
testfall1(stapel);
stapel = new StapelListe<>();
testfall1(stapel);
```

Die Testfälle können innerhalb eines *Stapeltesttreibers* programmiert werden. Es ist selbstverständlich nicht möglich, alle Testfälle zu erfassen, daher kann die Gleichwertigkeit von Klassen – ähnlich wie von Algorithmen – im Allgemeinen[36] auch nicht bewiesen werden. Eine ausreichende Anzahl von Testfällen macht jedoch die Gleichwertigkeit plausibel.

Bei einer korrekten Implementierung der beiden Klassen erhalten wir die gleichen Ergebnisse: Sie werden von den Aufrufen der Funktionsmethoden geliefert. Diese werden im Testtreiber miteinander verglichen und die Vergleichsergebnisse werden sinnvollerweise dokumentiert (z. B. in eine Datei ausgegeben).

Eine Alternative zum Stapeltesttreiber ist der *Dialogtesttreiber;* er enthält nicht die Testfälle, sondern bietet nur einen Rahmen, sie im Dialog zu definieren und die einzelnen Aufrufe auszuführen. Sein Vorteil ist die Flexibilität, d. h. neue Testfälle können einfach – ohne Programmierung und Neuübersetzung des Testtreibers – angewendet werden. Sein Nachteil ist, dass bei der Veränderung (z. B. nach Fehlerkorrektur) einer der Klassen alle Testfälle neu eingegeben werden müssen.

Die Vorteile der beiden Testtreiberarten vereinigt der *Universaltesttreiber*, der die Testfälle in einem Dialog erfasst und sie in einer Datei speichert. Von hier aus können sie jederzeit abgerufen und wiederholt ausgeführt werden. So ein Universaltesttreiber kann aus der Schnittstelle *generiert* werden (s. [SolT]).

Wenn die beiden oben vorgestellten Stapel-Klassen mit Hilfe von geeigneten Testtreibern miteinander verglichen werden, kann ein kleiner Unterschied zwischen ihnen übersehen werden: Die Reihungsimplementierung wirft die Ausnahme `VollAusnahme` aus, wenn es versucht wird, `GRÖSSE+1` Objekte[37] einzutragen; die Listenimplementierung wird auch das `GRÖSSE+1`-te Element aufnehmen, wenn die *Halde*[38] des Interpreters groß genug ist. Selbstverständlich ist es möglich, die Listenimplementierung künstlich einzuschränken, um volle Gleichwertigkeit zu erreichen; dadurch würde jedoch ihr wesentlicher Vorteil verloren gehen.

Weitere alternative Implementierungen sind denkbar. Ihre Gleichwertigkeit muss jedoch auf ähnliche Weise getestet werden.

---

[36] Nur in Einzelfällen, und meistens nur schwer.

[37] `GRÖSSE` ist der aktuelle Konstruktorparameter.

[38] Auf Englisch: *heap*; der Speicherbereich, wo die erzeugten Objekte abgelegt werden.

Bemerkung Die Gleichwertigkeit von Algorithmen (wie schon im Abschn. 2.1.9 erwähnt) oder von Datenstrukturen kann nicht bewiesen werden, zumal nicht *alle* Testfälle geprüft werden können. Dies ist ein theoretisches Problem der Informatik: Die Korrektheit von Programmen ist grundsätzlich nicht beweisbar (siehe Abschn. 7.2). Funktionale Programmierung, wie in etwa Java 8 durch Lambda-Ausdrücke eingeführt, ermöglicht eine Teillösung, allerdings nur unter strengen Umständen (wie z. B. die Seiteneffektfreiheit von Funktionen), die in Java – wegen des unverändert vorhandenen klassischen prozeduralen Paradigmas – nicht gegeben sind.

2.3.4 Berechnung von Ausdrücken

Die oben dargestellten Datenstruktur `Stapel` oder auch `java.util.Stack` ist zum Beispiel geeignet, den Wert eines *(arithmetischen) Ausdrucks* (mit Klammern und Operatorpräzedenz) zu berechnen. Die folgende Prozedur verwendet zwei Stapel für die Operanden und die Operatoren:

```
private static Stack<Double> operanden = new Stack<>();
private static Stack<Integer> operatoren = new Stack<>();
public static double auswerten(String[] ausdruck) {
 final String oper = "(+-*/)"; // Operatoren
 final String prior = "311220"; // Präzedenz (Priorität, Vorrang) der Operatoren
 final int klammerAuf = oper.indexOf('('), klammerZu = oper.indexOf(')');
 operatoren.push(klammerAuf); // Boden des Stapels markieren
 for (String element : ausdruck) { //³⁹ // element ist ein double oder ein
Operator
  char zeichen = element.charAt(0);
  if (Character.isDigit(zeichen)) // Operand
   operanden.push(Double.parseDouble(element)); // push trägt ein Element ein
  else for (int i = 0; i < oper.length(); i++) // Operator
   if (zeichen == oper.charAt(i)) { // Operator gefunden
    while (prior.charAt(i) <= prior.charAt(operatoren.peek()) &&
       operatoren.peek() != klammerAuf) // Stapel leeren, gemäß Präzedenz
     rechnen(operatoren.pop()); // pop liefert und entfernt das oberste Element
    if (zeichen != klammerZu) operatoren.push(i);
   }
 }
 while (!operatoren.isEmpty()) rechnen(operatoren.pop());
 return operanden.pop();
}
```

---

[39] In der neuen („verbesserten") **for**-Schleife nimmt `element` alle Werte aus der Reihung `ausdruck` auf.

```
private static void rechnen(int operator) {
 switch (operator) {
  case 1: operanden.push(operanden.pop() + operanden.pop()); break;
  // '+'
  case 2: operanden.push(-(operanden.pop() - operanden.pop())); break;
  // '-'
  case 3: operanden.push(operanden.pop() * operanden.pop()); break;
  // '*'
  case 4: operanden.push(1/(operanden.pop() / operanden.pop())); break;
  // '/'
 }
}
```

Eine ausführliche Erläuterung von diesem Algorithmus und einen zufallsgerenerierten, grammatikgesteuerten Test finden Sie unter

`http://public.beuth-hochschule.de/~solymosi/veroeff/ausdruck/Ausdruck.html`

Rekursion und Wiederholung

3

Zusammenfassung

Im Abschn. 1.1 haben wir den Algorithmus von Euklid sowohl iterativ wie auch rekursiv formuliert. Die Alternative ist typisch: Viele Aufgaben haben eine rekursive und eine iterative Lösung. In diesem Kapitel beschäftigen wir uns mit der Frage, wie weit die beiden Techniken austauschbar sind.

3.1   Rekursive Algorithmen

▶   Prinzipiell gilt: Alle Aufgaben, die mit einer Iteration[1] lösbar sind, sind auch ohne Schleife durch Rekursion lösbar. Es gibt sogar Programmiersprachen,[2] die keine Schleifen kennen, sondern in denen Wiederholung durch Rekursion ausgedrückt werden muss.

Auch Rekursionen kann man meistens mit Hilfe von Iteration simulieren.[3] Oft sind die rekursiven Lösungen einfacher zu verstehen, verbrauchen aber für die Abarbeitung der Rekursion mehr Speicherplatz.

---

[1] Die Begriffe *Iteration*, *Wiederholung* und *Schleife* sind Synonyme; sie können miteinander ausgetauscht werden.

[2] z. B. *Prolog* oder *Logo*; in gewissem Sinne auch *XSLT*.

[3] s. z. B. [Niev].

© Springer Fachmedien Wiesbaden GmbH 2017

A. Solymosi, U. Grude, *Grundkurs Algorithmen und Datenstrukturen in JAVA*,

DOI 10.1007/978-3-658-17546-7_3

3.1.1 Fakultät

Als erstes Beispiel für rekursive Algorithmen betrachten wir die Funktion *Fakultät*. Die mathematische Bezeichnung der Fakultät ist *n!*. Sie wird als das Produkt der ersten n natürlichen Zahlen durch die Formel

$$n! = 1 \cdot 2 \cdot 3 \cdot \ldots \cdot (n-1) \cdot n$$

definiert. Die *Wertetabelle* der Funktion *Fakultät* ist in Tab. 3.1 dargestellt.

Diese Definition ermöglicht eine Berechnung mit Hilfe einer Schleife:

```
static int fakultätIterativ(int n) { // requires n > 0
  int ergebnis = 1;
  for (int i = 1; i <= n; i++)
    ergebnis *= i;
  return ergebnis;
}
```

Die rekursive Berechnung ist auf Grund der Formel

$$n! = 1 \cdot 2 \cdot 3 \cdot \ldots \cdot (n-1) \cdot n = (n-1)! \cdot n$$

möglich: `fakultätRekursiv(n) == n * fakultätRekursiv(n-1)` für n $\geq$ 2:

```
static int fakultätRekursiv(int n) { // requires n > 0
  if (n <= 1)
    return 1;
  else
    return n * fakultätRekursiv(n-1);
  // return n <= 1 ? 1 : n * fakultätRekursiv(n-1); // ⁴
}
```

Der Nachteil der rekursiven Lösung gegenüber dem iterativen Programm ist der zusätzliche Verbrauch von Speicher: Die rekursiven Aufrufe werden auf dem Stapel (stack) abgelegt.[5]

Tab. 3.1 Wertetabelle der Fakultät

N	1	2	3	4	5	6	7	8	9	...
n!	1	1	6	24	120	720	5040	40320	362880	...

[4] Diese alternative, kompaktere Lösung ist aber etwas weniger gut lesbar.
[5] Gute Compiler können hier allerdings optimieren.

Die Größe des nötigen Speichers ist also proportional zum Parameter. Die *Speicherkomplexität* dieses Algorithmus ist dementsprechend *linear*. Die Speicherkomplexität der iterativen Lösung ist *konstant*, d. h. sie hängt nicht vom Parameter ab.

3.1.2 Die Fibonacci-Zahlen

▶ Rekursionen können oft einfach durch Wiederholungen ersetzt werden.

Manchmal lohnt es sich, die kompliziertere Lösung mit der Schleife zu benutzen. Ein schönes Beispiel hierfür sind die *Fibonacci-Zahlen*. Sie werden durch die folgende rekursive Formel definiert:

$$f_0 = 0$$
$$f_1 = 1$$
$$f_n = f_{n-1} + f_{n-2} \text{ für } n \geq 2$$

Jede Fibonacci-Zahl ist also die Summe der beiden vorangehenden. Die ersten vierzehn Fibonacci-Zahlen sind in Tab. 3.2 zu sehen.

Die folgende Funktion berechnet die Fibonacci-Zahlen nach der obigen Formel:

```
static int fibonacciRekursiv(int n) {
  return n <= 0 ? 0
    : n == 1 ? 1 :
    fibonacciRekursiv(n - 1) + fibonacciRekursiv(n - 2);
}
```

Wenn diese Funktion mit verschiedenen Parameterwerten aufgerufen wird, wächst die Rechenzeit für Parameterwerte oberhalb von 20 auffallend stark. Der Grund hierfür ist, dass viele Zwischenergebnisse mehrfach berechnet werden (siehe Abb. 3.1).

Bei der Berechnung von f_5 werden f_4 und f_3 berechnet; bei der Berechnung von f_4 wird f_3 wieder berechnet. Es ist nicht schwer zu beweisen, dass dieser Algorithmus die *exponentielle Zeitkomplexität* $O(2^n)$ hat. Um sie zu reduzieren, können die schon berechneten Fibonacci-Werte in einem *Gedächtnis* gespeichert werden. In der folgenden Klasse wird hierfür die `int`-Reihung `ged` mit 0 vorbesetzt; der Eintrag 0 kennzeichnet, dass die Fibonacci-Zahl für diesen Index noch nicht errechnet worden ist.

Tab. 3.2 Wertetabelle der Fibonacci-Zahlen

n	0	1	2	3	4	5	6	7	8	9	10	11	12	13	...
f_n	0	1	1	2	3	5	8	13	21	34	55	89	144	233	...

Abb. 3.1 Berechnung von f_5

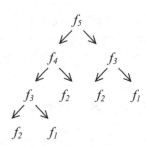

Nach der (rekursiven) Berechnung wird sie hier gespeichert, um einer wiederholten Berechnung vorzubeugen:

```
class FibonacciMitGedächtnis {
 private long ged[]; // Gedächtnis
 public FibonacciMitGedächtnis(int max) {
  ged = new long[max]; // 6
 }
 public long fibonacci(int n) {
   // requires 0 <= n < max == ged.length
  if (ged[n] != 0) // schon errechnet
   return ged[n];
  else if (n < 2) { // 0 oder 1
   ged[n] = n;
   return ged[n];
  }
  else
   ged[n] = fibonacci(n-1) + fibonacci(n-2);
  return ged[n];
 }
}
```

Auch die folgende iterative Lösung ist effizienter als fibonacciRekursiv, das Programm ist jedoch weniger verständlich. Hier werden die Fibonacci-Zahlen von unten nach oben in einer Zählschleife berechnet und die Zwischenergebnisse in lokalen Variablen gespeichert:

```
static int fibonacciIterativ(int n) { // requires n >= 0
 if (n > 0) {
  int aktuelle = 1, temp = 1, vorherige = 0;
  for (int i = 1; i < n; i++) {
   temp = aktuelle;
```

---

[6] Eine Reihung aus Ganzzahlen wird in Java mit 0 vorbesetzt.

```
      aktuelle = aktuelle + vorherige;
      vorherige = temp;
    }
    return aktuelle;
  }
  else
    return 0;
}
```

Die Zeitkomplexität von diesem Algorithmus ist linear, d.h. proportional zu n.

Eine mathematische Kuriosität ist, dass der irrational aussehende Bruch

$$f_n = \frac{\left(\dfrac{1+\sqrt{5}}{2}\right)^n - \left(\dfrac{1-\sqrt{5}}{2}\right)^n}{\sqrt{5}}$$

einen Ganzzahlwert, und zwar die *n*-te Fibonacci-Zahl ergibt. Die Fibonacci-Zahlen spielen in Naturbeobachtungen bei der Verteilung von Eigenschaften (z. B. bei der Anordnung von Blättern auf Pflanzen) eine wichtige Rolle. Sie werden auch verwendet, um die Strategie des Mischens (s. Abschn. 5.7.1) einer größeren Anzahl von vorsortierten Sequenzen zu optimieren.

3.1.3 Die Ackermann-Funktion

▶   Rekursion ist geeignet, Funktionen zu definieren, die sehr schnell wachsen.

Die Werte der *Ackermann-Funktion*[7] (mit zwei Argumenten *n* und *m*) werden durch die folgenden Formeln definiert:

$$a_m^0 = m+1 \quad a_0^n = a_1^{n-1} \quad a_m^n = a_{a_{m-1}^n}^{n-1}$$

Diese Funktion ist ein Beispiel für eine Rekursion, die nicht (oder zumindest nicht direkt) durch Iteration ersetzt werden kann. Ihre interessante Eigenschaft ist, dass sie stärker wächst als jede *primitiv-rekursive Funktion*: Der Wert von `ackermann(4, 2)` kann mit 19729 Dezimalziffern beschrieben werden. Der Wert von `ackermann(4, 4)` ist größer als $10^{10^{19000}}$. Um sich die Größe dieser Zahl vorzustellen, kann beachtet werden, dass – nach einigen Abschätzungen – die Anzahl der Elementarteilchen im bekannten Universum etwa bei 10^{70} liegt.

---

[7] Benannt nach dem Mathematiker *F. W. Ackermann*, 1896–1962.

Die folgende Java-Methode implementiert die Ackermann-Funktion:

```java
static int ackermann(int n, int m) { // 8
 return n == 0 ? m + 1 :
  m == 0 ? ackermann(n - 1, 1) :
  ackermann(n - 1, ackermann(n, m - 1));
}
```

Aufgabe 3.1

Erstellen Sie eine Funktion, die die Werte der Ackermann-Funktion (zumindest für kleine Parameter) mit Hilfe eines Gedächtnisses liefert. Überwachen Sie die Laufzeit des Funktionsaufrufs mit Hilfe der Methode `getTime` der Klasse `java.util.Date`. Ermitteln Sie auch die Anzahl der rekursiven Aufrufe und stellen Sie eine Tabelle für verschiedene Parameterkombinationen zusammen.

3.1.4 Die mathematische Induktion

Ein weiteres Beispiel für rekursive Algorithmen ist die Lösung des altbekannten Problems mit dem Namen *Türme von Hanoi:* Eine gegebene Anzahl von gestapelten Ringen unterschiedlicher Größe muss von einer Stange auf eine andere mit Hilfe einer Dritten übertragen werden. Dabei darf ein größerer Ring nie auf einen kleineren gelegt werden (siehe Abb. 3.2).

Ein Versuch, die Aufgabe mit mehreren (z. B. mit 5 oder 6) Scheiben zu lösen, dürfte die Komplexität der Problematik deutlich machen. Rekursion ist hier geeignet, einen verständlichen Algorithmus zu formulieren.

Die Idee für die rekursive Lösung ist das Prinzip der *mathematischen Induktion*. Um einen gegebenen Satz für eine beliebige natürliche Zahl n zu beweisen, führt man zwei Schritte durch: Man entwickelt

1. einen (trivialen) Beweis für $n = 1$ (oder $n = 0$)
2. einen Beweis für $n + 1$ unter der Annahme, dass der Satz für n gilt.

Im Falle der Türme von Hanoi verwenden wir dieses Prinzip folgendermaßen. Wir nennen den (trivialen) Algorithmus für die Übertragung der kleinsten Scheibe von einer Stange auf eine andere A_1. Die zwei kleinsten Scheiben werden mit dem Algorithmus A_2 übertragen usw. Wenn wir nun die n (kleinsten, oberen) Scheiben von einer Stange zur anderen

---

[8] Diese Methode funktioniert nur im Wertebereich von `int` korrekt. Der Austausch der Parametertypen und des Ergebnistyps auf `long` würde ihre Brauchbarkeit nur ein bisschen verbessern. Die Benutzung von `java.math.BigDecimal`-Objekten statt `int`-Variablen hebt diese Einschränkung auf, führt allerdings zu enormen Rechenzeitsteigerung.

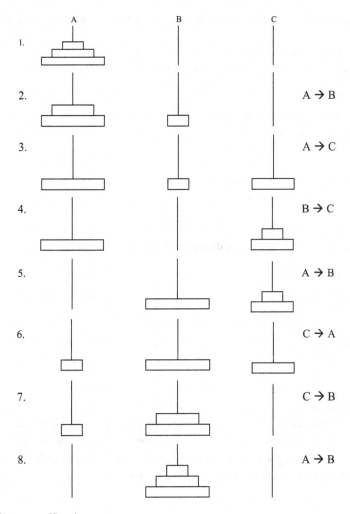

Abb. 3.2 Türme von Hanoi

mit einem Algorithmus A_n übertragen können, dann können wir $n+1$ Scheiben folgendermaßen übertragen:

Zuerst übertragen wir die oberen n Scheiben mit dem Algorithmus A_n von der ersten
Stange auf die zweite, dann übertragen wir die $n+1$-te (größte) Scheibe von der ersten auf
die dritte Stange (die keine Scheibe enthält) mit dem trivialen Algorithmus A_1, und dann
verwenden wir wieder den Algorithmus A_n, um die oberen n Scheiben von der zweiten auf
die dritte Stange zu übertragen. Als Ergebnis erhalten wir den Algorithmus A_{n+1}. Auf dieselbe Weise erhalten wir den Algorithmus A_{n+2} usw. So können wir eine beliebige Anzahl
von Scheiben übertragen.

Diese Beweisführung wird im Folgenden einfachen rekursiven Programm implementiert:

```
private static void hanoi(int n, String a, String b, String c) {
  // überträgt n Scheiben von a nach b mit Hilfe von c
  if (n > 0) {
    hanoi(n-1, a, c, b);
    System.out.println("Übertragung von " + a + " auf " + b);
    hanoi(n-1, c, b, a);
  }
}
public static void hanoi(int n) {
  hanoi(n, "A", "C", "B");
}
```

Der Aufruf `hanoi(3);` bewirkt dann die Ausgabe auf der Konsole:

```
Übertragung von A auf B
Übertragung von A auf C
Übertragung von B auf C
Übertragung von A auf B
Übertragung von C auf A
Übertragung von C auf B
Übertragung von A auf B
```

Dies entspricht genau der Vorgehensweise in Abb. 3.2.

Neben dieser einfachen rekursiven Lösung gibt es auch einen komplexen iterativen Algorithmus. Die Zeitkomplexität beider Algorithmen ist jedoch $O(2^n)$, der Vorteil des iterativen Algorithmus liegt nur in seiner konstanten *Speicherkomplexität* (gegenüber der logarithmischen Speicherkomplexität des obigen Programms).

3.1.5 Permutationen

▶ Unter *Permutationen* verstehen wir die unterschiedlichen Anordnungen der Elemente einer Menge; z. B. alle Permutationen von {A, B, C} sind ABC ACB BAC BCA CAB CBA.

Die Anzahl der *Permutationen* aus n Elementen ist $n!$. Dies ist durch die folgende *mathematische Induktion* einleuchtend. Nehmen wir an, wir haben alle Permutationen aus $n-1$ Elementen errechnet. Daraus erzeugen wir die Permutationen aus n Elementen, indem wir die Permutationen aus $n-1$ Elementen n-mal kopieren. Das n-te Element wird nun in der ersten Kopie vor das erste Element geschoben, in der zweiten vor das zweite usw.; in der

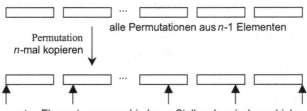

n-tes Element an n verschiedenen Stellen dazwischenschieben

Abb. 3.3 Permutationen

$n-1$-sten Kopie vor das $n-1$-ste (also das letzte) Element, schließlich in der n-ten Kopie nach dem letzten Element (siehe Abb. 3.3).

Wenn die Anzahl der Permutationen aus $n-1$ Elementen p_{n-1} war, dann erhalten wir auf diese Weise np_{n-1} verschiedene Permutationen. Für $n=1$ ist diese Anzahl 1. Wenn $p_{n-1}=(n-1)!$, dann $p_n=np_{n-1}=n(n-1)!=n!$.

Aufgabe 3.2

Entwickeln Sie eine Funktion `permutationen` für die rekursive Berechnung von Permutationen. In der Funktion sollen Sie eine zweidimensionale Reihung lokal anlegen, die die Permutationen aus $n-1$ Elementen enthält. Sie sollen diese in das Ergebnis (ebenfalls eine lokale zweidimensionale Reihung der Größe $n! \cdot n$,) n-mal kopieren und das letzte Element an die 1-ste, 2-te, …, n-te Stelle einschieben. Eine geschickte Manipulation der Reihungsindizes ist hier der Schlüssel für eine elegante Lösung.

3.2 Abarbeitung von Datenstrukturen

▶ Im Abschn. 2.3.2 haben wir die elementaren Operationen (eintragen, löschen) von Datenstrukturen (einer Reihung oder einer verketteten Liste) untersucht: Sie betrafen immer nur *ein* Element. Angenommen, wir wollen *alle* Elemente einer solchen Datenstruktur bearbeiten (z. B. um 1 erhöhen, halbieren oder aufsummieren). Dazu müssen wir durch die ganze Datenstruktur wandern und alle Elemente anfassen (lesen oder verändern). Wir nennen dies *Abarbeitung* einer Datenstruktur.

3.2.1 Iterative Abarbeitung von rekursiven Datenstrukturen

Eine verkettete Liste wird typischerweise mit einer `while`-Schleife[9] abgearbeitet. Beispielsweise kann der *Vergleich* zweier Listen (s. Abb. 2.3) oder das *Kopieren* einer Liste wie folgt programmiert werden:

---

[9] Bedingungsgesteuerte Schleife.

```
public boolean istGleichIter(final Liste<E> that) { // 10
  Knoten<E> diese = this.älteste, jene = that.älteste;
  while (diese != null && jene != null) { // Listen nicht zu Ende
    if (diese.wert != jene.wert) // Listen ungleich
      return false;
    diese = diese.verbindung;
    jene = jene.verbindung;
  }
  return diese == null && jene == null; // beide Listen zu Ende?
}
public void kopierenIter(final Liste<E>  that)    {
  this.jüngste = this.älteste = null; // Liste entleeren
  Knoten<E> jene = that.älteste;
  while (jene != null) { // jeden Knoten-wert der Quelle eintragen
    this.eintragen(jene.wert);
    jene = jene.verbindung;
  }
}
```

Die Methode kopieren überträgt also den Inhalt des Parameterobjekts that in das Zielobjekt this; der alte Inhalt geht dabei verloren. Alternativ ist es möglich, denselben Algorithmus in einer Funktionsmethode zu formulieren:

```
public Liste<?> kopieren() { // 11
  Liste<E> ergebnis = new Liste<>();
  ... // der Algorithmus ist derselbe
  return ergebnis;
}
```

Eine dritte Möglichkeit ist, die Funktionsmethode static zu vereinbaren. Dann braucht sie (anstelle von this) einen Parameter:

```
public static <E> Liste<?> kopieren(Liste<?> that) { // 12
  Liste<?> ergebnis = new Liste<E>();
  ... // der Algorithmus ist derselbe
}
```

---

[10] Diese Gleichheit ist weder „flach" noch „tief", sondern eine „logische Gleichheit"; ebenso die nachfolgende Kopie.

[11] Der Jokertyp List<?> ist der abstrakte Obertyp aller List-Instanziierungen.

[12] static-Methoden können den Typparameter der generischen Klasse nicht benutzen; sie müssen selber als generische Methoden vereinbart werden.

3.2.2 Rekursive Abarbeitung von rekursiven Datenstrukturen

Die rekursive Definition der `Knoten`-Klasse führt zur Idee, solche Methoden eleganter rekursiv zu programmieren. Hierzu werden zwei private Funktionen vereinbart, die jeweils ein Knotenpaar vergleichen bzw. einen Knoten kopieren (siehe Abb. 3.4):

```java
public boolean istGleichRek(final Liste<E> that) {
  return istGleichRek(this.älteste, that.älteste); // rekursvier Knotenvergleich
}
private boolean istGleichRek(final Knoten<?> dieser, final Knoten<?>
jener) {
  if (dieser == null || jener == null) // eine der Listen zu Ende
    return dieser == null && jener == null; // ob auch die andere?
  else
    return dieser.wert == jener.wert && // Vergleich der Werte
      istGleichRek(dieser.verbindung, jener.verbindung); // Restlisten
}

public void kopierenRek(final Liste<E> that) {
  this.älteste = kopie(that.älteste); // Knoten rekursiv kopieren
}
private Knoten<E> kopie(final Knoten<E> that) {
  if (that == null)
    return null; // Kennzeichnung des letzten Knotens
  else // Liste zu Ende
    return new Knoten<>(that.wert, kopie(that.verbindung));
    // den Wert in den neuen Knoten kopieren, den Rest rekursiv kopieren
}
```

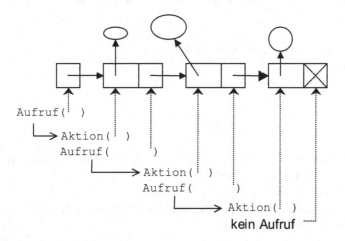

Abb. 3.4 Rekursive Abarbeitung einer Liste

3.2.3 Rekursive Abarbeitung von Reihungen

Wie wir im Abschn. 2.3 gesehen haben, bieten *Reihungen* zu verketteten Listen eine Alternative. Sie werden typischerweise mit *Zählschleifen*[13] abgearbeitet, da die Länge einer Reihung – im Gegensatz zur verketteten Liste – leicht ermittelbar ist.[14]

```java
public class Reihung<E> {
  private E[] inhalt;
  public Reihung(int länge) {
    inhalt = (E[]) new Object[länge];
  }
  public boolean istGleichIter(final Reihung<E> that) {
    if (this.inhalt.length != that.inhalt.length) // Längen ungleich
      return false;
    for (int index = 0; index < inhalt.length; index++)
      if (this.inhalt[index] != that.inhalt[index]) // Werte ungleich
        return false;
    return true; // alle Werte gleich
  }

  public void kopierenIter(final Reihung<E> that) {
    this.inhalt = (E[]) new Object[that.inhalt.length];
    for (int index = 0; index < inhalt.length; index++)
      this.inhalt[index] = that.inhalt[index]; // Wert kopieren
  }
  ... // weitere Operationen für Schreiben und Lesen von Werten in der Reihung
```

Obwohl Reihungen – im Gegensatz zu verketteten Listen – nicht rekursiv definiert werden, ist es doch möglich – und manchmal auch sinnvoll –, Operationen, die die ganze Reihung bearbeiten (wie z. B. die Vergleich- und Kopieroperationen) rekursiv zu vereinbaren:

```java
public boolean istGleichRek(final Reihung<E> that) {
  return this.inhalt.length == that.inhalt.length &&
    this.istGleichRek(that, 0); // 15
}
```

---

[13] Schleifen, deren Durchlaufzahl beim Eintritt in die Schleife bekannt sind; in einigen Programmiersprachen wie Pascal (nicht in Java): `for`-Schleifen.

[14] Listen in den Standardklassen enthalten eine Methode `size()`.

[15] `&&` ist die *kurzgeschlossene Konjunktion*: Der rechte Operand wird nur berechnet, wenn die Auswertung des linken Operanden `true` ergibt.

```
private boolean istGleichRek(final Reihung<E> that, int index) {
  // ist Inhalt von that ab index mit this gleich?
  if (index < this.inhalt.length && index < that.inhalt.length)
    return this.inhalt[index] == that.inhalt[index] && // gleich?
      this.istGleichRek(that, index+1); // rekursiv: Rest gleich?
  else
    return true; // alle Elemente gleich
}

public void kopierenRek(final Reihung<E> that) {
  this.inhalt = (E[]) new Object[that.inhalt.length];
  this.kopierenRek(that, 0); // alle Werte kopieren
}
private void kopierenRek(final Reihung<E> that, int index) {
  if (index < this.inhalt.length) {
    this.inhalt[index] = that.inhalt[index]; // Wert kopieren
    this.kopierenRek(that, index+1); // rekursiv: Rest kopieren
  }
}
```

Durch dieses Programm und in Abb. 3.5 wird illustriert, wie eine Schleife durch eine
geeignet strukturierte Rekursion ersetzt werden kann.

Abb. 3.5 Rekursive Abarbeitung einer Reihung

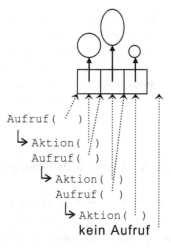

3.2.4 Iteratoren

Die Schnittstelle `java.util.Iterator` dient dazu, über alle Elemente einer beliebigen Sammlung (wie Liste oder Reihung) durchzulaufen. Wenn sie implementiert wird, ist es leicht, Methoden wie `istGleich` oder `kopieren` zu programmieren:

```java
public Iterator<E> iterator() {
  return new Iterator<E>() { // anonyme Implementierung von Iterator
    private int i = 0;
    public boolean hasNext() { return i < inhalt.length; }
    public E next() { return inhalt[i++]; }
    public void remove() {} // leere Implementierung, da nicht benötigt
  };
}
public boolean istGleich(final Reihung<E> that) {
  Iterator<E> dieser = this.iterator(), jener = that.iterator();
  while (dieser.hasNext() && jener.hasNext())
    if (dieser.next() != jener.next())
      return false;
  return dieser.hasNext() == jener.hasNext();
}
public void kopieren(final Reihung<E> that) throws VollAusnahme {
  Iterator<E> jener = that.iterator();
  spitze = -1; // this entleeren
  while (jener.hasNext())
    eintragen(jener.next());
}
```

Wenn die Klasse `Reihung` die Schnittstelle `java.lang.Iterable` implementiert (sie enthält die einzige Methode `iterator()` (wie oben)), dann kann sie in „verbesserten for-Schleifen" (ab Java 5, s. Abschn. 2.1.7) verwendet werden.

Aufgabe 3.3

Implementieren Sie den `Iterator` für `Liste` und mit seiner Hilfe die Methoden `istGleich` und `kopieren`.

3.2.5 Lambda-Ausdrücke

Iterierbare Klassen sind geeignet, die in Java 8 eingeführten Lambda-Ausdrücke zu verwenden. Diese können fürs Erste als *anonyme Methoden* verstanden werden. Ähnlich wie anonyme Klassen haben diese keinen Namen und können daher nur an einer Stelle aufgerufen werden, nämlich dort, wo sie vereinbart wurden.

Ein Lambda-Ausdruck ist ein Block (ggf. ohne { und }), eventuell mit Parametern versehen. Die Parameter werden vor einem Pfeil -> wie Methodenparameter in Klammern aufgelistet; der Block steht nach dem Pfeil. Insgesamt bildet der Lambda-Ausdruck ein Objekt, das an der Stelle der Vereinbarung typischerweise an eine Methode übergeben wird. Beispielsweise können wir für unsere Reihung eine Methode zählen() vereinbaren, die berechnet, wie oft ein gegebenes Element (vom generischen Typ E) in der Sammlung enthalten ist:

```
private int zähler = 0;
public int zählen(E e) {
  this.forEach((E wert) -> { if (wert.equals(e)) zähler++; });
  return zähler;
}
```

Hier wurde der Lambda-Ausdruck als Parameter der Methode forEach übergeben; diese wurde in der Schnittstelle Iterable vereinbart. Dies ist auch eine Besonderheit von Java 8: Schnittstellen können jetzt Methoden nicht nur ohne sondern auch mit Rumpf (dann aber mit default gekennzeichnet) vereinbaren. Diese können, müssen aber nicht von implementierenden Klassen überschrieben werden.

Solche Methoden, die Lambda-Ausdrücke als Parameter entgegennehmen können, heißen auch *Funktionen höherer Ordnung* – im Gegensatz zu den *Funktionen erster Ordnung* z. B. mit primitiven Parametern. Mit ihrer Hilfe kann *Rückruf*[16] einfach programmiert werden: Ein Methode (z. B. knopfGedrückt() oder integral()) ruft eine andere auf, die ihrem Programmierer aber unbekannt ist; sie wird erst vom Benutzer (Aufrufer) der Methode definiert.

Die Methode Iterable.forEach() ist ein Beispiel dafür. Sie hat die Aufgabe, für alle von Iterator.next() gelieferten Objekte den übergebenen Lambda-Ausdruck aufzurufen. Im obigen Beispiel wird dies mit dem Parameter wert der Methode zählen() verglichen und die gleichen werden gezählt. Es fällt auf, dass zähler nicht lokal im zählen() vereinbart werden kann; dies ist so, weil er im Lambda-Ausdruck verwendet wird, der als selbstständiges Objekt implementiert wird. Eigentlich (unter der Oberfläche): Der Lambda-Ausdruck ist die anonyme Implementierung und Instanziierung einer Schnittstelle. Genau so mussten wir solche Methoden vor Java 8 schreiben.

Diese Schnittstelle ist ebenfalls eine Neuigkeit in Java 8: Sie muss eine funktionale Schnittstelle sein. Sie hat genau eine (abstrakte) Methode und sollte mit der Annotation @FunctionalInterface markiert werden (damit der Compiler ihre korrekte Verwendung überprüfen kann). Der Parametertyp von Iterable.forEach(), nämlich Consumer, ist genau so eine Schnittstelle – deswegen konnten wir hier einen Lambda-Ausdruck als Parameter übergeben.

---

[16] Auf Englisch: *call-back.*

Lambda-Ausdrücke vereinfachen oft die Formulierung von Algorithmen. So kann auch die Methode `kopieren()` mit einem Lambda-Ausdruck prägnanter formuliert werden:

```
public void kopierenLambda(final Reihung<E> that) throws VollAusnahme
{ // 17
  this.entleeren();
  that.forEach(wert -> this.eintragen(wert));
}
```

Wie hier erkennbar, kann man den Typ des Parameters weglassen, weil der Compiler ihn aus dem Kontext ermitteln (*inferieren*) kann. Ebenso die geschweiften Klammern, wenn der Rumpf (der Block) nur aus einer Anweisung besteht.

Die für Lambda-Ausdrücke notwendigen funktionalen Schnittstellen können wir selber vereinbaren, viele werden aber vom Paket `java.util.function` (wie auch der obige `Consumer`) geliefert. Ein weiteres Beispiel ist `UnaryOperator`, mit der die rekursiven Algorithmen aus dem Abschn. 3.1.1 ebenfalls prägnant formuliert werden können:

```
final UnaryOperator<Integer> fakultätLambda =
  n -> n <= 1 ? 1 :
    n*this.fakultätLambda.apply(n-1);
```

Hier haben wir anstelle einer rekursiven Funktion eine Variable `fakultätLambda` vom Typ der funktionalen Schnittstelle vereinbart, deren (von `java.util.Function` geerbte) **default**-Methode `apply()` den zugewiesenen Lambda-Ausdruck mit dem gegebenen Parameter (hier: n-1) aufruft.

Lambda-Ausdrücke erhöhen typischerweise die Lesbarkeit von Programmen. In der Praxis werden sie zunehmend verwendet. Dort werden Sammlungen nicht wie hier („zu Fuß") programmiert, sondern fertige Bibliotheksklassen verwendet. Auch die Algorithmen wie in `istGleich()` oder `kopieren()` sind in ihnen schon enthalten. Wir haben sie nur vorgeführt, um das Verhältnis zwischen Iteration und Rekursion zu illustrieren.

Aufgabe 3.4

Formulieren Sie den Algorithmus Fibonacci aus dem Abschn. 3.1.2 mit Hilfe eines Lambda-Ausdrucks. Am besten vereinbaren Sie dazu eine (lokale) Klasse `Paar`, deren Objekte zwei Ganzzahlen (vom Typ **int**, besser aber vielleicht vom Typ `BigInteger`) speichern. **new** `Paar(1, 1)` stellt den Anfang der Fibonacci-Reihe dar, und ein Lambda-Ausdruck liefert dann jeweils das nächste Paar. Studieren Sie die funktionale Schnittstelle `Stream` und deren Methoden `iterate()`, `map()`, `limit()` und `toArray()`, um die vom Lambda-Ausdruck erzeugten Paare speichern und anzeigen zu können.

---

[17]Leider können Lambda-Ausdrücke keine geprüften Ausnahmen auswerfen, so muss `VollAusnahme` als Unterklasse von `Error` vereinbart werden.

3.3 Rekursive Kurven

▶   Das Wesen der Rekursion – insbesondere die *Selbstähnlichkeit* – kann mit Hilfe
    von *Monsterkurven* demonstriert werden; sie sind eindimensionale geometrische
    Gebilde unendlicher Länge, die eine Fläche abdecken (siehe Abb. 3.6).

Monsterkurven werden nach einem regelmäßigen Muster schrittweise verfeinert. Sie können mit Hilfe von *Fraktalen*[18] erstellt werden. Die Rekursion ist geeignet, die unendlich
lange Monsterkurve mit endlich langen Kurven anzunähern. Solche Annäherungen einer
Monsterkurve nennen wir *rekursive Kurven*.

Für das Zeichnen von rekursiven Kurven verwenden wir die Technik der *Schildkrötengrafik*[19], die durch einfache Methodenaufrufe zu steuern ist. Sie basiert auf der Vorstellung, dass auf der Zeichenfläche eine Schildkröte in die vorgegebene Richtung wandert
und ihre Spur hinterlässt. In den folgenden Beispielen gehen wir davon aus, dass eine
Klasse mit der folgenden Spezifikation zur Verfügung steht, die die Bewegung der Schildkröte z. B. im Fenster eines Java-Applets darstellt:

```
class Schildkröte {
  void strecke(double länge); // Schildkröte zeichnet eine Strecke gegebener länge
  void richtung(int grad); // Schildkröte wechselt Richtung um den gegebenen Grad
  // grad > 0 nach links, grad < 0 nach rechts, jeweils modulo 360
}
```

Die Schildkröte bewegt sich dabei in einem Fenster der Größe 1 × 1: Ihre x- und y-Koor-
dinaten sind also `double`-Werte zwischen `0.0` und `1.0`, mit dem Nullpunkt links unten.

Abb. 3.6 Monsterkurve

---

[18] Fraktale sind geometrische Gebilde, deren Dimension keine Ganzzahl (wie 1, 2 oder 3), sondern
eine Bruchzahl ist – wie z. B. bei einer Monsterkurve ca. 1,78 (eine irrationale Zahl).

[19] Auf Englisch: *turtle graphics*; ein Online-Beispiel ist unter der Adresse `http://kaminari.`
`istc.kobe-u.ac.jp/java/logo/` zu finden.

Diese zwei Methoden können ziemlich einfach mit Hilfe des Standardpakets `java.awt` implementiert werden:

```java
import java.awt.*;
class Schildkröte { // (0,0) links unten, (1,1) rechts oben
 int höhe, breite; // des Fensters, in dem es gezeichnet wird
 private Graphics g;
 private double x, y; // <= 1; augenblickliche Position der Schildkröte
 private int r; // augenblickliche Richtung in Grad zwischen 0 und 360
 public Schildkröte(final Graphics grafik,
    final int höhe, final int breite) {
 this.g = grafik; this.breite = breite; this.höhe = höhe;
 r = 0;   // die Schildkröte schaut zu Beginn nach Osten
 x = 0; y = 0; // Startposition links untenStartposition links unten
 }
public void strecke(final double länge) {
 final int xBeginn = (int)(x * breite), yBeginn = (int)((1-y) * höhe);
 double richtung = Math.PI * r / 180;
 x += länge * Math.cos(richtung); // Bewegung der Schildkröte
 y += länge * Math.sin(richtung);
 final int xEnde = (int)(x * breite), yEnde = (int)((1-y) * höhe);
 g.drawLine(xBeginn, yBeginn, xEnde, yEnde);
 }
public void richtung(int grad) {
 r = (r + grad) % 360; // Richtungswechsel der Schildkröte
 }
}
```

3.3.1   Schneeflockenkurve

▶   Eine der einfachsten rekursiv definierbaren Kurven ist die *Schneeflockenkurve*.

Die Gestalten der ersten drei Verfeinerungen sind in Abb. 3.7 zu sehen.

Wie aus der Darstellung ersichtlich ist, entsteht jede Stufe aus der vorangehenden dadurch, dass alle gerade Strecken dreigeteilt werden und der mittlere Teil durch die zwei Seiten eines gleichseitigen Dreiecks ersetzt wird.

Wir nennen die anfängliche Strecke der Länge 1 *Initiator* der Schneeflockenkurve. In jeder Stufe werden die Strecken gedrittelt, der *Seitenteiler* ist hier also 3. Der *Generator* ist die Figur, durch die der Initiator in jeder Stufe ersetzt wird. Bei der Schneeflockenkurve haben die zwei Seiten eines Dreiecks die Rolle des Generators, und nur der mittlere Teil des Initiators wird ersetzt.

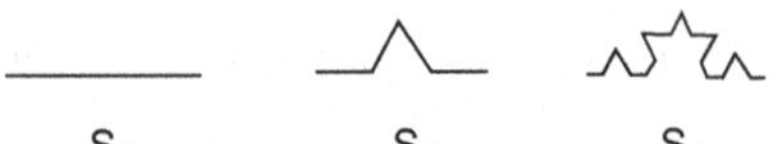

Abb. 3.7 Initiator (S_0) und Generator (S_1) der Schneeflockenkurve

S_0 S_1 S_2

Die folgende einfache Prozedur veranlasst eine Schildkröte (d. h. ein Objekt der Klasse Schildkröte), die Kurve S_0 zu zeichnen:

```
void schneeflocke0(double seitenlänge) { // zeichnet 0-te Stufe
  k.strecke(seitenlänge); // k referenziert ein Schildkröte-Objekt
}
```

Die Prozedur schneeflocke1, die die Kurve S_1 zeichnet, ruft schneeflocke0 dreimal mit durch den Seitenteiler dividierter Seitenlänge auf. Dazwischen wendet die Schildkröte um 60 Grad nach links bzw. 120 Grad nach rechts:

```
private final static int seitenteiler = 3;
void schneeflocke1(double seitenlänge) { // zeichnet 1-ste Stufe
  schneeflocke0(seitenlänge/seitenteiler);
  k.richtung(60); // 60 Grad nach links
  schneeflocke0(seitenlänge/seitenteiler);
  k.richtung(-120); // 120 Grad nach rechts
  schneeflocke0(seitenlänge/seitenteiler);
  k.richtung(60); // 60 Grad nach links
  schneeflocke0(seitenlänge/seitenteiler);
}
```

In der nächsten Stufe werden wieder Mittelstücke durch Dreiecke ersetzt:

```
void schneeflocke2(double seitenlänge) { // zeichnet 2-te Stufe
  schneeflocke1(seitenlänge/seitenteiler);
  k.richtung(60); // 60 Grad nach links
  schneeflocke1(seitenlänge/seitenteiler);
  k.richtung(-120); // 120 Grad nach rechts
  schneeflocke1(seitenlänge/seitenteiler);
  k.richtung(60); // 60 Grad nach links
  schneeflocke1(seitenlänge/seitenteiler);
}
```

Diese Prozedur ist der Prozedur schneeflocke1 sehr ähnlich, außer dass sie eine andere Stufennummer hat. Hieraus ergibt sich die allgemeine rekursive Form:

```
void schneeflocke(int stufe, double seitenlänge) {
  // zeichnet Schneeflockenkurve der angegebenen Stufe
  if (stufe == 0) // Rekursion abbrechen
    k.strecke(seitenlänge); // Initiator: zeichnet Linie
  else { // viermal rekursiver Aufruf
    stufe--; seitenlänge /= seitenteiler;
    schneeflocke(stufe, seitenlänge);
    k.richtung(60); // 60 Grad nach links
    schneeflocke(stufe, seitenlänge);
```

```
  k.richtung(-120); // 120 Grad nach rechts
  schneeflocke(stufe, seitenlänge);
  k.richtung(60); // 60 Grad nach links
  schneeflocke(stufe, seitenlänge);
  }
}
```

Am einfachsten ist es, diese Prozedur in einem Applet aufzurufen:

```
public class Schneeflocke extends java.applet.Applet {
  private int stufe = 6; // kann z. B. über Buttons gesetzt werden
  private Schildkröte k;
  public void paint(java.awt.Graphics grafik) {
    k = new Schildkröte(grafik, getHeight()-1, getWidth()-1);
    schneeflocke(stufe, 1.0);
  }
}
```

Die Ausführung des Applets mit unterschiedlichen stufe-Werten zeichnet Annäherungen der Schneeflockenkurve (siehe Abb. 3.8).

Aufgabe 3.5

Programmieren Sie eine vollständige Schneeflockenkurve (siehe Abb. 3.9).

3.3.2 Die Pfeilspitzenkurve

▶   Eine weitere interessante Kurve ist die *Pfeilspitzenkurve*[20].

Ihr Generator ist eine hausdachförmige Figur (siehe Abb. 3.10).
    Der Initiator ist – wie bei der Schneeflockenkurve – die Einheitsstrecke:

```
void pfeilspitze0(double länge) {
  // zeichnet Pfeilspitzenkurve 0-ter Stufe
  k.strecke(länge);
}
```

Hier ist der Seitenteiler 2; der Generator besteht aus drei Initiatoren, jeweils um 60 Grad gedreht. Die Prozedur pfeilspitze0 mit Parameter länge/2 dreimal aufzurufen und die Schildkröte um 60 bzw. −60 Grad wenden zu lassen würde jedoch nicht den gewünschten Effekt erreichen, weil der Generator auf den Initiator abwechselnd von links und von rechts gelegt wird. Das Problem wird durch einen zusätzlichen Parameter richtung gelöst:

---

[20] Manche nennen sie *Sierpinski-Dreieck*.

Abb. 3.8 Drei Annäherungen der Schneeflockenkurve

Abb. 3.9 Vollständige
Schneeflockenkurve

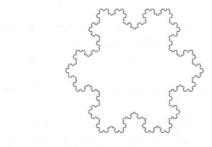

Abb. 3.10 Initiator und
Generator der Pfeilspitzenkurve

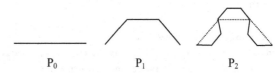

P_0 P_1 P_2

```java
void pfeilspitze1(double länge, boolean richtung) {
  // zeichnet Pfeilspitzenkurve 1-ster Stufe
  final int grad = 60 * (richtung ? 1 : -1);
  k.richtung(grad); // nach links
  pfeilspitze0(länge/2);
  k.richtung(-grad); // nach rechts
  pfeilspitze0(länge/2);
  k.richtung(-grad); // nach rechts
  pfeilspitze0(länge/2);
  k.richtung(grad); // nach links
}
```

Der allgemeine Fall fasst den Initiator und den Generator in der Rekursion zusammen:

```java
void pfeilspitze (int stufe, double länge, boolean richtung) {
  // zeichnet Pfeilspitzenkurve
  if (stufe == 0) // Rekursion abbrechen
    k.strecke(länge); // zeichnet Linie
  else { // dreimal rekursiver Aufruf
    final int grad = 60 * (richtung ? 1 : -1);
    k.richtung(grad); // nach links
    pfeilspitze(stufe-1, länge/2, !richtung);
    k.richtung(-grad); // nach rechts
    pfeilspitze(stufe-1, länge/2, richtung);
    k.richtung(-grad); // nach rechts
```

```
   pfeilspitze(stufe-1, länge/2, !richtung);
   k.richtung(grad); // nach links
 }
}
```

Der dazugehörige Prozeduraufruf in der `paint`-Methode eines Applets ist:

```
int stufe = 9; // kann verändert werden
k = new Schildkröte(grafik, getHeight()-1, getWidth()-1);
pfeilspitze(stufe, 1.0, true);
```

Abb. 3.11 zeigt drei Annäherungen der Pfeilspitzenkurve.

Aufgabe 3.6

Untersuchen Sie das Programm der *Drachenkurve* und zeichnen Sie die ersten drei Stufen:

```
final static double wurzelZwei = Math.sqrt(2);
void drache(int stufe, double länge, boolean richtung) {
  // zeichnet Drachenkurve der angegebenen Stufe
  if (stufe == 0) // Rekursion abbrechen
   k.strecke(länge);
  else { // zweimal rekursiver Aufruf
   final int gradLinks = 45 * (richtung ? -1 : 1);
   final int gradRechts = 90 * (richtung ? 1 : -1);
   länge /= wurzelZwei;
   stufe--;
   k.richtung(gradLinks);
   drache(stufe, länge, false);
   k.richtung(gradRechts);
   drache(stufe, länge, true);
   k.richtung(gradLinks);
  }
}
```

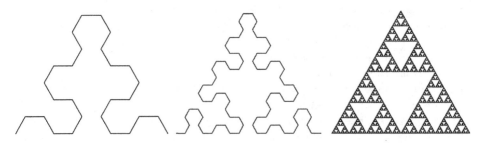

Abb. 3.11 Drei Annäherungen der Pfeilspitzenkurve

Abb. 3.12 Initiator und
Generator der Hilbert-Kurve

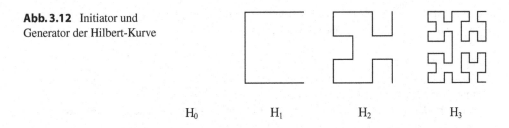

H_0 H_1 H_2 H_3

Der Grenzwert der Drachenkurve[21] ist eine *Monsterkurve:* Wenn der Prozess der Verfeinerung unendlich lang läuft, bedeckt die (unendlich lange) Drachenkurve – wie mathematisch beweisbar – ¼ einer begrenzten Fläche.

3.3.3 Die Hilbert-Kurve

▶   Ein weiteres Beispiel für Monsterkurven ist die *Hilbert-Kurve*,[22] deren erste Verfeinerungen die Abb. 3.12 zeigt.

Jede Verfeinerungsstufe H_k heißt die *k*-te *Annäherung* der Hilbert-Kurve oder auch Hilbert-Kurve *k*-ter *Ordnung*. Sie wird aus vier Stücken von H_{k-1} zusammengesetzt: Ihre Größe wird halbiert, zwei von ihnen werden nach rechts bzw. links rotiert, und sie werden durch drei Strecken miteinander verbunden. So wird die Kurve H_1 aus vier (leeren) Kurven H_0 zusammengesetzt; sie besteht nur aus den drei verbundenen Strecken.

Weitere Verfeinerungen der Hilbert-Kurve werden immer „dichter", entsprechend der mathematischen Tatsache, dass es für jedes $\varepsilon > 0$ und für jeden Punkt des von H_1 umschlossenen Quadrats eine Zahl k gibt, für die der Punkt der Kurve H_k näher als ε liegt. Mathematisch bedeutet dies, dass die Hilbert-Kurve, d. h. der Grenzwert aller Annäherungen

$$\lim_{k \to \infty} H_k$$

eine endliche Fläche hat. Diese Eigenschaft beschreibt eine *Monsterkurve.*

Wenn eine Prozedur

```
void hilbert(int stufe, int richtung, boolean gespiegelt);
  // richtung = 0, 1, 2 oder 3
```

die Annäherung der Hilbert-Kurve der gegebenen Stufe mit einer Öffnung in die gegebene Richtung (nach rechts, unten, links bzw. oben) zeichnen kann, dann kann die Prozedur `hilbert` rekursiv programmiert werden. Mit dem Parameter `gespiegelt` wird gesteuert, von welchem Ende an die Kurve gezeichnet werden soll:

---

[21] Eine Annäherung ist in Abb. 3.6 zu sehen.

[22] Benannt nach *David Hilbert* (1862–1943), deutscher Mathematiker.

```
void hilbert(int stufe, int richtung, boolean gespiegelt) {
 if (stufe != 0) { // keine leere Kurve
  stufe --;
  final int links = (richtung + 3) % 4;
  final int rechts = (richtung + 1) % 4;
  final int zurück = (richtung + 2) % 4;
  final boolean gedreht = richtung % 4 == 1 || richtung % 4 == 3;
  hilbert(stufe, gedreht ? links : rechts, !gespiegelt);
  strecke(zurück);
  hilbert(stufe, richtung, gespiegelt);
  strecke(gespiegelt ? rechts : links);
  hilbert(stufe, richtung, gespiegelt);
  strecke(richtung);
  hilbert(stufe, gedreht ? rechts : links, !gespiegelt);
 }
}
```

Die lokale Variable gedreht sorgt dafür, dass die Hilbert-Kurven an den Rändern in die richtige Richtung gedreht werden.

Im Rumpf der Prozedur hilbert haben wir jetzt nicht die Schildkrötengrafik verwendet, sondern die (von der Klasse Schildkröte unabhängige) Prozedur

```
void strecke(int richtung) // richtung = 0, 1, 2 oder 3
 // Länge der Strecke ist 2**(-stufe)
```

deren Aufruf die Verbindungsstrecken zeichnet. Der Parameter richtung gibt an, ob die Strecke von rechts nach links, von oben nach unten, von links nach rechts bzw. von unten nach oben gezeichnet werden soll.

Diese Prozedur kümmert sich nicht um die Platzierung der Kurven und Strecken; dies wird durch zwei globale Variablen x und y gesteuert. Sie stellen die Anfangsposition der zu zeichnenden Strecke dar. Die Prozedur strecke setzt die Variablen an die Endposition der gezeichneten Strecke:

```
höhe = getHeight()-1;
breite = getWidth()-1;
größe = (breite > höhe ? höhe : breite);
länge = (int)(größe/Math.pow(2, ordnung));
x = 1; // Anfang links unten
y = höhe;
void strecke(int richtung) {
 switch (richtung) {
  case 0: // von rechts nach links
   g.drawLine(x, y, x - länge, y); // g referenziert ein Graphics-Objekt
   x -= länge;
   break;
  case 1: // von oben nach unten
```

```
    g.drawLine(x, y, x, y + länge); y += länge;
    break;
  case 2:  // von links nach rechts
    g.drawLine(x, y, x + länge, y); x += länge;
    break;
  case 3:  // von unten nach oben
    g.drawLine(x, y, x, y - länge); y -= länge;
    break;
  }
}
```

Die Abb. 3.13 zeigt einige Annäherungen der Hilbert-Kurve.

Aufgabe 3.7

Die *Sierpinski-Kurve*[23] wird nach einem ähnlichen Prinzip, jedoch etwas komplexer aufgebaut (siehe Abb. 3.14).

Abb. 3.13 Drei Annäherungen der Hilbert-Kurve

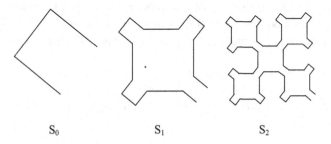

S_0 S_1 S_2

Abb. 3.14 Initiator und Generator Sierpinski-Kurve

---

[23] Benannt nach *Waclaw Sierpiński* (1882–1969), polnischer Mathematiker.

Hierbei besteht die Kurve S_k aus vier Exemplaren von S_{k-1}, die in unterschiedliche Richtungen gedreht und am Eck (rechts unten, rechts oben, links oben bzw. links unten) mit einer Verbindungsstrecke doppelter Länge verbunden werden.

Entwickeln Sie eine der Klasse `Hilbert` ähnliche Klasse `Sierpinski`, mit deren Hilfe Annäherungen der Sierpinski-Kurve gezeichnet werden können.

3.3.4 Ersetzen der Rekursion durch Wiederholung

▶   Im Abschn. 3.2.3 haben wir gesehen, wie die Iteration durch Rekursion ersetzt
     werden kann. Man kann beweisen, dass dies immer möglich ist. Einige Program-
     miersprachen bieten gar keine Wiederholungen an: Dort wird ausschließlich
     mit Rekursion gearbeitet.

Der umgekehrte Fall ist nicht ganz einfach. In der Praxis arbeitet der Java-Interpreter alle rekursiven Methodenaufrufe in einer Wiederholung ab. Seine Vorgehensweise ist dabei, am Stapel Information über alle rekursiven Aufrufe (inkl. aller lokalen Variablen) zu speichern.

Der Versuch, die Aufgabe *Türme von Hanoi* (s. Abschn. 3.1.4) oder eine rekursive Kurve iterativ zu programmieren, kann viel Arbeit kosten. Wir werden jetzt am Beispiel der Schneeflockenkurve zeigen, wie der Stapel des Interpreters nachgebaut werden kann. Die Idee ist dabei, die Anweisungen an die Schildkröte in einer Zeichenkette zu kodieren. Dadurch wird Rekursion vermieden vermieden Hierdurch entsteht die Einschränkung bezüglich Stufen: Die maximale Länge einer Zeichenkette[24] grenzt die maximale Anzahl der Anweisungen ein. Aber auch der Stapel ist beschränkt, dies ist auch die Einschränkung[25] für jede Rekursion.; an ihrer Stelle steht eine Wiederholung.

Im nächsten Programm wird der Stapel im `String`-Objekt simuliert, das durch `befehls-folge` referenziert wird. Es beinhaltet eine Reihe von Zeichen `'S'`, (Code für eine gerade Strecke), `'L'` (für Linksdrehung) und `'R'` (für Rechtsdrehung). Es wird zu Anfang mit dem Initiator `'S'`, vorbesetzt. Die Funktion `aufbauen` ruft `stufe`-mal die Funktion `allesEr-setzen` auf, die alle Vorkommnisse des Initiators `'S'` durch den Generator `"SLSRSLS"` ersetzt. So entsteht der Code der Schneeflockenkurve der Stufe `stufe`.

Anstelle der rekursiven Aufrufe können wir auf diese Weise Wiederholungen verwenden:

```
public class ISchneeflocke extends java.applet.Applet { // iterativ
  // zeichenkodiertes Programm für die Schneeflockenkurve:
  private final static char strecke = 'S', links = 'L', rechts = 'R';
```

---

[24] Hängt vom Java-Interpreter ab.

[25] Der Interpreter löst die Ausnahme `StackOverflowError` aus, wenn die Anzahl der rekursiven Aufrufe (z. B. bei einer endlosen Rekursion) die Kapazität des Stapels überschreitet.

```
private final static char initiator = strecke;
private final static String generator = // "SLSRSLS"
  "" + strecke + links + strecke + rechts + strecke + links + strecke;
private final static int nachLinks = 60, nachRechts = -120; // Grad
private final static int seitenteiler = 3;

private String allesErsetzen(String kette, char zeichen,
String teilkette) {
  // ersetzt jedes Vorkommnis von zeichen in kette durch teilkette
  String erg = "", restkette = kette;
  int pos = restkette.indexOf(zeichen); // erstes Vorkommnis von zeichen
  while (pos > -1) { // solange zeichen in kette zu finden ist
   erg = erg + restkette.substring(0, pos) + teilkette;
   restkette = restkette.substring(pos+1, restkette.length());
   pos = restkette.indexOf(zeichen); // nächstes Vorkommnis
   };
  return erg + restkette;
}
 private String aufbauen(int stufe, char initiator, String generator)
{
   // baut repräsentierende Zeichenkette auf
   String befehlsfolge = new String("" + initiator);
   for (int i = 0; i < stufe; i++) {
   // diese Schleife ersetzt die Rekursion stufe-mal
    befehlsfolge = allesErsetzen(befehlsfolge, initiator, generator);
   }
   // in befehlsfolge wurde initiator stufe-mal durch generator ersetzt
    return befehlsfolge;
  }


private void interpretieren(String kette, double seitenlänge,
Schildkröte k) {
  // interpretiert die Zeichen in kette
   for (int j = 0; j < kette.length(); j++) {
    switch (kette.charAt(j)) {
     case strecke: k.strecke(seitenlänge); break;
     case links: k.richtung(nachLinks); break;
     case rechts: k.richtung(nachRechts);
    }
   }
  }


private final static int ordnung = 4;
public void paint(java.awt.Graphics grafik) {
  String befehlsfolge = aufbauen(ordnung, initiator, generator);
  System.out.println(befehlsfolge); // kodierte Anweisungen ausgeben
```

```
  double seitenlänge = 1 / Math.pow(seitenteiler, ordnung);
  interpretieren(befehlsfolge, seitenlänge,
    new Schildkröte(grafik, getHeight()-1, getWidth()-1)
  );
  }
}
```

Die Ausgabe des Programms ist die kodierte Befehlsfolge; für `stufe = 1` ist dies

`SLSRSLS`

während für `stufe = 2`:

`SLSRSLSLSLSRSLSRSLSRSLSLSLSRSLS`

Ähnlich wird in `stufe = 3` jedes Vorkommnis des Initiators `S` auf den Generator `SLS-RSLS` ausgetauscht.

Dieses Beispiel soll auch zeigen, dass die rekursive Version oft viel einfacher zu lesen und zu erstellen ist als die iterative.

3.4   Zurückverfolgung

▶ Es gibt viele Probleme, die am einfachsten durch die Methode *Versuch und Irrtum*[26] gelöst werden können. Sie kann elegant als rekursiver Algorithmus formuliert werden.

Hierbei wird der Lösungsprozess in einzelne Schritte aufgeteilt. In jedem Schritt öffnet sich eine endliche Anzahl von alternativen Wegen. Sie werden alle untersucht: Einige führen unmittelbar in eine Sackgasse; die anderen werden nach demselben Verfahren überprüft. Entweder führen schließlich einige Wege zum Erfolg, oder stellt es sich heraus, dass die Aufgabe keine Lösung hat.

3.4.1   Labyrinth

Der Weg in einem Labyrinth – falls vorhanden – kann mit dieser Strategie gefunden werden. Hierbei wird von jedem Feld aus in alle offenen Richtungen der Versuch gemacht, weiterzukommen; einige Wege führen in eine Sackgasse, andere (möglicherweise mehrere) zum Erfolg (siehe Abb. 3.15).

Ausgehend aus dem Feld `A1` kann die Katze auf den in Abb. 3.16 gezeigten Wegen versuchen, die Maus zu finden.

---

[26] Auf Englisch: *trial and error.*

Abb. 3.15 Labyrinth

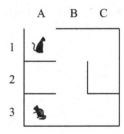

Abb. 3.16 Wege im Labyrinth

A1 →	B1 →	C1 →	C2	Sackgasse
↳	B2 →	A2		Sackgasse
	B3 →	A3		Erfolg
	↳	C3		Sackgasse

In diesem kleinen Labyrinth funktioniert diese Vorgehensweise sehr einfach. In einem größeren Labyrinth ist die Ausführung des Algorithmus deutlich aufwendiger, während bei einer sehr großen Anzahl von Feldern die Anzahl der möglichen Wege so stark explodieren kann, dass sie selbst von leistungsfähigen Rechnern nicht in zumutbarer Zeit ermittelt werden können.

3.4.2 Der Weg des Springers

Im Prinzip könnte auf diese Weise ein perfekter Schachalgorithmus programmiert werden: Alle möglichen Antworten auf einen Zug und somit alle Konsequenzen sollten bis zum Ende des Spiels verfolgt werden. Die große Anzahl der Züge und die große Anzahl der Möglichkeiten bei jedem Zug macht jedoch den Algorithmus unbrauchbar. Im Abschn. 7.3 werden wir die Ursachen hierfür untersuchen. Teilaufgaben des Schachspiels können jedoch auf diese Weise, mit der Methode der *Zurückverfolgung*[27] gelöst werden.

So kann zum Beispiel auch die Frage beantwortet werden, ob und wie der *Springer* (der bei jedem Zug zwei Felder in eine beliebige Richtung *und* ein Feld in eine darauf senkrechte Richtung springt) von einer gegebenen Ausgangsposition heraus alle n^2 Felder des Schachbretts genau einmal besuchen kann.

Die Regel für die erlaubten Züge des Springers (siehe Abb. 3.17) kann in zwei Reihungsliteralen dargestellt werden:

```
private final static int springerX[] = {2, 1, -1, -2, -2, -1, 1, 2};
private final static int springerY[] = {1, 2, 2, 1, -1, -2, -2, -1};
```

---

[27] Auf Englisch *backtracking*.

Abb. 3.17 Erlaubte Züge des
Springers

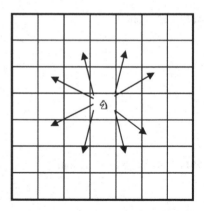

Von einer gegebenen Position mit Koordinaten x und y heraus gibt es acht mögliche Züge
mit den Zielkoordinaten x + springerX[i] und y + springerY[i] für i = 0, 1, ..., 7.
Der Algorithmus soll alle diese Möglichkeiten durchprobieren, sofern die Zielkoordinaten
noch auf das Schachbrett fallen. Die früher schon besuchten Felder fallen selbstverständlich aus – wir müssen darüber Buch führen. Hierzu ist eine quadratische Matrix geeignet.
Als Komponententyp nehmen wir nicht **boolean**, sondern **int**, weil wir uns auch merken
wollen, in welchem Zug das Feld besucht wurde:

```
int[][] schachbrett = new int[n][n]; // Werte 0 bis n*n // 28
```

Ein Zug wird durch die zwei Ausgangskoordinaten x und y (mit 0 < = x, y < n) sowie
durch ihre Folgenummer nr (mit 0 < nr < n*n) charakterisiert. Ob von dieser Position aus
Züge noch möglich sind, gibt die Methode versuchen als **boolean**-Ergebnis zurück:

```
boolean versuchen(int x, int y, int nr);
```

Im Rumpf der Methode werden in den lokalen **int**-Variablen xNeu und yNeu die Zielkoordinaten des Zuges (nach den Schachregeln) gespeichert. Wenn diese auf dem Brett in ein
noch leeres Feld fallen, wird die Nummer des Zuges in dieses Feld eingetragen und die
Methode rekursiv mit diesen Koordinaten aufgerufen. Wenn der Aufruf ohne Erfolg ver-
laufen ist, wird das Feld wieder leer (auf 0) gesetzt und die nächste Möglichkeit ausprobiert:

```
static boolean versuchen(int x, int y, int nr) {
  schachbrett[x][y] = nr; // Feld besetzen
  if (nr == n*n) // alle Felder wurden besucht
```

---

[28] **requires** n*n < Integer.MAX_VALUE; andernfalls hilft die Verwendung von **long** oder
java.math.BigDecimal

```
      return true;
  else
      for (int versuch = 0; versuch < springerX.length; versuch++) {
        // 8 Durchläufe
        final int xNeu = x + springerX[versuch], yNeu = y + springerY[versuch];
        if (0 <= xNeu && xNeu < n && 0 <= yNeu && yNeu < n &&
          // xNeu und yNeu sind auf dem Brett
          schachbrett[xNeu][yNeu] == 0 && // noch unbesucht
          versuchen(xNeu, yNeu, nr+1)) // Erfolg
          return true;
      };
    schachbrett[x][y] = 0; // Feld zurücksetzen
    return false; // alle 8 Versuche blieben erfolglos
}
```

Wenn die Folgenummer `nr` (mit Anfangswert 1) den Wert n^2 erreicht, ist die Matrix voll, alle Felder wurden besucht. Ansonsten muss von der gegebenen Position mit Koordinaten x und y heraus ein erfolgreicher Versuch durchgeführt werden. Es gibt acht potenzielle Möglichkeiten, die in den Reihungen `springerX` und `springerY` kodiert sind. Von diesen müssen allerdings nur diejenigen ausprobiert werden, die auf ein Feld fallen (`0 <= xNeu && xNeu < n && 0 <= yNeu && yNeu < n`), das noch nicht besucht wurde (`schachbrett[xNeu][yNeu] == 0`). Wenn das Feld noch unbesucht ist, wird auf dem Feld die Folgenummer des Schrittes vermerkt (`schachbrett[xNeu][yNeu] = nr`) und von diesem Feld aus werden die Versuche weitergeführt (die Methode wird rekursiv mit den neuen Koordinaten aufgerufen). Wenn einer von diesen erfolgreich ist, ist der aktuelle Versuch auch erfolgreich: Das Ergebnis **true** kann dem vorherigen Versuch zurückgereicht werden. Ansonsten ist auch der aktuelle Versuch erfolglos: Das Feld wird als unbesucht markiert (auf 0 zurückgesetzt), und in der **for**-Schleife wird der nächste Versuch durchgeführt. Wenn alle acht Versuche erfolglos waren, muss das Ergebnis **false** zurückgereicht werden. Nach dem Aufruf der Methode mit dem Ergebnis **true** enthält die zweidimensionale Reihung `schachbrett` die Nummern der Züge, in welcher Reihenfolge der Springer die Felder besucht hat (siehe Abb. 3.18).

Abb. 3.18 Ein Weg des Springers
auf einem 5 × 5-Feld

1	6	15	10	21
14	9	20	5	16
19	2	7	22	11
8	13	24	17	4
25	18	3	12	23

Aufgabe 3.8

Gestalten Sie den Algorithmus *Weg des Springers* so um, dass er nicht nur eine Lösung, sondern alle Lösungen ermittelt.

Bemerkung: Es ist ein nicht triviales mathematisches Problem zu entscheiden, ob zwei Lösungen für das Springer-Problem in irgend einem Sinne gleich sind, d. h. ob eine aus der anderen durch Rotieren oder Spiegeln zu bekommen ist.

3.4.3   Die acht Damen

Die obige Vorgehensweise ist charakteristisch für die Strategie der Zurückverfolgung: Die Methode `versuchen` ruft sich selbst mehrmals mit den verschiedenen Möglichkeiten auf. In globalen Variablen wird dabei Buch über die Versuche geführt, die Einträge werden bei erfolglosen Versuchen zurückgesetzt. Das Entscheidende dabei ist die geeignete Darstellung der Daten.

Beim nächsten Problem stellt sich die Frage, ob und wie acht *Damen* auf dem Schachbrett so aufgestellt werden können, dass sie sich nicht bedrohen. Eine Dame bedroht jede Figur in derselben Spalte, in derselben Reihe und in denselben Diagonalen, in denen sie steht (siehe Abb. 3.19).

Daher kann in jeder Spalte nur eine Dame stehen. Es ist also hier nicht nötig, die Information über das Setzen der Damen in einer zweidimensionalen Reihung zu speichern. Es reicht, für jede der acht Damen zu merken, in welche Reihe sie platziert wurde: Die eindimensionale Reihung

```
private final static int n = 8;
private int[] dameInDerSpalte = new int[n]; // Werte 0 bis 7
```

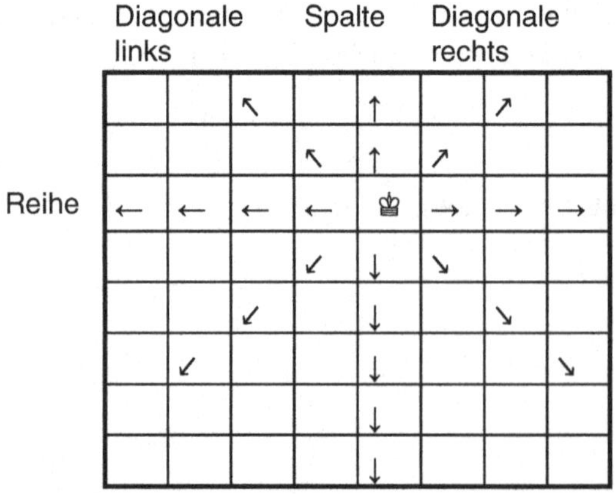

Abb. 3.19 Durch eine Dame bedrohte Felder

kann die Reihennummer aufnehmen, in denen jeweils die Dame steht. Im Laufe der Versuche, die Damen in dieser Reihung zu platzieren, müssen wir Buch darüber führen, welche Reihen und welche Diagonalen noch frei sind. Auf einem $n \cdot n$-Schachbrett gibt es neben n Reihen insgesamt $2n+1$ Diagonalen von links oben nach rechts unten (wir nennen sie *Diagonale links*) und genauso viele Diagonalen von rechts oben nach links unten (wir nennen sie *Diagonale rechts*). Für jede brauchen wir einen `boolean`-Wert:

```
private boolean[] reihe = new boolean[n], diagonaleLinks = new boolean[2*n-1],
   diagonaleRechts = new boolean[2*n-1]; // alles mit true vorbesetzt
```

Wenn eine Dame an das Feld mit den Koordinaten x und y platziert wird, belegt sie neben der Spalte x noch die Reihe y sowie zwei Diagonalen. Ihre Indizes können folgendermaßen berechnet werden:

```
final int links = (x + y) % (2*n-1); // Index der Diagonale links
final int rechts = (x - y - 1 + 2*n) % (2*n-1); // der Diagonale rechts
```

Somit wird der Schritt, die Dame zu platzieren, durch folgende Anweisungen repräsentiert:

```
dameInDerSpalte[x] = y;
reihe[y] = diagonaleLinks[links] = diagonaleRechts[rechts] = false;
```

Die Dame darf also auf dieses Feld gesetzt werden, wenn zuvor die Bedingung

```
zeile[y] && diagonaleLinks[links] && diagonaleRechts[rechts]
```

erfüllt ist.

Hieraus ergibt sich der Algorithmus:

```
static boolean versuchen(int x) {
 // versucht, eine Dame in die Spalte x zu platzieren
 if (x == n)
  return true; // Erfolg
 else for (int y = 0; y < n; y++) { // probiert alle Reihen aus
  final int links = (x + y) % (2*n-1); // Index der Diagonale links
  final int rechts = (x - y - 1 + 2*n) % (2*n-1); // Diagonale rechts
  if (reihe[y] && diagonaleLinks[links] && diagonaleRechts[rechts])
{
   dameInDerSpalte[x] = y;
   reihe[y] = diagonaleLinks[links] = diagonaleRechts[rechts] = false;
   // Reihe und zwei Diagonalen sind jetzt besetzt
   final boolean erfolg = versuchen(x+1);
   if (erfolg)
    return true;
```

```
    else
    reihe[y] = diagonaleLinks[links] = diagonaleRechts[rechts] = true;
    // Reihe und zwei Diagonalen sind zurückgesetzt
  }
}
return false;
}
```

Nach dem Aufruf der Methode mit dem Ergebnis `true` enthält die Reihung `dameInDer-Spalte` die Nummer der Spalten, in denen die Damen platziert werden können, ohne einander zu bedrohen. Die folgenden Werte in der Reihung `dameInDerSpalte` beschreiben *eine* Lösung des Problems:

`0, 4, 7, 5, 2, 6, 1, 3`

Diesen Werten entspricht die Aufstellung der acht Damen auf dem Schachbrett, wie in Abb. 3.20 dargestellt wird.

Diese rein prozedurale Lösung ist nicht ganz trivial zu verstehen, demonstriert aber die Strategie der Zurückverfolgung: Immer wieder neu versuchen und, wenn es nicht gelingt, einen Schritt zurücktreten. Dieselbe Strategie wird auch in der folgenden funktional orientierten Lösung (s. auch [Ses], Seite 147) verfolgt:

```
public static Stream<Liste> damen(int n) {
  BitSet keineDameInDerSpalte = new BitSet(n);
  // java.util.Bitset ist ähnlich wie boolean[]
  keineDameInDerSpalte.flip(0, n); // setzt alle Bits auf true: alle Spalten sind frei
  return damen(keineDameInDerSpalte, null); // Aufruf der rekursiven Schleife
}
```

Abb. 3.20 Die acht Damen

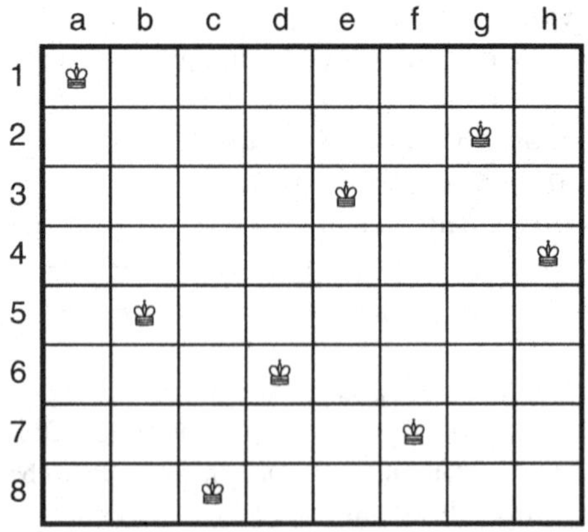

```
private static Stream<Liste> damen(BitSet keineDameInDerSpalte, Liste
unbesetzt) {
  if (keineDameInDerSpalte.isEmpty()) // alle Bits sind false: alle Damen wurden
  gesetzt
    return Stream.of(unbesetzt); // Erfolg → Ergebnis ist im IntStream
  else // weiter versuchen
    return keineDameInDerSpalte.
    stream(). // produziert ein IntStream mit den Indizes von true: alle freien Spalten
    filter(dame -> überprüfen(dame+1, dame-1, unbesetzt)).
      // nächste Spalte + nächste Zeile ausprobieren
    boxed() // .parallel() // hier kann man parallelisieren
    .flatMap(dame -> damen(setFalse(keineDameInDerSpalte, dame),
      new Liste(dame, unbesetzt)))); /* der nächste (rekursive)
      Schleifenschritt untersucht, ob die Dame in die Spalte gesetzt werden kann */
}
// Hilfsmethode, fehlt in BitSet: setzt ein Bit mit dem Index bit in menge auf false:
private static BitSet setFalse(BitSet menge, int bit) { // ursprüngliche
menge bleibt
  BitSet kopie = (BitSet)menge.clone(); kopie.set(bit, false); return
  kopie; }
```

```
// untersucht, ob die Damen in der Spalte dame1 und in der Zeile dame2 sich vertragen:
private static boolean überprüfen(int dame1, int dame2, Liste
unbesetzt) {
  return unbesetzt == null || // alle Spalten wurden versucht -> Erfolg, oder
    dame1 != unbesetzt.kopf && // dame1 in einer anderen Spalte
    dame2 != unbesetzt.kopf && // dame2 in einer anderen Zeile
    überprüfen(dame1+1, dame2-1, unbesetzt.schwanz);// Diagonale untersuchen
}
```

Die obige public-Methode produziert im Stream alle Lösungen und kann nun z. B. mit

```
System.out.println("Acht Damen: " + damen(8).findAny().get());
```

oder

```
System.out.println("Anzahl der Lösungen: " + damen(8).count());
```

aufgerufen werden. Dabei haben wir eine eigene Hilfsklasse Liste verwendet, die typisch für funktionale Programmierung und in der Java-Bibliothek (noch) nicht enthalten ist. Sie funktioniert ähnlich wie eine verkettete Liste (s. Abschn. 2.3.2), ist aber immutabel (unveränderbar) und effizient: Ihre Objekte bestehen aus einer int kopf und einer Referenz vom Typ Liste namens schwanz. Hierbei kann man erkennen, wie eine eigene

Klasse „stromfähig" gemacht und der Strom für Umwandlung benutzt werden kann, wobei `java.util.IntStream` ähnlich wie `Stream` ist, nur auf `int`-Werte spezialisiert:

```java
class Liste {
 final int kopf; final Liste schwanz; // immutabel
 Liste(int kopf, Liste schwanz) { this.kopf = kopf; this.schwanz =
 schwanz; }
 @Override public String toString() { // wandelt Liste in String um
  return strom(this).mapToObj(String::valueOf). // mit Hilfe von IntStream
    collect(Collectors.joining(",", "<", ">")); // Trennzeichen und Grenzen
 }
 static IntStream strom(Liste liste) { // wandelt Liste in IntStream um
   IntStream.Builder strom = IntStream.builder();
   while (liste != null) {   // die Schleife baut den Strom auf, bist 'liste' leer ist
   strom.accept(liste.kopf); // nimmt int kopf in den Strom auf
      liste = liste.schwanz; // und setzt mit dem Rest fort
   }
   return strom.build();
 }
}
```

Aufgabe 3.9

Schreiben Sie eine funktionale Lösung für das Ermitteln von Permutationen aus dem Abschn. 3.1.5.

Aufgabe 3.10

Entwerfen Sie einen Algorithmus, der das Problem der *Stabilen Liebesbeziehungen* löst. Hier müssen n Frauen und n Männer so einander zuneigen, dass zwischen ihnen ungefährdete Ehen möglich sind. Jeder der $2n$ Beteiligten besitzt eine Liste der Länge n, in der die Personen des anderen Geschlechts in der Reihenfolge der Zuneigung aufgeführt sind.[29] Eine Ehe gilt als gefährdet, wenn es einen anderen Mann und eine andere Frau gibt, dem die Frau bzw. der der Mann mehr zugeneigt ist als dem Ehepartner. (s. [Irv] im Literaturverzeichnis)

Die Abb. 3.21[30] zeigt zum Beispiel eine stabile Liebesbeziehung, wenn die Stärke der Pfeile das Maß der Zuneigung repräsentiert: Die Ehen Charlotte mit Collins, Elizabeth mit Darcy, Jane mit Bingley sowie Lydie mit Wickham sind nicht gefährdet.

Bemerkung: Dieses Problem tritt oft bei Auswahlproblemen auf, wo die Wahl nach Bevorzugung getroffen werden muss, beispielsweise wenn Studienanfänger ihre Prioritätsliste von Hochschulen angeben.[31]

---

[29] Im idealen Fall steht der Ehepartner auf der ersten Stelle.

[30] Aus Jane Austen's „Stolz und Vorurteil" („Pride and Prejudice"), 1813.

[31] In der Bundesrepublik Deutschland an die *ZVS* (Zentrale Vergabestelle).

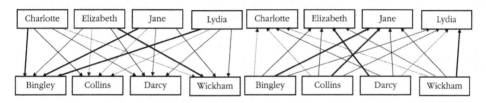

Abb. 3.21 Stabile Liebesbeziehung

Suchen

4

Zusammenfassung

Das Problem *Suchen* stellt sich, wenn man ein Objekt mit bestimmten Eigenschaften unter vielen ähnlichen Objekten finden möchte. In vielen Fällen ist die Lösung nicht trivial.

4.1 Textsuche

Als erstes Beispiel betrachten wir den Algorithmus für *Textsuche*, ein Problem, das in jedem Textverarbeitungsprogramm (auch in der Implementierung der Java-Funktion `String.indexOf`) gelöst werden muss. Gegeben sind zwei Zeichenketten `muster` und `text`; `muster` muss in `text` gefunden werden.

Konkreter: wir brauchen eine Java-Funktion mit der Spezifikation

```
static int suchen(final char[] muster, final char[] text);
```

die den Wert -1 zurückgibt, wenn `muster` nicht im `text` vorkommt und sonst den Index, bei dem das erste Vorkommnis von `muster` in `text` beginnt. Sie darf nur den Vergleich von Zeichen mit Hilfe des Operators `==` durchführen (d. h. keine Aufrufe aus den Standardbibliotheken sind erlaubt, die genau dieses Problem lösen).

Eine triviale Lösung beruht auf einer geschachtelten Schleife: Es wird ab jedem Zeichen im Text versucht, das Muster zu finden, d. h. die Zeichen im Muster werden einzeln mit den Zeichen im Text verglichen. Beim „Misserfolg" erfolgt ein „Rücksprung" im Text zum Anfang des Versuchs, und der nächste Versuch findet ab dem nächsten Zeichen im Text statt (siehe Tab. 4.1).

© Springer Fachmedien Wiesbaden GmbH 2017
A. Solymosi, U. Grude, *Grundkurs Algorithmen und Datenstrukturen in JAVA*,
DOI 10.1007/978-3-658-17546-7_4

Tab. 4.1 Suchen im Text

D	r	e	i		r	E	i	n	e		R	e	i	s	e	n	d	e	Text
R	e	i	s																Muster
	R	e	i	s															
		R	e	i	s														
		..																	
					R	E	i	s											
						R	e	i	s										
						..													
											R	e	i	s					Erfolg

Bei den unterstrichenen Zeichen im Muster wurde der Misserfolg festgestellt. Dieser Algorithmus kann in Java folgendermaßen formuliert werden:

```java
static int suchen(final char[] muster, final char[] text) {
  for (int i = 0; i < text.length - muster.length + 1; i++) {
    boolean erfolg = true; // Versuch, ab text[i] muster zu finden:
    for (int j = 0; j < muster.length; j++)
     if (text[i + j] != muster[j])
      erfolg = false; // nicht gelungen
    if (erfolg) // gelungen
     return i; // vorzeitiger Abbruch der äußeren Schleife
  }
  return -1; // kein Versuch ist gelungen
}
```

Der Zeitbedarf dieser Funktion ist `muster.length * (text.length - muster.length)` Zeichenvergleiche. Wir sagen, ihre Komplexität ist $O(nm)$, wo n die Länge des Textes und m die Länge des Musters ist. Es ist zwar möglich, die innere Schleife vorzeitig (bei „Misserfolg") abzubrechen, die Komplexität (oder der durchschnittliche Aufwand) wird aber dadurch nicht verbessert. Etwas schlampig kann man diese Komplexität auch „quadratisch" nennen.

Es ist jedoch möglich, das Problem mit einer Komplexität von $O(n+m)$ zu lösen. Hierzu wird folgende Idee benutzt. Der obige Algorithmus springt beim „Misserfolg" zum Anfang des Versuchs zurück und „vergisst", was er in der Zwischenzeit an Information über die zu vergleichenden Texte gewonnen hat. In vielen Fällen ist dies ein echter Informationsverlust (siehe Tab. 4.2).

Bei der Suche des Musters `abaabbb` im Text `ababaabbb` ist es nach dem zweiten Misserfolg (d. h. in der letzten Zeile) nicht nötig, den Versuch ab dem 3. Zeichen des Textes durchzuführen: Die Anfangsfolge `aba` des Musters wurde schon beim ersten Versuch mit Erfolg untersucht, und erst beim 4. Zeichen `a` des Musters wurde der Misserfolg festgestellt. Es reicht also, nachdem beim 3. Versuch (ab dem 3. Zeichen) ebenfalls die Anfangsfolge `aba` gesucht wird, erst ab dem 6. Zeichen weiterzusuchen.

Tab. 4.2 Informationsverlust bei der Textsuche

a	b	a	b	a	a	b	b	b	Text
1	2	3	4	5	6	7	8	9	
a	b	a	a	b	b	b			Muster
	a	b	a	a	b	b	b		
		a	b	a	a	b	b	b	Erfolg

Tab. 4.3 „next-Tabelle" für das Muster babaabbb

j	muster[j]	Rücksprung	next[j+1]
0	B	*b*abaabbb *b*abaabbb	0
1	A	b*a*baabbb *b*abaabbb	0
2	B	ba*b*aabbb *b*abaabbb	1
3	A	bab*a*abbb *ba*baabbb	2
4	A	baba*a*bbb ba*b*aabbb	0
5	B	babaa*b*bb *b*abaabbb	1
6	B	babaab*b*b b*a*baabbb	1
7	B	babaabb*b* *b*abaabbb	

Angenommen, das erste Zeichen kommt im Muster nicht mehr vor (z. B. im Muster abbbbbbb). Beim Feststellen eines Misserfolgs nach i Zeichen müssen wir dann im Text nicht i Stellen zurückspringen, da wir wissen, dass das Zeichen a an den letzten i Stellen nicht vorkam; wir können im Text von dem Zeichen an weitersuchen, wo wir den Misserfolg festgestellt haben. Solche speziellen Muster sind zwar selten, aber erstaunlicherweise ist es immer möglich, die Suche so vorzubereiten, dass sie nicht von Anfang an wiederholt werden muss.

Weil nur im Muster und nie im Text zurückgesprungen werden muss, ist es die Eigenschaft des Musters, wie weit der Rücksprung erfolgen soll. Daher kann er vor dem eigentlichen Suchen so aufbereitet werden, dass die Suche sehr schnell erfolgen kann. Hierzu schlägt der Knuth-Morris-Pratt-Algorithmus (s. [Kn]) vor, eine sog. *next-Tabelle* zu errechnen. Sie ist eine Reihung aus nichtnegativen int-Werten, ihre Länge ist wie die des Musters. Jeder Ganzzahlwert zeigt an, wie viele Schritte beim Misserfolg „zurückgegangen" werden muss.

Wir schieben hier eine Kopie des Musters an sich selbst entlang und vergleichen die Zeichen untereinander. Die Anzahl der überlappenden Stellen gibt die Position an, wohin bei „Misserfolg" zurückgesprungen werden muss. Die erste Stelle (Index 0) wird dabei mit -1 markiert (siehe Tab. 4.3).

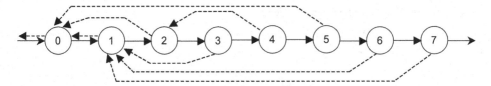

Abb. 4.1 Endlicher Automat für das Muster babaabbb

Hieraus ergibt sich die folgende next-Tabelle für das Muster babaabbb:

0 0 1 2 0 1 1

Die next-Tabelle für ein bestimmtes Muster kann auch als ein endlicher Automat dargestellt werden (siehe Abb. 4.1).

Hier gibt es von jedem Zustand zwei Übergänge: bei Übereinstimmung nach rechts (dargestellt durch durchgezogene Pfeile) und bei Misserfolg Rücksprung nach links (dargestellt
durch gestrichelte Pfeile); die next-Tabelle gibt den Zielort (Index) des Rücksprungs an.

Das folgende Programm enthält eine Prozedur für die Berechnung der next-Tabelle und
die Suchfunktion nach dem Knuth-Morris-Pratt-Algorithmus:

```
private static int[] nextTabelle(final char[] muster) { // next-Tabelle für
muster
  final int anfang = -1; // vor dem ersten Index in muster
  int[] next = new int[muster.length];
  next[0] = anfang; // Marke
  int tabIndex = 0, // indiziert die aufzubauende next-Tabelle
      rücksprung = anfang; // Index im muster, wohin zurückgesprungen wird
  while (tabIndex < muster.length - 1)
    if (rücksprung == anfang || muster[tabIndex] == muster[rücksprung]) {
        // Anfang des Musters oder Übereinstimmung
      tabIndex++; // weiterschreiten
      rücksprung++;
      next[tabIndex] = rücksprung; // so weit Übereinstimmung
    } else
      rücksprung = next[rücksprung]; // Rücksprung so weit nötig
  return next;
}

public static int kmpSuchen(final char[] muster, final char[] text) {
  // stellt fest, ob muster im text vorkommt und falls ja, ab welchem Index
  final int anfang = -1; // vor dem ersten Index in muster
  final int[] next = nextTabelle(muster); // next-Tabelle für muster
  int textIndex = anfang, musterIndex = anfang; // Anfang der Suche
  do
    if (musterIndex == anfang || text[textIndex] == muster[musterIndex]) {
      textIndex++; // weiterschreiten
      musterIndex++;
```

```
 } else
   musterIndex = next[musterIndex]; // Rücksprung nur im Muster
 while (musterIndex < muster.length && textIndex < text.length);
 return musterIndex >= muster.length ?
   textIndex - muster.length : // gefunden
   -1; // nicht gefunden
}
```

Aufgabe 4.1

Der KNP-Algorithmus kann verbessert werden, wenn in der Funktion `nextTabelle` die Zuweisung

```
next[tabIndex] = rücksprung;
```

durch die etwas differenziertere Zuweisung

```
next[tabIndex] =
  muster[tabIndex] != muster[rücksprung] ?
  rücksprung :
  next[rücksprung];
```

ausgetauscht wird. Erklären Sie die Verbesserung und finden Sie Beispiele, bei denen sie zur Geltung kommt.

4.2   Suchen in Sammlungen

▶ Häufig muss man in einer „Sammlung von Datenelementen (Objekten)" nach einem Element mit bestimmten Eigenschaften suchen. Am Ende der Suche möchte man auf das gefundene Element zugreifen können oder sicher sein, dass es kein solches Element in der Sammlung gibt.

Oft besteht „Sammlung" aus Objekten mit einer speziellen Komponente, genannt *Schlüssel*. Einfachheitshalber nehmen wir an, dass er vom Typ `int` ist.[1] Weil er typischerweise in einer privaten Variable gespeichert wird, kann sie mit einer Funktion (z. B. `getSchlüssel`) aus dem Objekt herausgelesen werden. In unseren Beispielen soll die Klasse dieser Objekte also die Schnittstelle[2]

```
interface Beschlüsselt {
 int getSchlüssel();
}
```

---

[1] Allgemein vom generischen Typ.

[2] In der Java-Bibliothek wird zu diesem Zweck die generische Schnittstelle `java.util. Map. Entry<K, V>` angeboten, wo für `K` der (beliebige) Schlüsseltyp eingesetzt wird.

implementieren. Wir geben die spezielle Eigenschaft des gesuchten Objekts durch einen Schlüsselwert suchSchlüssel an: Gesucht wird ein Objekt element aus der Sammlung, dessen Schlüssel element.getSchlüssel() gleich suchSchlüssel ist.

Hier wird der informelle Begriff „Sammlung" verwendet, weil wir noch offen lassen wollen, ob die Objekte in einer Reihung, in einer verketteten Liste, in einem Baum, in einem Objekt vom Typ java.util.Collection[3] oder in einer anderen Datenstruktur untergebracht sind.

Wir unterscheiden dabei zwischen *internem* und *externem Suchen*. Ein *internes* Suchverfahren setzt voraus, dass alle Daten, unter denen gesucht wird, „vollständig in den Hauptspeicher unseres Computers passen". Ein *externes* Suchverfahren wird dann benötigt, wenn die Objekte, aus denen eines identifiziert werden soll, auf einem externen Speicher stehen, z. B. auf einem Plattenspeicher oder auf einem Magnetband, und nicht „alle auf einmal" in den Hauptspeicher passen. Sie müssen „portionsweise" in den Hauptspeicher gelesen werden.

In diesem Kapitel befassen wir uns nur mit internem Suchen. Für die Konstrukteure von Datenbanken (und manchmal auch für die Benutzer von Datenbanken) ist externes Suchen ein grundlegendes Problem. Im Abschn. 6.7 werden wir auch hierfür ein Beispiel sehen.

Für das Suchproblem ist es wichtig, ob in der Sammlung *mehrere Objekte mit gleichem Schlüssel* (sog. *Mehrfacheintragungen*) vorkommen können oder ob das ausgeschlossen ist. Wenn Schlüssel mehrfach vorkommen können, dann muss man nicht nur in der Lage sein, *ein* Objekt mit suchSchlüssel zu finden, sondern man muss auch *alle* Objekte mit diesem Schlüssel (der Reihe nach) finden können.

Um eine bestimmte Lösung für das (interne) Suchproblem genau zu verstehen und mit anderen Lösungen vergleichen zu können, sollte man folgende Fragen untersuchen:

- Wie sind die Objekte abgespeichert (in einer Reihung, als verkettete Liste, Baum usw.)? Wird Speicherplatz nur für die Objekte selbst gebraucht (das ist das notwendige Minimum) oder wird zusätzlicher Speicherplatz (z. B. für Referenzen) gebraucht? Wie viel zusätzlicher Speicher?
- Wie lange dauert es, ein weiteres Objekt in die Sammlung einzufügen?
- Wie lange dauert es, ein Objekt aus der Sammlung zu entfernen (zu löschen)?
- Wie lange dauert das Suchen mit einem bestimmten Schlüssel
- im positiven Fall (wenn es in der Sammlung ein Objekt mit diesem Schlüssel gibt) und
- im negativen Fall (wenn es in der Sammlung kein Objekt mit diesem Schlüssel gibt)?

4.3   Suchen in einer Reihung

▶ Wenn man die Objekte, unter denen man suchen will, als Komponenten einer Reihung organisiert, dann muss man diese Reihung „von Anfang an" so groß anlegen, dass alle späteren Einfügungen darin Platz haben. Dies kann zur „Verschwendung" von Speicherplatz führen.

---

[3] Auf Deutsch: *Sammlung.*

4.3.1 Suchen in einer unsortierten Reihung

Der einfachste Fall ist das Suchen in einer unsortierten Reihung. Hier schreibt man die Objekte in eine Reihung namens `sammlung` in beliebiger Ordnung. Um weitere Elemente in die Reihung einfügen zu können, sollte man in einer Variable `frei` vom Typ `int` stets den Index des ersten freien[4] Elementes der Reihung `sammlung` aufbewahren. Wenn die Bedingung `frei == sammlung.length - 1` den Wert **true** ergibt, dann ist `sammlung` voll; weitere Eintragungen sind nicht möglich.[5]

Der Algorithmus kann verbal folgendermaßen formuliert werden:

Man sucht nach einem Element mit dem Schlüssel `suchSchlüssel`, indem man die Reihungskomponenten `sammlung[i]` für alle `i` ab `0` durchgeht und ihre Schlüssel `sammlung[i].getSchlüssel()` mit `suchSchlüssel` vergleicht. Das macht man so lange, bis man eine passende Komponente `sammlung[i]` gefunden hat (positiver Fall) oder bis man das Ende der Reihung `sammlung` erreicht hat (negativer Fall).

In Java kann diese Suchfunktion folgendermaßen programmiert werden:

```
class Reihung<E extends Beschlüsselt> { // 6
 protected E[] sammlung;
  ...
 public int suchen(int suchSchlüssel) { // return -1, wenn nicht gefunden
  // ensures -1 <= return < sammlung.length;
  for (int i = 0; i < sammlung.length; i++)
   if (sammlung[i] != null && sammlung[i].getSchlüssel() == suchSchlüssel)
    return i;
  return -1;
 }
}
```

Diese Funktion liefert (im positiven Fall) als Ergebnis den Index der gesuchten Komponenten bzw. (im negativen Fall[7]) den `int`-Wert `-1`. Wenn mehrere Komponenten den gesuchten Schlüssel enthalten, wird (nach dem obigen Algorithmus) die zuletzt gefundene geliefert.

Wenn wir den Schlüssel nicht auf `int`-Werte beschränken wollen, müssen wir komplexere Signaturen benutzen:

```
interface Beschlüsselt<Schlüssel> {
 Schlüssel getSchlüssel();
}
```

---

[4] Oder des letzten belegten.

[5] Diese Datenorganisation ist allerdings ungünstig, wenn Elemente aus der Sammlung gelöscht werden sollen.

[6] Extends drückt hier aus, dass diese generische Klasse nur mit einem aktuellen Typparameter ausgeprägt werden kann, der die Klasse `Beschlüsselt` erweitert.

[7] Vielleicht ist es eine bessere Idee im Sinne des modernen Software Engineering, im negativen Fall eine Ausnahme zu werfen.

```
class Reihung<Schlüssel, Element extends Beschlüsselt<Schlüssel>> { //⁸
 public int suchen(Schlüssel suchSchlüssel) { ... } // wie oben
```

Bemerkung Auf folgende Weise kann man dieses Programm etwas eleganter und schneller machen: Bevor man zu suchen beginnt, bringt man den Suchschlüssel `suchSchlüssel` in die erste freie Komponente der Reihung `sammlung`:

```
sammlung[frei].schlüssel = suchSchlüssel;
```

Dabei setzen wir voraus, dass für diesen Zweck immer mindestens eine Komponente der Reihung `sammlung` „freigehalten" wird und dass die Suchmethode direkten Zugriff auf den Schlüssel der Elemente hat. Da wir jetzt sicher sind, eine Komponente mit dem Schlüssel `suchSchlüssel` in `sammlung` zu finden, kann die Abbruchbedingung für die Suchschleife einfacher gestaltet werden. Diese Programmiertechnik heißt „Markieren".

Speicherbedarf: minimal; außer der Reihung `sammlung` wird als *zusätzlicher Speicher* für Daten nur `frei` benötigt, außerdem die lokale Variable `index` beim Suchen. Möglicherweise muss man Speicherplatz „verschwenden". Die Speicherkomplexität des Suchens ist also $O(1)$, d. h. sie hängt nicht von der zu speichernden Menge ab.

Zeitbedarf für das Einfügen eines Elements: 1 Schritt, unabhängig von der Größe der Reihung `sammlung`, da man weitere Elemente einfach „hinten anhängen" kann (natürlich nur, solange es in `sammlung` noch Platz gibt). Somit ist die Zeitkomplexität für das Einfügen $O(1)$.

Zeitbedarf für das Suchen:

- im negativen Fall: n Vergleiche
- im positiven Fall: im Durchschnitt $n/2$ Schritte (wenn alle Objekte in `sammlung` gleich häufig gesucht werden)

Somit ist die Zeitkomplexität für das Suchen $O(n)$.

4.3.2 Lineares Suchen in einer sortierten Reihung

Wenn man dafür sorgt, dass die Reihung `sammlung` stets sortiert⁹ ist (nach den Schlüsseln der Objekte), dann geht das Suchen im negativen Fall schneller. Dafür dauert das Einfügen eines Objekts länger. Mehrere Elemente mit gleichem Schlüssel kann man ganz ähnlich behandeln, wie im Falle einer unsortierten Reihung.

Speicherbedarf: wie im unsortierten Fall (minimal, möglicherweise mit „Verschwendung"): $O(1)$.

---

[8] Diese Klasse muss mit zwei aktuellen Typparametern ausgeprägt werden, wobei der zweite ein Untertyp von `Beschlüsselt<Schlüssel>` sein muss.

[9] Wie dies geschehen kann, untersuchen wir im Kap. 5.

Zeitbedarf für das Einfügen eines Elements: Auch wenn man schon weiß, wo man ein Element in die Reihung `sammlung` einfügen will, muss man im Durchschnitt noch $n/2$ viele Elemente „um eine Position nach rechts rutschen". Die Zeitkomplexität ist also $O(n)$. Zeitbedarf für das Suchen:

- im negativen Fall: durchschnittlich $n/2$ Vergleiche.
- im positiven Fall: durchschnittlich $n/2$ Schritte (wenn alle Objekte in `sammlung` gleich häufig gesucht werden).

Somit ist die Zeitkomplexität für das Suchen $O(n)$.

Aufgabe 4.2

Programmieren Sie das Einfügen und das lineare Suchen in einer sortierten Reihung (mit der Technik der „Markierung") als Klasse mit folgender Spezifikation:

```
class SortierteReihung<E extends Beschlüsselt> extends Reihung<E> {
 public void einfügen(final E element); // ensures sammlung sortiert
 public int suchen(int suchSchlüssel); // requires sammlung sortiert
   // ensures -1 <= return < sammlung.length;
}
```

Wenn Sie den Schlüssel nicht auf `int`-Werte einschränken wollen, können Sie eine komplexere Signatur mit zwei Typparametern benutzen:

```
class SortierteReihung<S extends Comparable<S>,
 E extends Beschlüsselt<S>> extends Reihung<S, E> { ... }
```

4.3.3   Binäres Suchen in einer sortierten Reihung

Das Suchen nach der Strategie *teile und herrsche* (s. Abschn. 2.1.6) heißt *binäres Suchen*. Auch bei dieser Lösung (für das interne Suchproblem) schreibt man die Objekte in die Reihung `sammlung` und sorgt dafür, dass `sammlung` stets sortiert ist. Nach einem Objekt mit dem Schlüssel `suchSchlüssel` sucht man dann folgendermaßen:

Wenn die Reihung `sammlung` die Länge 0 hat, dann ist man fertig (negativer Fall). Sonst vergleicht man den Suchschlüssel `suchSchlüssel` mit dem Schlüssel eines Elementes `sammlung[mitte]`, welches möglichst genau in der Mitte der Reihung `sammlung` liegt. Wenn `suchSchlüssel` gleich `sammlung[mitte].getSchlüssel()` ist, dann ist man fertig (positiver Fall). Wenn `suchSchlüssel` größer ist als `sammlung[mitte].getSchlüssel()`, dann wendet man dieses Verfahren auf die „rechte Hälfte der Reihung `sammlung`" an (d.h. auf die Elemente von `sammlung` mit Indizes `mitte+1` bis `sammlung.length-1`). Wenn `suchSchlüssel` kleiner ist als `sammlung[mitte].getSchlüssel()` dann wendet man dieses Verfahren auf die „linke Hälfte der Reihung `sammlung`" an (d.h. auf den Teil `sammlung[0 bis mitte-1]`).

```
class SortierteReihungBinär<E extends Beschlüsselt>
  extends SortierteReihung<E> {
 public int suchen(int suchSchlüssel) {
  // ensures -1 <= return < sammlung.length;
  int links = 0; int rechts = sammlung.length - 1 ;
  while (links <= rechts) {
   int mitte = (links + rechts) / 2;
   if (sammlung[mitte] != null
     && suchSchlüssel < sammlung[mitte]. getSchlüssel())
    rechts = mitte - 1;
   else
    links = mitte + 1;
  }
  links--; // zurücksetzen
  return suchSchlüssel == sammlung[links-1].getSchlüssel() ? // gefunden
   links : -1; // nicht gefunden: -1
 }
 ...
}
```

Der *Speicherbedarf* ist daher minimal, wie beim linearen Suchen in einer Reihung. Der *Zeitbedarf* für das *Einfügen* eines Elementes ist wie beim linearen Suchen in einer sortierten Reihung: im Durchschnitt $n/2$ Schritte. Die Zeitkomplexität ist also $O(n)$.

Zeitbedarf für das Suchen:

- im negativen Fall: log n Schritte
- im positiven Fall:
- in einem günstigsten Fall: 1 Schritt
- in einem ungünstigsten Fall: log n Schritte

Im Durchschnitt werden log n Schritte benötigt. Der Grund hierfür ist, dass es mehr „ungünstige Fälle" gibt als „günstige Fälle": Wenn wir alle möglichen Fälle untersuchen, den Zeitbedarf summieren und mit der Anzahl der Fälle dividieren, erhalten wir ca. den Durchschnittswert von log n. Somit ist die Zeitkomplexität für das Suchen $O(\log n)$.

Falls *mehrere Elemente* den *gleichen Schlüssel* haben können, dann ist es nicht trivial, alle diese Elemente zu finden. Der hier vorgestellte Algorithmus „binäres Suchen" garantiert nur, dass man irgendein Element mit dem Suchschlüssel findet, und im Allgemeinen wird man *nicht* das erste solche Element (d. h. das mit dem kleinsten Index) finden. Rechts *und* links von dem gefundenen Element können also noch Elemente mit dem gleichem Schlüssel liegen.

Aufgabe 4.3

Programmieren Sie das *Löschen* in einer sortierten Reihung:

```
class SortierteReihungLöschbar <E extends Beschlüsselt>
  extends SortierteReihung<E> {
 void löschen(int index); // requires 0 <= index < sammlung.length;
}
```

Wir gehen davon aus, dass der Index des zu löschenden Elements zuvor (z. B. durch suchen) ermittelt wurde. Was ist die Komplexität der Methode?

Aufgabe 4.4

Das binäre Suchen ist ein klassisches Beispiel dafür, wo das Ersetzen der `while`-Schleife durch Rekursion eine elegante Lösung produzieren kann. Programmieren Sie nun das binäre Suchen rekursiv. Benutzen Sie diesmal die generischen Standardklassen `ArrayList` und `Comparator`, damit Sie beim Aufruf Ihrer Suchmethode einen Lambda-Ausdruck übergeben können. Verwenden Sie also die Signatur

```
public static <E> int suchen(ArrayList<E> sammlung,
  E gesucht, Comparator<E> vergleich)
```

Wie im Abschn. 3.3.4 gezeigt, wird empfohlen, hierin eine private rekursive Methode `suchen()` aufzurufen, die sich die Indizes `links` und `rechts` als (zusätzliche) Parameter übergibt.

Aufgabe 4.5

Implementieren Sie binäres `suchen()` mit der obigen Signatur möglichst funktional. Sie können die Suchschleife mit `Stream.iterate()` anstoßen und sie mit `Stream.anyMatch()` abbrechen. Tipp: Eine innere Klasse `Tripel` enthält drei `int`-Werte für `links`, `rechts` und `mitte`, wobei ein negativer Wert `mitte` den Abbruch der Schleife signalisiert – dies wird in `anyMatch()` abgefragt. In jedem Schleifenschritt wird für den nächsten ein neues `Tripel` mit den neuen Daten erzeugt. Dabei muss als Trick das Ergebnis in eine globale Variable aus dem Lambda-Ausdruck nach außen gereicht werden.

4.4 Suchen in einer verketteten Liste

▶ Wenn man die Elemente in einer Reihung ablegt, muss man von Anfang an genügend Speicherplatz für die erwarteten Einfügungen reservieren (plus evtl. ein Element für die „Markierung"). Die einmal im Konstruktor festgelegte Reihungsgröße kann nicht mehr verändert werden: Entweder droht die Ausnahme `IndexOutOfBoundsException` oder es muss unverhältnismäßig viel Speicherplatz als Reserve angelegt werden.

Verkettete Listen – wie wir sie schon im Abschn. 2.3.2 gesehen haben – können wachsen und schrumpfen: Eine neue Komponente wird hinzugefügt oder eine alte entfernt. So kann man genau dann Speicher für weitere Objekte reservieren, wenn man sie einfügen will.

Bemerkung Einige Algorithmen für verkettete Listen werden eleganter, wenn man eine leere Liste durch zwei Pseudo-Kettenglieder darstellt und die „eigentlichen" Kettenglieder zwischen diese beiden hängt.

```
Knoten<E> anfang = new Knoten<>(); // Inhalt¹⁰ z.B.: Integer.MIN_VALUE
Knoten<E> ende = new Knoten<>(); // Inhalt z.B.: Integer.MAX_VALUE
anfang.nächster = ende;
```

Die Referenzvariablen `anfang` und `ende` zeigen auf zwei Pseudoknoten. Alle „richtigen Knoten" der Liste werden zwischen diesen beiden Pseudoknoten eingefügt. Der Pseudoknoten `anfang` erleichtert das Löschen des vordersten richtigen Knotens. Der Pseudoknoten `ende` dient zur Beschleunigung des Suchens.

Speicherbedarf: Insgesamt brauchen wir zwei zusätzliche Pseudo-Kettenglieder und pro Objekt eine zusätzliche Referenz. Dies ergibt eine *lineare* Speicherkomplexität $O(n)$. Andererseits belegt diese Lösung in jedem Augenblick nur so viel Speicher, wie sie in diesem Augenblick wirklich braucht, und es muss kein Speicher „auf Vorrat reserviert" werden (wie bei den Lösungen mit einer Reihung).

4.4.1 Lineares Suchen in einer unsortierten Liste

Die Objekte können in einer Liste in beliebiger Reihenfolge hintereinander („wie sie gerade kommen") gespeichert werden; sie werden nicht sortiert.

```
void eintragen(final E element) {
 anker = new Knoten<>(element, anker);
}
Knoten<E> suchen(int suchSchlüssel) {
 Knoten<E> knoten = anker;
 while (knoten != null && knoten.wert.getSchlüssel() != suchSchlüssel) //¹¹
  knoten = knoten.verbindung;
 return knoten; // null wenn nicht vorhanden
}
```

Zeitbedarf für das Einfügen eines Elementes: Das Einfügen erfordert immer nur einen Schritt, unabhängig von der Länge der verketteten Liste. Man kann neue Glieder z. B. immer am Anfang der Liste „einhängen" (oder immer am Ende). Die Zeitkomplexität ist also $O(1)$.

---

[10] Nützlich bei einer sortierten Liste, s. Abschn. 4.4.2.

[11] Es wird angenommen, dass E **extends** Beschlüsselt, s. Abschn. 4.2.

Zeitbedarf für das Suchen:

- im negativen Fall: immer n Vergleiche
- im positiven Fall: im Durchschnitt $n/2$ Schritte (wenn alle Objekte in der Sammlung gleich häufig gesucht werden)

Somit ist die Zeitkomplexität für das Suchen $O(n)$.

Aufgabe 4.6

Modifizieren Sie das lineare Suchen mit „Markierung": Vereinfachen Sie die Abbruchbedingung der `while`-Schleife, nachdem Sie den gesuchten Schlüssel im Pseudo-Endknoten speichern.

Aufgabe 4.7

Programmieren Sie den Algorithmus für lineares `suchen()` in einer verketteten Liste funktional (wie etwa in der Aufgabe 4.5).

4.4.2 Lineares Suchen in einer sortierten Liste

Wenn man dafür sorgt, dass die Liste stets sortiert ist, wird nur das Suchen im negativen Fall schneller im Vergleich zur vorigen Lösung (lineares Suchen in einer unsortierten Liste). Somit bleiben alle Zeitkomplexitäten und der Speicherbedarf gleich.

Zeitbedarf für das Einfügen eines Elementes: Wenn man schon weiß, wo man das neue Element einfügen will, braucht man nur einen Schritt, unabhängig von der Länge der verketteten Liste. Um die Stelle zu finden, an der man einfügen sollte, muss man zuvor einmal suchen.

Zeitbedarf für das Suchen:

- im negativen Fall: Im Durchschnitt $n/2$ Vergleiche.
- im positiven Fall: im Durchschnitt $n/2$ Schritte (wenn alle Objekte in der Sammlung gleich häufig gesucht werden).

Somit ist die Zeitkomplexität für das Suchen $O(n)$.

Aufgabe 4.8

Erläutern Sie, warum man in einer verketteten Liste nicht so „binär suchen" kann wie in einer sortierten Reihung.

Aufgabe 4.9

Programmieren Sie das Einfügen und das lineare Suchen in einer sortierten verketteten Liste. Was ist der Vorteil gegenüber der unsortierten Liste?

4.4.3 Listen funktional

Listen sind die grundlegende Datenstruktur der klassischen funktionalen Programmierung. Bibliotheken der funktionalen Programmiersprachen sind reich an Methoden, mit denen (typischerweise unveränderbare) Listen manipuliert werden können. Charakteristisch hierfür ist die sehr effiziente Zeitkomplexität auf Kosten der Speicherkomplexität: Ähnlich wie bei `String` in Java (wie bei allen immutablen Klassen) können diese Listen, einmal erzeugt, nie wieder verändert werden; für jede notwendige Veränderung wird (zumindest scheinbar) eine neue Liste erzeugt. Dies bedeutet oftmals eine intensive Speicherverwaltung (z. B. für die Entsorgung der überflüssig gewordenen Objekte), die manchmal den Zeitgewinn aufzehrt. Nichtsdestotrotz gibt es viele Aufgaben, die elegant und effizient funktional gelöst werden können. Hierfür wurden auch die Bibliotheken für Java 8 mit funktionalen Listenverarbeitungsmethoden bereichert. Die (für die strenge funktionale Programmierung notwendige) Unveränderbarkeit der Listen wird hierbei gewährleistet, wenn die Listen nicht durch **new**, sondern durch die Fabrikmethode `Collections.unmodifiableList()` erzeugt werden.[12]

Nichtsdestotrotz kann man auch mit Java 8 funktional programmieren. Beispielsweise gibt es für das Auffinden eines Elements in einer `java.util.List` ihre Methode `contains()`. Aber wenn man alle Elemente einer Liste mit einem bestimmten Schlüssel (oder gar mit bestimmten Eigenschaften) in einer anderen Liste zusammensuchen möchte, ist es besser, statt einer traditionellen Schleife zu Strömen zu greifen:

```
static <T> List<T> suchen(List<T> liste, Predicate<T> eigenschaft) { //13
  return liste.stream().filter(eigenschaft).collect(Collectors.toList());
}
```

Diese Methode kann mit einem Lambda-Ausdruck aufgerufen werden:

```
List<Integer> liste = ...,
  negativeElemente = suchen(liste, t -> t < 0);
List<Kunde> kunden = ...,
  müllers = suchen(kunden, t -> t.name.equals("Müller"));
```

`java.util.List` und `ArrayList` sowie `java.util.function.Predicate` müssen für dieses Programmstück importiert werden. Dieses letztere ist eine vorgefertigte funktionale Schnittstelle (wie viele andere in `java.util.function`) deren **boolean**-Methode den Rumpf des übergebenen Lambda-Ausdrucks (im ersten Beispiel: `t < 0`) auf ihren Parameter (hier: `t`) ausführt.

---

[12] Unglücklicherweise werden etwaige Modifikationen erst zur Laufzeit verhindert. Andere Bibliotheken enthalten Typen wie `ImmutableList`, s. z. B. [Goog], die gar keine verändernden Methoden exportieren.

[13] Wenn wir hier als Ergebnistyp `List<?>` verwenden würden, könnten wir keinen Lambda-Ausdruck beim Aufruf verwenden.

Die Methode `suchen()` in diesem Kapitel macht aus ihrem Parameter `list` zuerst ein `Stream`, damit alle seine Elemente auf die als Lambda-Ausdruck übergebene `eigenschaft` hin von `filter()` getestet werden. `filter()` produziert ein neues `Stream`-Objekt, das nur noch die Elemente enthält, für die `eigenschaft` das Ergebnis **true** geliefert hat. Für diesen Strom wird nun `collector()` aufgerufen, der ihn hier in eine `List` zurückverwandelt. Hierfür braucht er einen Lambda-Ausdruck vom Typ `Collector`; der vorgefertigte `Collectors.toList()` ist genau für diese Aufgabe geeignet. `Collectors` enthält viele solche Funktionen; alle dienen dazu, Ströme in verschiedene Datentypen umzuwandeln. Man kann natürlich auch seinen eigenen `Collector` als Lambda-Ausdruck schreiben, wenn man keinen geeigneten vorgefertigten findet.

Die Klasse `Stream` enthält viele solche Methoden, die so im funktionalen Stil aneinander gekettet werden können. Solche Ketten zu testen ist oftmals schwierig. Eine Abhilfe schafft `peek()`, mit deren Hilfe z. B. Zwischenergebnisse angezeigt werden können:

```
return liste.stream().
  peek(listenelement -> System.out.println("wird gefiltert: " +
  listenelement)).
  filter(eigenschaft).
  peek(listenelement -> System.out.println("wurde gefiltert: " +
  listenelement)).
  collect(Collectors.toList());
```

Das zweite Mal werden nur die Listenelemente angezeigt, die `eigenschaft` befriedigen.

Vielleicht die wichtigste Besonderheit von Strömen ist die sehr einfache Parallelisierbarkeit: Ein Aufruf von `Stream.parallel()` bewirkt, dass die weiteren Aufrufe möglichst parallel aufgerufen werden. Hierdurch kann ein enormer Zeitgewinn entstehen. Ein Beispiel demonstriert dies: Die Überprüfung von Primzahlen dauert parallel einen Bruchteil der sequenziellen Ausführung:

```
static long anzahlPrimeKlassisch(int bereich) {
 long zähler = 0;
 for (int i=0; i<bereich; i++)
  if (istPrim(i))
   zähler++;
 return zähler;
}
static long anzahlPrimeSequentiell(int bereich) {
 return IntStream.range(0, bereich).filter(n -> istPrim(n)).count(); //[14]
}
static long anzahlPrimeParallel(int bereich) {
 return IntStream.range(0, bereich).parallel().filter(n -> istPrim(n)).
 count();
}
```

---

[14] `java.util.stream.IntStream` ist ähnlich wie `Stream`, allerdings für **int**-Werte; es gibt auch `DoubleStream` und `LongStream`.

Tab. 4.4 Laufzeiten für
Primzahlen

	Intel i7	AMD Opteron
anzahlPrimeKlassisch	9,9	40,5
anzahlPrimeSequentiell	9,9	40,8
anzahlPrimeParallel	2,8	1,7

Nach [Ses] gelten dabei die in Tab. 4.4 aufgeführten Laufzeiten in Millisekunden an einem 4-Kern- bzw. 32-Kern-Prozessor für bereich = 99.999.

Aufgabe 4.10

Fertigen Sie zwei Methoden an, die zusammenzählen, wie viele Elemente eine Liste enthält, die erstens, zwei verschiedene Bedingungen erfüllen („und") und zweitens, eine der beiden Bedingungen erfüllen („oder").

4.5   Hash-Tabellen

Das binäre Suchen verkürzt das Auffinden von Elementen in einer Reihung; das Eintragen wird jedoch wesentlich komplexer. Die Technik der *Hash-Tabellen* (auch *Streuwerttabellen* genannt) ist ein erstaunlich effizienter Kompromiss: Sowohl das Eintragen wie auch das Auffinden wird etwas aufwändiger, aber ihre Komplexität bleibt (meistens[15]) *konstant*. Der Preis dafür ist, dass das Löschen ein Umorganisieren vieler Einträge erfordern kann. Darüber hinaus muss – wie auch bei der Reihung – Speicher in „Reserve" im Voraus belegt werden. Diesen bei Bedarf zu vergrößern ist sehr aufwändig.

Für professionelle Anwendungen bietet die generische Klasse java.util. Hashtable<K,V> eine umfassende Lösung. Im Folgenden werden wir das Prinzip kennen lernen, wie so eine Hash-Tabelle funktioniert.

4.5.1   Funktionalität

In einer Hash-Tabelle können Elemente (z.B. Telefonnummer) zusammen mit einem Schlüssel (z.B. dazugehörige Namen) eingetragen und die Elemente mit Hilfe des Schlüssels wieder gefunden werden. Prinzipiell ist der Schlüssel unabhängig vom Element – wichtig ist nur, dass der Benutzer das Element vergessen kann und sich nur den Schlüssel merkt. Der Benutzer kann aber den Schlüssel auch aus den Daten des Elements mit Hilfe einer *Hash-Funktion* errechnen. Hierzu liefert die Standardklasse Object eine Methode hashCode, die für ein beliebiges Objekt einen seinen Inhalt identifizierenden int-Wert liefert. Dieser kann als Schlüssel verwendet werden. Der Benutzer kann den Schlüssel auch selber errechnen, indem er die Methode hashCode in seiner Elementklasse überschreibt.

---

[15] Bei einer gut organisierten Tabelle; im ungünstigsten Fall *linear.*

```
public int hashCode();
```

Dies ist insbesondere dann nötig, wenn die Hash-Tabelle (z. B. in einer Datei) zwischengespeichert wird: `Object.hashCode()` kann nämlich zum selben Objekt bei unterschiedlichen Programmläufen unterschiedliche Werte liefern.

Für die Effizienz der Tabelle ist wichtig, dass die Hash-Funktion für unterschiedliche Objekte möglichst unterschiedliche Werte liefert. Ist z. B. der Schlüssel eine Zeichenkette, bildet die Summe (modulo ein Maximalwert wie `Integer.MAX_VALUE`) der Unicode-Werte der Zeichen eine zwar nicht optimale,[16] aber doch geeignete Hash-Funktion.

Die Definition der Hash-Tabelle legt fest, ob Eintragungen mit gleichen Schlüsseln möglich sind oder nicht. Es ist möglich, dass die Methode `eintragen` mit einem schon vorhandenen Schlüssel den alten Eintrag überschreibt.[17] Alternativ kann die Hash-Tabelle unterschiedliche Einträge mit gleichem Schlüssel speichern (z. B. wenn jemand zwei Telefonnummern besitzt). Beim Suchen wird dann eines der eingetragenen Elemente geliefert; die weiteren können mit einer anderen Methode (z. B. `nächstesSuchen()`, ohne `schlüssel`-Parameter) gefunden werden.

4.5.2 Datenorganisation

Der Algorithmus kann verbal folgendermaßen formuliert werden.

Durch die Operation `eintragen` wird ein neues Element in die Tabelle eingetragen. Mit ihm zusammen wird auch der Schlüssel angegeben. Aus dem Schlüssel wird ein Tabellenindex (sein `hashCode()` modulo[18] Tabellengröße) errechnet. An diesem Index wird das neue Element (zusammen mit dem Schlüssel) eingetragen. Es kann aber vorkommen, dass dieser Platz in der Tabelle schon belegt ist, wenn ein anderer Eintrag zufällig denselben Indexwert ergeben hat. Man spricht dann von *Kollision*. In diesem Fall wird ein freier Platz in der Tabelle gesucht. Dieser Vorgang heißt *Sondieren*. Auf welche Weise gesucht wird, hängt von der *Kollisionsstrategie* (oder auch *Sondierungsstrategie*) ab.

Die einfachste Kollisionsstrategie ist die *lineare*: Der nächste freie Platz wird schrittweise und zyklisch gesucht; zyklisch bedeutet dabei, dass dem letzten Index (`tabelle.length-1`) der Erste (`0`) folgt. Diese Strategie garantiert, dass wenn kein Platz mehr gefunden wird, die Tabelle voll ist (siehe Abb. 4.2).

Der Nachteil der linearen Kollisionsstrategie ist, dass sich leicht *Klumpen* bilden, insbesondere, wenn die viele Elemente auf denselben Index abgebildet werden. Man kann eine Kollisionsstrategie verwenden, die nicht in Einzelschritten nach einem freien Platz sucht, sondern in jedem Schritt der Index mit Hilfe der *Sondierungsfunktion* (z. B. ein

---

[16] Mit besseren Hash-Funktionen ist die Wahrscheinlichkeit von Kollisionen geringer.

[17] Eine (vielleicht bessere) Alternative ist es, dass `eintragen` eine Ausnahme auslöst, wenn er mit einem schon vorhandenem Schlüssel aufgerufen wird – dann findet die Eintragung nicht statt.

[18] Restbestimmung; in Java der Operator `%`.

Abb. 4.2 Hash-Tabelle

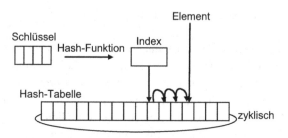

Polynom) modifiziert wird. Der Modulo-Operator (in Java %) garantiert dabei, dass der Index immer innerhalb der Reihungsgrenzen bleibt. Der Nachteil anderer Sondierungsfunktionen ist, dass sie – im Gegensatz zur linearen – möglicherweise nicht alle freien Plätze finden.

Die lineare Sondierungsfunktion kann folgendermaßen formuliert werden:

$$i_k = i_0 + k \mod n$$

wo i_0 den Hash-Wert (d. h. den ersten Sondierungsindex), i_k den Index beim k-ten Versuch, n die Tabellengröße bedeutet. Demgegenüber lautet eine quadratische Sondierungsfunktion:

$$i_k = i_0 + k^2 \mod n$$

Ähnlich können auch andere (typischerweise polynomiale) Sondierungsfunktionen formuliert werden. Sie helfen mehr oder weniger, die Klumpenbildung zu reduzieren.

Die Operation suchen berechnet aus dem Parameterschlüssel einen Tabellenindex auf demselben Wege. Von diesem Index an wird der Schlüssel (bis zum nächsten freien Platz) mit Hilfe derselben Sondierungsfunktion gesucht. Wenn er gefunden wurde, wird das mit ihm gespeicherte Element zurückgegeben; wenn nicht, wird dies (z. B. durch Ausnahme) an den Benutzer zurückgemeldet. Um dieser Ausnahme vorzubeugen, kann die Operation vorhanden zuvor aufgerufen werden. Damit der Index hierbei nicht wiederholt errechnet werden muss (vielleicht ist die Hash- oder die Sondierungsfunktion aufwändig), kann er in einer privaten Variable gemerkt werden.

Wenn die Hash-Tabelle nicht allzu voll ist, wird der gesuchte Eintrag sehr schnell (in 1–3 Schritten) gefunden. Je voller sie ist, desto länger muss gesucht werden; wenn die Tabelle fast voll ist, muss sie u. U. ganz durchsucht werden. Um dem Benutzer die Information zur Verfügung zu stellen, wie effektiv seine Hash-Tabelle ist, kann die Gesamtzahl der Verschiebungen durch eine Methode.

```
public int kollisionen();
```

zur Verfügung gestellt werden. Zu Anfang ist dieser Wert 0; jede Eintragung, die wegen Kollision einen freien Platz suchen muss, erhöht den Wert um die Anzahl der notwendigen Schritte.

Hier folgt eine einfache Implementierung der Hash-Tabelle. Sie verwendet die lineare Kollisionsstrategie und erlaubt keine Doppeleinträge, d. h. der Eintrag mit einem schon vorhandenem Index wird einfach überschrieben:

```
class HashTabelle<Element, Schlüssel> {
 private static class Eintrag<E, S> { // Tabelleneintrag
  E element; S schlüssel; boolean belegt;
 }
 private Eintrag<Element, Schlüssel>[] tabelle; // die eigentliche Hashtabelle
 private int anzahl; // der eingetragenen Elemente, anfänglich 0
 public HashTabelle(int größe) {
  tabelle = (Eintrag<Element, Schlüssel>[]) new Eintrag[größe]; // [19]
  for (int i = 0; i < tabelle.length; i++) {
   tabelle[i] = new Eintrag<>(); tabelle[i].belegt = false;
  }
  anzahl = 0;
 }
 private int index; // wird von vorhanden() beschrieben (Seiteneffekt!)
 public boolean vorhanden(Schlüssel schlüssel) {
  index = schlüssel.hashCode() % tabelle.length; // Seiteneffekt!
  // hashCode kann in der aktuellen Schlüssel-Klasse überschrieben werden
  while (tabelle[index].belegt && schlüssel != tabelle[index].schlüssel)
   index = (index + 1) % tabelle.length; // lineare Sondierungsfunktion
  // Platz gefunden:
  if (schlüssel == tabelle[index].schlüssel)
   // index zeigt auf den Platz, wo der letzte Schlüssel steht
   return true;
  else // ! inhalt[index].belegt, index zeigt auf einen freien Platz
   return false;
 }
 /** ein Element mit vorhandenem Schlüssel wird überschrieben */
 public void eintragen(Schlüssel schlüssel, Element element) throws Voll {
  if (anzahl == tabelle.length)
   throw new Voll();
  else if (! vorhanden(schlüssel)) {
   // Seiteneffekt: vorhanden() hat index auf einen freien Platz positioniert
   // neu eintragen, da ! vorhanden():
   tabelle[index].schlüssel = schlüssel;
   tabelle[index].belegt = true;
   anzahl++;
  }
```

---

[19] Weil Java keine Erzeugung von Reihungsobjekten mit dem generischen Typ erlaubt, muss Eintrag[] als *roher Typ* (ohne Typparameter) ausgeprägt werden.

```
   tabelle[index].element = element; // wenn vorhanden(), dann überschreiben
  }
 public Element suchen(Schlüssel schlüssel) throws NichtVorhanden {
  if (! vorhanden(schlüssel)) // Seiteneffekt: vorhanden() hat index positioniert
   throw new NichtVorhanden();
  else // vorhanden hat index auf den Platz von schlüssel positioniert
   return tabelle[index].element;
  }
 }
```

Viele Hash-Tabellen arbeiten die Kollisionen nicht mit Verschiebungen, sondern bilden die *Klumpen* (Elemente mit gleichem Hash-Wert) auf verkettete Listen ab (siehe Abb. 4.3).

Der wesentliche Nachteil dieses Verfahrens ist, dass für jeden Eintrag in der Tabelle ein zusätzlicher Speicherplatz für die Referenz auf die verkettete Liste reserviert werden muss. Die meisten von diesen (zumindest bei einer nicht zu vollen Tabelle) bleiben leer. Darüber hinaus ist es nachteilig, dass die verklumpten Elemente in der verketteten Liste linear gesucht werden müssen. Trotzdem wird diese Kollisionsbehandlung in der Praxis oft verwendet.

Aufgabe 4.11

Erweitern Sie die obige Implementierung HashTabelle mit den erwähnten Verbesserungen: Methoden kollisionen und nächstesSuchen (für Mehrfacheintragungen mit demselben Schlüssel) und einer quadratischen Sondierungsfunktion.

4.5.3 Hash-Funktionen

▶   Im vorigen Kapitel haben wir offen gelassen, ob die für Schlüssel eingesetzte Klasse die von Object geerbte Funktion hashCode() enthält oder diese überschreibt. Jetzt beschäftigen wir uns mit der Frage, wie solche Hash-Funktionen schlechter oder besser programmiert werden können.

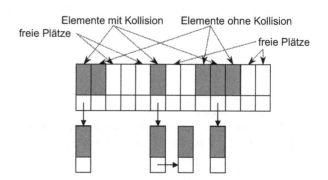

Abb. 4.3 Kollisionsbehand-lung mit verketteter Liste

Hash-Tabellen und dazugehörige Hash-Funktionen gibt es in zahlreichen Varianten. Hier soll nur ihr Grundprinzip anhand einer besonders einfachen Variante dargestellt werden.

Wir betrachten jetzt eine Hash-Tabelle als eine Reihung von Listen. Etwas konkreter: Jede Komponente der Reihung ist der Beginn einer Liste und hat entweder den Wert `null` (dann ist diese Liste noch leer) oder enthält eine Referenz auf das erste Objekt einer Liste.

Die Reihung, aus der eine Hash-Tabelle besteht, hat eine im Konstruktor festgelegte, unveränderbare Länge. Die einzelnen Listen in der Reihung haben anfänglich alle die Länge 0, können aber jederzeit verlängert werden, indem man ein weitere Objekte einfügt. Normalerweise sind die einzelnen Listen *unsortiert* (es gibt aber auch eine Variante von Hash-Tabellen, bei der die Listen *sortiert* gehalten werden).

In der Hash-Tabelle speichert man Objekte ab, die im einfachsten Fall nur aus einem *Schlüssel* (und in realistischeren Fällen aus einem Schlüssel und irgendwelchen dazugehörigen *Daten*) bestehen. Als konkretes Beispiel wollen wir folgenden Fall betrachten: Die vierzehn Schlüssel (vom Typ `String`)

```
"Ali", "Babsy", "Alfred", "Arno", "Alice", "Benno", "Kurt", "Alex",
"Angy", "Bine", "Max", "Franz", "Susi", "Alf"
```

sollen (ohne weitere dazugehörige Daten) in eine Hash-Tabelle der Länge 10 eingefügt werden. Nach dem Einfügen der Schlüssel soll es dann möglich sein, von einem beliebigen Schlüssel (`String`) zu prüfen, ob er in der Hash-Tabelle vorkommt oder nicht.

Das *Einfügen* eines neuen Objektes in die Hash-Tabelle erfolgt in zwei Schritten:

Schritt 1 Aus dem Schlüssel des neuen Objekts wird mit der *Hash-Funktion* ein *Index* (in unserem Beispiel: eine Zahl zwischen 0 und 9) berechnet.

Schritt 2 Dann wird das neue Objekt in die (dem Index) entsprechende Liste *eingefügt*.

Das *Suchen* eines Schlüssels in der Hash-Tabelle erfolgt ebenfalls in zwei Schritten:

Schritt 1 Aus dem Schlüssel, nach dem gesucht werden soll, wird mit der Hash-Funktion ein Index (im Beispiel: eine Zahl zwischen 0 und 9) berechnet.

Schritt 2 Dann wird der Schlüssel in der (dem Index) entsprechenden Liste gesucht.

Hier wird also vorausgesetzt, dass der Leser weiß, wie man ein Objekt in eine Liste einfügt bzw. wie man einen Schlüssel in einer Liste sucht (siehe Abschn. 4.4).

Das Geheimnis der Hash-Tabelle steckt also im Wesentlichen in der verwendeten *Hash-Funktion*. Es gibt sehr viele verschiedene Hash-Funktionen. Was sie leisten und was sie gut oder schlecht macht, soll anhand einiger konkreter Beispiele erläutert werden.

Jede Hash-Funktion hat den *Schlüssel* als Parameter (in unserem Beispiel ist das ein Parameter vom Typ `String`) und liefert als Ergebnis einen *Index* der Hash-Tabelle (im Beispiel ein `int`-Wert zwischen 0 und 9). Beginnen wir mit einer der schlechtesten Hash-Funktionen die es gibt:

```
static int hash01(String s) {
  return 3; // oder eine andere Zahl zwischen 0 und 9
}
```

Wenn man diese Hash-Funktion verwendet, werden alle Objekte in die Liste 3 der Hash-Tabelle eingefügt und die anderen Listen (0 bis 2 und 4 bis 9) bleiben leer (siehe Tab. 4.5).

Die Anzahl der *Suchschritte* mit hash01 ist insgesamt 105. Dies bedeutet: Wenn man jeden Schlüssel, der in der Hash-Tabelle vorkommt, *einmal* sucht, braucht man dazu insgesamt (und „im wesentlichen") 105 „Listen-Suchschritte". Den Schlüssel "Ali" findet man nach einem Schritt, für "Babsy" braucht man zwei Schritte, für "Alfred" drei Schritte, … und für "Alf" 14 Schritte, macht insgesamt 105 Schritte. Diese Zahl ist ein Maß für die Güte (bzw. für die „Schlechtigkeit") der verwendeten Hash-Funktion.

Wenn man die Funktion hash01 als Hash-Funktion verwendet, dauert das Einfügen eines Objekts und das Suchen eines Schlüssels etwa so lange wie bei einer *Liste* (hinzu kommt sogar noch je ein Aufruf der Hash-Funktion, der allerdings häufig vernachlässigt werden kann).

Die folgende Funktion hash02 ist schon etwas besser als hash01:

```
static int hash02(String s) {
  if(s.charAt(0) % 2 == 0)
    return 3;
  else
    return 4;
}
```

Je nachdem ob das erste Zeichen des Schlüssels (s.charAt(0)) durch eine gerade oder durch eine ungerade Zahl kodiert wird, liefert diese Hash-Funktion den Index 3 oder den Index 4. Alle Objekte werden also in die Liste 3 oder in die Liste 4 eingefügt, die Listen 0 bis 2 und 5 bis 9 bleiben garantiert leer (siehe Tab. 4.6).

Die Anzahl der Suchschritte mit hash02 ist insgesamt 65. Hieran kann man erkennen, dass die Funktion hash02 besser als hash01 ist.

Tab. 4.5 Konstante Hash-Funktion

Index	Elemente in den Listen
3	Ali Babsy Alfred Arno Alice Benno Kurt Alex Angy Bine Max Franz Susi Alf

Tab. 4.6 Zweiwertige Hash-Funktion

Index	Elemente in den Listen
3	Babsy Benno Bine Franz
4	Ali Alfred Arno Alice Kurt Alex Angy Max Susi Alf

	Index	Elemente in den Listen
Tab. 4.7 Alphabetische Hash-Funktion	0	Franz
	3	Susi
	5	Ali Alfred Arno Alice Kurt Alex Angy Alf
	6	Babsy Benno Bine
	7	Max

Hier ist eine noch bessere Hash-Funktion:

```
static int hash03(String s) {
 return s.charAt(0) % tabelle.length;
}
```

Hier wird der Index aus dem ersten Zeichen des Schlüssels berechnet. Die Operation `%` stellt sicher, dass wir immer einen gültigen Index der Hash-Tabelle bekommen (siehe Tab. 4.7).

Die Anzahl der Suchschritte mit `hash03` ist insgesamt 45. Man sieht: Die Funktion `hash03` bewirkt, dass alle Schlüssel mit gleichem Anfangsbuchstaben in dieselbe Liste kommen. Allerdings können in einer Liste auch Schlüssel mit verschiedenen Anfangsbuchstaben stehen (weil z. B. `'A'` `%` `10` gleich `'K'` `%` `10` gleich `5` ist).

Aufgabe 4.12

Die Funktion `hash03` bewirkt, dass alle mit `'A'` und alle mit `'K'` beginnenden Schlüssel in die Liste `5` kommen. Nennen Sie einen weiteren Anfangsbuchstaben, der von `hash03` der Liste `5` zugeordnet wird.

Für ein genaueres Verständnis von Hash-Funktionen besonders wichtig ist die folgende Tatsache: Ob die Funktion `hash03` besonders gut oder schlecht oder mittelmäßig ist, kann man nicht allein anhand der Funktion selbst entscheiden. Vielmehr muss man auch die Schlüssel berücksichtigen, auf die man sie anwendet. Für die vierzehn Beispiel-Schlüssel ist `hash03` nicht besonders gut, denn sie lässt `5` der `10` Listen unserer Hash-Tabelle leer und bewirkt, dass acht der vierzehn Schlüssel in dieselbe Liste (Liste `5`) eingefügt werden. Am besten ist es, wenn eine Hash-Funktion alle Schlüssel *möglichst gleichmäßig* auf alle Listen verteilt.

Aufgabe 4.13

Geben Sie vierzehn Schlüssel (möglichst allgemein bekannte Vornamen) an, die von der Hash-Funktion `hash03` möglichst gleichmäßig auf die zehn Listen der Hash-Tabelle verteilt werden (dabei heißt „möglichst gleichmäßig": pro Liste ein oder zwei Schlüssel).

Die folgende Funktion `hash04` ist für die vierzehn Beispiel-Schlüssel besser als `hash03`:

```
static int hash04(String s) { // Der Index wird aus drei Zeichen von s berechnet
  // (dem ersten und dem letzten Zeichen und einem Zeichen aus der Mitte):
  int vorn = s.charAt(0) % 3;
  int mitte = s.charAt(s.length()/2) % 5;
  int hinten = s.charAt(s.length()-1) % 7;
  return (vorn + mitte + hinten) % tabelle.length;
}
```

Tab. 4.8 zeigt die mit Hilfe der Funktion `hash04` gefüllte Hash-Tabelle.

Suchschritte insgesamt mit `hash04`: 24. Man sieht: Hier sind nur noch zwei der zehn Listen leer und die längsten Listen enthalten drei Schlüssel. Die folgende Hash-Funktion ist für die vierzehn Beispiel-Schlüssel noch etwas besser:

```
static int hash05(String s) {
  // Der Index wird aus allen Zeichen von s nach einer mittelkomplizierten Formel berechnet:
  int i = 0;
  for (int j = 0; j < s.length(); j++)
   i += s.charAt(j) % 32 + j;
  return i % tabelle.length;
}
```

Die Funktion `hash05` verteilt die vierzehn Beispiel-Schlüssel wie in Tab. 4.9 gezeigt auf die zehn Listen unserer Hash-Tabelle.

Suchschritte insgesamt mit `hashFunk05`: 19. Das ist schon nahe am Optimum: Nur noch eine Liste ist leer geblieben und keine Liste enthält mehr als zwei Schlüssel.

Tab. 4.8 Hash-Funktion aus drei Zeichen

Index	Elemente in den Listen
2	Susi
3	Bine
4	Alex
5	Ali Babsy Alice Max
6	Benno Franz
7	Angy
8	Alfred Arno Kurt
9	Alf

Tab. 4.9 Hash-Funktion nach
Formel

Index	Elemente in den Listen
0	Alice Benno
1	Alfred Max
2	Alf
3	Angy
4	Arno Susi
5	Ali Franz
6	Kurt Bine
8	Alex
9	Babsy

4.5.4 Weitere Aspekte

In Zusammenhang mit Hash-Tabellen können noch folgende Überlegungen getroffen werden:

Indem man eine Hash-Tabelle verlängert (d. h. die Anzahl der Listen erhöht) kann man häufig die Länge der einzelnen Listen günstig beeinflussen (Kompromiss zwischen Zeit und Raum).

Bei einer guten Hash-Tabelle (d. h. bei einer Hash-Tabelle mit einer guten Hash-Funktion) ist die Zeit für das Suchen eines Schlüssels fast eine Konstante und nur sehr schwach abhängig von der Größe der Tabelle (d. h. von der Länge der Hash-Tabelle und von der Anzahl der eingetragenen Objekte).

Hash-Funktionen werden in der Praxis typischerweise von Spezialisten entwickelt, die fundierte Kenntnis in Statistik haben.

Je mehr man über die Schlüssel weiß, die in die Hash-Tabelle eingefügt werden sollen, desto besser kann man die Hash-Funktion konstruieren.

Eine typische Anwendung: Viele Compiler verwenden eine Hash-Tabelle, um die vom Programmierer erfundenen Bezeichner (und das, wofür diese Bezeichner stehen) zu speichern.

4.6 Zeitkomplexitäten beim Suchen

Wenn man Lösungen für das Problem „Suchen eines Objekts anhand eines Schlüssels in einer Sammlung" miteinander vergleichen will, dann genügt es häufig nicht, die Zeitkomplexitäten der Operation suchen zu betrachten. Vielmehr ist es meistens notwendig und sinnvoll, die Operationen einfügen (eines Objekts in die Sammlung) und löschen (eines Objekts aus der Sammlung) zu betrachten. Außerdem sollte man suchen mit „positivem" und „negativem" Ergebnis unterscheiden, je nach dem, ob ein Objekt gefunden wird oder kein Objekt mit dem betreffenden Schlüssel in der Sammlung vorhanden ist.

Die folgende Tabelle gibt eine Übersicht über den Zeitbedarf der Operationen einfügen, löschen, suchen „positiv" und suchen „negativ" in Abhängigkeit davon, wie die Sammlung organisiert ist: als unsortierte Reihung, als unsortierte Liste, als sortierte

Tab. 4.10 Zeitbedarf der Operationen (Anzahl der Schritte) in einer Sammlung der Größe n

		Reihung unsortiert	Liste unsortiert	Reihung sortiert[a]	Liste sortiert	Baum sortiert
einfügen	bester	1	1	$\log n+1$	$1+1$	$\log n+1$
	Durchschnitt	1	1	$\log n+n/2$	$n/2+1$	$\log n+1$
	schlechtester	1	1	$\log n+n$	$n+1$	$\log n+1$
löschen	bester	1	1	1	1	1
	Durchschnitt	$n/2$	1	$n/2$	1	?
	schlechtester	n	1	N	1	$\log n$
suchen positiv	bester	1	1	1	1	1
	Durchschnitt	$n/2$	$n/2$	?	$n/2$	?
	schlechtester	n	n	$\log n$	n	$\log n$
suchen negativ	bester	n	n	$\log n$	1	$\log n$
	Durchschnitt	n	n	$\log n$	$n/2$	$\log n$
	schlechtester	n	n	$\log n$	n	$\log n$

[a]Der Funktionsname *log* bindet stärker als der Operator + („log-Rechnung geht vor Strichrechnung"). Das heißt z. B., dass die Formel *log* $n+1$ das Gleiche bedeutet wie $(log\ n)+1$ und nicht das Gleiche wie $log(n+1)$

Reihung, als sortierte Liste bzw. als sortierter ausgeglichener *Baum*. Diese letztere Datenstruktur werden wir im Kap. 6 studieren.

Die Anzahl der nötigen Schritte wurden jeweils in einem besten Fall, im Durchschnitt und in einem schlechtesten Fall ermittelt (siehe Tab. 4.10).

Jeder Eintrag in der Tabelle besteht aus einer Formel für die Schrittzahl. Wenn eine Formel für die Schrittzahl nicht leicht abzuleiten bzw. zu begründen ist, wurden stattdessen Fragezeichen ? eingetragen.

Wenn als Schrittzahl für die Operation einfügen eine Summe angegeben ist (z. B. 1+1), dann bezieht sich der erste Summand auf das Suchen, und der zweite auf das eigentliche Einfügen (nachdem man „die richtige Stelle" gefunden hat).

Die Angaben zur Operation löschen gelten unter der Voraussetzung, dass man schon weiß, welches Objekt in der Sammlung man löschen will (d. h. man hat den entsprechenden Index oder die Referenz schon ermittelt, z. B. mit Hilfe der Operation suchen). Im Gegensatz dazu schließen die Angaben zur Operation einfügen den Aufwand für das Suchen „der richtigen Stelle" mit ein.

Begründung Bei jeder Organisationsform muss man vor dem Löschen eines Objekts ermitteln, „wo es steht". Wer will, kann also bei jeder Organisationsform zum Aufwand für einen Löschvorgang noch den Aufwand für einen (positiven) Suchvorgang addieren. Beim Einfügen hängt es dagegen von der Organisationsform ab, ob man erstmals „die richtige Stelle zum Einfügen" suchen muss oder nicht. Es würde also ein falsches Bild ergeben, wenn man beim einfügen den Aufwand für das vorherige suchen weglassen würde, da dieser Aufwand bei einigen Organisationsformen eine unwichtige Konstante ist (ein Schritt), bei anderen dagegen ins Gewicht fällt.

Tab. 4.11 Zeitkomplexität von Operationen

	Reihung unsortiert	Liste unsortiert	Reihung sortiert	Liste sortiert	Baum sortiert
einfügen	$O(1)$	$O(1)$	$O(n)$	$O(n)$	$O(\log n)$
löschen	$O(1)$	$O(1)$	$O(n)$	$O(1)$	$O(\log n)$
suchen	$O(n)$	$O(n)$	$O(\log n)$	$O(n)$	$O(\log n)$

Die Angaben für die Organisationsform „sortierter Baum" gelten nur, wenn der Baum ausgeglichen ist (s. Abschn. 6.4), d. h. wenn alle Wege von der Wurzel zu einem Blatt einigermaßen gleich lang sind. Ein Baum kann im schlimmsten Fall zu einer (sortierten) Liste entarten. In diesem Fall gelten die (schlechteren) Zeitkomplexitäten für die Organisationsform sortierte Liste.

Tab. 4.11 enthält die Zeitkomplexitäten für die Operationen einfügen, löschen, suchen.

Sortierverfahren

5

Zusammenfassung

„Einen Satz von gleichartigen Daten (Telefonverzeichnis, Bücherliste, Messergebnisse) in eine bestimmte Reihenfolge zu bringen (ordnen) ist eine klassische Aufgabe der Informatik. An den unterschiedlich komplexen Sortieralgorithmen kann man einerseits das „Programmieren im Kleinen" (mit Verzweigungen und Schleifen) sehr gut üben; andererseits ist hier durch das Wachstum der zu sortierenden Datenmengen die Frage nach der Komplexität eines Algorithmus schon in der Zeit gestellt worden, in der Informatik primär durch Mathematiker getrieben wurde – daher existieren gute theoretisch fundierte Analysen dafür. Auch wenn heute Sortieralgorithmen nicht mehr programmiert werden müssen, weil es viele und gute vorgefertigte gibt, ist der gut ausgebildete Informatiker gehalten, sie zu kennen, um für eine gegebene Aufgabe den optimalen Algorithmus auswählen zu können."

5.1   Die Problemstellung

Gegeben sei eine *Reihung* namens `sammlung`. Jede Komponente `sammlung[i]` dieser Reihung ist eine Referenz auf ein *Objekt*. Die Klasse dieser Objekte hat eine öffentliche numerische[1] Komponente `schlüssel` und möglicherweise noch weitere Datenkomponenten. Der Schlüssel der `i`-ten Reihungskomponente also ist `sammlung[i].schlüssel`. Für die Schlüsselkomponente stehen dann die Vergleichsoperatoren `<`, `<=`, `==`, `>=` und `>` zur Verfügung. Ein Sortieralgorithmus

---

[1] D.h. Basistyp wie **int**, **char** oder **float**, aber kein **boolean**.

© Springer Fachmedien Wiesbaden GmbH 2017
A. Solymosi, U. Grude, *Grundkurs Algorithmen und Datenstrukturen in JAVA*,
DOI 10.1007/978-3-658-17546-7_5

soll die Objekte in der Reihung `sammlung` so umordnen, dass ihre Schlüssel eine aufsteigende Folge bilden:

```
sammlung[i].schlüssel ≤ sammlung[i+1].schlüssel für alle i = 0,1,...,sammlung.length-2
```

Ein Sortieralgorithmus darf keine Elemente aus der Reihung `sammlung` entfernen und keine hinzufügen. Er darf die Elemente nur umordnen.

Eine allgemeinere Lösung liegt vor, wenn die Elementklasse nicht ihre Datenkomponente `schlüssel` veröffentlicht, sondern die (generische) Schnittstelle `java.lang.Comparable` implementiert. Dann muss sie die `int`-Funktion `compareTo` enthalten, die das aktuelle Objekt mit ihrem Parameterobjekt vergleicht und feststellt, ob es kleiner, gleich oder größer ist. Sie liefert dementsprechend das Ergebnis -1, 0 oder +1.

Beispielsweise, wenn wir Telefonbucheinträge sortieren müssen, kann die Klasse folgendermaßen formuliert werden:

```
class Telefonbucheintrag implements Comparable<Telefonbucheintrag> {
 private String name; // Schlüssel
 private String telefonnummer; // Daten
 public int compareTo(Telefonbucheintrag that) { // ²
  return this.name.compareTo(that.name);
 }
 ...
```

Darüber hinaus gelten – wir definieren es so – zwei `Telefonbucheintrag`-Objekte als gleich, wenn ihre Schlüssel gleich sind:

```
Telefonbucheintrag t1 = new Telefonbucheintrag("Solymosi", "74704");
Telefonbucheintrag t2 = new Telefonbucheintrag("Solymosi", "74705");
```

Hier gilt `t1.compareTo(t2) == 0`, also ist – im Sinne des Benutzers – `t1` gleich `t2`.

Mit dieser Verallgemeinerung gilt das Sortierkriterium folgendermaßen:

```
sammlung[i].compareTo(sammlung[i+1]) < 0 für alle i = 0,1,...,sammlung.length-2
```

Alternativ zur Implementierung der Schnittstelle `Comparable` kann man primitive Variablen miteinander vergleichen. In unseren Beispielen werden wir *Buchstaben* sortieren. Darunter verstehen wir Objekte mit Schlüsseln vom Typ `char`. Wir schreiben nur den Schlüssel der Objekte auf und sortieren sie; die anderen Komponenten (die Daten) der Objekte betreffen den Sortieralgorithmus nicht.

---

[2] Der generische Parameter `<Telefonbucheintrag>` stellt sicher, dass `compareTo` zwei Objekte vom gleichen Typ vergleicht.

Wir werden den sortierten Teil einer Reihung auch *Sequenz* nennen. In der Reihung

```
char sammlung[] = {'E', 'F', 'A', 'C', 'H', 'B', 'G', 'D'};
```

bildet beispielsweise der Teil { 'A', 'C', 'H' } zwischen den Indizes 2 und 4 eine Sequenz.

5.1.1 Präzisierung des Problems und Grundbegriffe

Ähnlich wie beim Suchen im Abschn. 4.2 unterscheiden wir zwischen *internen* und *externen* Sortierverfahren.

Ein *internes* Sortierverfahren setzt voraus, dass der Hauptspeicher des Rechners groß genug ist, die zu sortierende Reihung `sammlung` vollständig zu erfassen. Das heißt, wir können die Schlüssel `sammlung[i].schlüssel` und `sammlung[j].schlüssel` von zwei beliebigen Elementen der Reihung (direkt und ohne vorherige „Leseoperationen") miteinander *vergleichen*, und wir können zwei beliebige *Elemente* `sammlung[i]` und `sammlung[j]` (direkt und ohne vorherige „Leseoperationen") miteinander *vertauschen*.

Ein *externes* Sortierverfahren wird dann benötigt, wenn die zu sortierenden Objekte auf einem externen Speicher stehen. Externe Speicher erlauben nur die beiden Operationen `lesen` und `schreiben`, aber keine Operationen wie Vergleichen oder Vertauschen.

Für ein Sortierverfahren ist es wesentlich, ob in der zu sortierenden Reihung `sammlung` jeder Schlüsselwert höchstens einmal vorkommen kann oder ob Schlüsselwerte auch mehrfach vorkommen können. Wenn mehrere verschiedene Elemente der Reihung `sammlung` den gleichen Schlüssel haben können, dann unterscheidet man zwischen *stabilen* und *instabilen* Sortierverfahren. Ein stabiles Sortierverfahren verändert die ursprüngliche Reihenfolge von Elementen mit gleichem Schlüssel *nicht*.

Viele Sortierverfahren wenden auf die Schlüssel nur Vergleichsoperatoren (<, <=, ==, !=, >= und >) an. Man nennt sie *vergleichsbasierte* Verfahren. Im Gegensatz zu den vergleichsbasierten Verfahren gibt es die so genannten *Radix-Verfahren*. Sie setzen z. B. voraus, dass die Schlüssel ganze Zahlen sind und wenden Operatoren wie Addition (+), Division (/), Restbestimmung (%, modulo) usw. darauf an. Oder sie setzen voraus, dass die Schlüssel Zeichenketten sind, und sortieren z. B. zuerst nach dem letzten Zeichen der Schlüssel, dann nach dem vorletzten Zeichen usw. Radix-Verfahren wenden also auf die Schlüssel nicht nur Vergleichsoperationen an, sondern noch weitere und speziellere Operationen. In diesem Lehrbuch beschäftigen wir uns nicht mit Radix-Verfahren.

Einige Sortieralgorithmen lesen die zu sortierenden Daten aus einer Reihung, ordnen sie im eigenen Speicherbereich ein und schreiben sie schließlich nach Größe geordnet in die Reihung zurück. Sie brauchen also zusätzlichen Speicherplatz: Ihre *Speicherkomplexität* wächst mit der Menge der zu sortierenden Daten *linear*. Es gibt Sortieralgorithmen mit *konstanter* Speicherkomplexität: Der über die Speicherung der Eingabedaten hinausgehende Speicherbedarf wächst nicht mit der Menge der Daten.

Interne Sortierverfahren kann man also nach ihrer *Speicherkomplexität* in drei Klassen einteilen:

1. Verfahren, die außer dem Speicherplatz für die Reihung `sammlung` nur „sehr wenig Speicher für weitere Daten" benötigen. Die Größe des zusätzlichen Speicherplatzes wächst nicht mit der Länge der Reihung `sammlung`.
2. Verfahren, bei denen die zu sortierenden Objekte mit Hilfe von Referenzen zu einer *linearen Liste* oder zu einem *Baum* verbunden werden. Diese Verfahren benötigen pro Objekt (mindestens) einen zusätzlichen Speicherplatz für eine Referenz.
3. Verfahren, die außer dem Platz für `sammlung` noch einen ebenso großen Speicherplatz benötigen, in dem eine „sortierte Kopie" der Reihung `sammlung` erzeugt wird.

Im ersten Fall sprechen wir über Speicherkomplexität von $O(1)$, in den beiden anderen sprechen wir über Speicherkomplexität von $O(n)$. In diesem Kapitel beschäftigen wir uns mit Sortierverfahren mit Speicherkomplexität von $O(1)$. Im Abschn. 6.2 werden wir Algorithmen kennen lernen, die zwar sehr schnell sind, aber die zu sortierenden Daten in einem extra Speicherbereich (in einem Baum) abspeichern.

5.1.2   Zeitbedarf und Zeitkomplexität

Wie lange es dauert, die Reihung `sammlung` zu sortieren, wird im Allgemeinen sicherlich von der Länge der Reihung `sammlung` (d. h. von `sammlung.length`) abhängen.

Aber anders als beim Problem der maximalen Teilsumme einer Folge (s. Abschn. 2.1) hängt der genaue Zeitbedarf vieler (aber nicht aller) Sortieralgorithmen auch von den Daten ab, die in der Reihung `sammlung` stehen. Wenn `sammlung` schon „fast sortiert" ist, dann brauchen einige Verfahren weniger Zeit, als wenn `sammlung` „umgekehrt" sortiert ist oder „eine zufällige Unordnung" enthält. Manche Verfahren arbeiten aber langsamer mit einer „fast sortierten" Reihung `sammlung` als mit einer zufälligen Ordnung.

Wir müssen bei Sortieralgorithmen den Zeitbedarf also differenzierter abschätzen. Man unterscheidet meistens:

1. Der *Zeitbedarf in einem ungünstigsten Fall*. Welche Fälle am ungünstigsten sind, ist von Algorithmus zu Algorithmus verschieden.
2. Der *durchschnittliche Zeitbedarf* (die *Zeitkomplexität*). Dazu nimmt man eine Reihung, in der alle Elemente verschiedene Schlüssel haben, und wendet den Sortieralgorithmus auf alle Permutationen (s. Abschn. 3.1.5) der Reihung `sammlung` an, addiert die Laufzeiten und teilt das Ergebnis durch die Anzahl der Permutationen.
3. Der *Zeitbedarf in einem besten Fall* ist nicht besonders wichtig. Denn man kann vor jeden Sortieralgorithmus eine Prüfung einbauen, die eine schon sortierte Reihung erkennt und eine weitere (unnötige) Bearbeitung verhindert. Eine solche Prüfung kostet

zwar auch Aufwand, verschlechtert aber den Zeitbedarf im ungünstigsten Fall nur geringfügig und die Zeitkomplexität gar nicht. Jeder Sortieralgorithmus kann so modifiziert werden, dass er im besten Fall eine optimale Zeitkomplexität hat.

Aufgabe 5.1

Skizzieren Sie einen Algorithmus, der von einer Reihung `sammlung` feststellt, ob sie schon sortiert ist oder noch nicht. Welche Zeitkomplexität hat Ihr Algorithmus?

5.1.3 Sortieralgorithmen in Java-Standardbibliotheken

In der Standardklasse `java.util.Arrays` befinden sich eine Reihe von Sortiermethoden, z. B.

```
static void sort(byte[] a); // sortiert den Inhalt einer byte-Reihung
static void sort(byte[] a, int fromIndex, int toIndex); // sortiert eine
Teilreihung
```

und so für alle 8 primitive Typen wie **char**, **double**, **int**, usw. Diese sind geeignet, Reihungen aus den entsprechenden primitiven Typen zu sortieren. In der Praxis kommt es jedoch selten vor, eine Menge von ganzen Zahlen oder Brüchen sortieren zu wollen. Die typische Aufgabe ist eher, dass Kundensätze oder Datenbankeinträge von einem gegebenen Referenztyp nach einem bestimmten Schlüssel (wie Kundennummer oder Geburtsdatum) sortiert werden. Die `Array`-Methode

```
static void sort(Object[] a);
```

ist hierfür geeignet, ist jedoch typ-unsicher: Ihre Dokumentation fordert nur verbal, dass alle Reihungselemente die `Comparable`-Schnittstelle (mit der `compareTo`-Methode) implementieren sollen und sie alle damit gegenseitig vergleichbar sein sollen. Der Compiler prüft diese Forderung nicht, d. h. es ist nicht schwer, die Methode zur Laufzeit mit einer falsch zusammengestellten Reihung (z. B. deren einige Elemente `Comparable` nicht implementieren) zum Absturz (d. h. zu einer Ausnahme `ClassCastException`) zu bringen.

Dieser Fehler kann mit Verwendung von Generizität vermieden werden. Die generische Methode in `java.util.Array` mit der interessanten Signatur

```
static <T> void sort(T[] a, Comparator<? super T> c);
```

(auch mit den zusätzlichen Parametern `fromIndex` und `toIndex`) braucht jedoch einen Parameter vom Typ `java.util.Comparator`, d. h. ein Objekt, dessen Klasse die Schnittstelle `Comparator` implementiert. Deren einzige Methode

```
int compare(T o1, T o2);
```

vergleicht zwei beliebige Objekte vom generischen Typ T, d. h. zwei beliebige Elemente der zu sortierenden Reihung a (des Parameters der Methode sort). Da Comparator selber eine generische Schnittstelle ist, muss sie mit T (demselben aktuellen Typparameter wie sort), oder ggf. – wie „? **super**" das erlaubt – mit einem Obertyp von T ausgeprägt werden:

```
class Kunde { int kdNr; ... } // weitere Daten
class Kundenvergleich implements Comparator<Kunde> {
 public int compare(Kunde o1, Kunde o2) {
   return o1.kdNr < o2.kdNr ? -1 : 1; } // ³
}
...
Kunde[] kartei = ...
sort(kartei, new Kundenvergleich()); // Ausprägung und Aufruf der generischen
Methode
```

Der Vorteil dieser Vorgehensweise ist, dass dieselbe Reihung mit einer zweiten Implementierung von Comparator nach einem anderen Kriterium (z. B. nach Geburtsdatum) sortiert werden kann:

```
sort(kartei, new Geburtsdatumvergleich());
```

Ein weiterer Vorteil ist, dass beim Aufruf der Sortiermethode anstelle der Instanziierung von Comparator ein Lambda-Ausdruck (wie im Abschn. 3.2.5 eingeführt) verwendet werden kann:

```
sort(kartei, (o1, o2) -> { return o1.kdNr < o2.kdNr ? -1 : 1; });
sort(kartei, (o1, o2) -> { return o1.gebDat.compareTo(o2.gebDat); });
```

Das letztere funktioniert, wenn gebDat in der Klasse Kunde vom Typ java.util.Date vereinbart worden ist, da dieser **implements** Comparable<Date>.

Ähnliche Sortiermethoden befinden sich auch in der Klasse java.util.Collections, jedoch nicht für Reihungen, sondern für List-Objekte.

Aufgabe 5.2

Im Abschn. 4.3.3 haben wir das binäre Suchen kennen gelernt. Selbstverständlich gibt es dafür Standard-Implementierungen, die in der Version 8 auch auf den Gebrauch von Lambda-Ausdrücken justiert worden sind. Untersuchen Sie die Dokumentation der Methode Arrays.binarySearch() mit der Signatur

```
<T> int binarySearch(T[] a, T key, Comparator<? super T> c)
```

und schreiben Sie ein Programm, das sie mit einem Lambda-Ausdruck aufruft.

---

[3] Wir gehen davon aus, dass es keine zwei Kunden mir gleicher Kundennummer gibt.

5.1.4 Entwurfsmuster Strategie

In den folgenden Kapiteln werden wir nicht fertige Sortiermethoden aufrufen, sondern verschiedene Sortieralgorithmen selber programmieren. Hierzu verwenden wir eine etwas einfachere aber genauso typsichere Signatur:

```
static <E extends Comparable<E>> void sort(E[] sammlung);
```

Diese generische Methode kann mit einem aktuellen Typparameter (normalerweise eine Klasse wie z. B. `Integer` oder `String`, ggf. eine Schnittstelle) ausgeprägt werden, die (wie `extends` das fordert) `java.lang.Comparable` implementiert (bzw. erweitert), d. h. in der die Methode

```
int compareTo(T o1);
```

vorhanden ist. Im Gegensatz zu `Comparable.compare()` vergleicht sie nicht ihre zwei Parameter miteinander, sondern ihren (einzigen) Parameter mit ihrem Zielobjekt (`this`, das Objekt vor dem Punkt beim Aufruf).

Die geschachtelte Generizität ist dadurch bedingt, dass `Comparable` selber eine generische Schnittstelle ist: Sie muss mit demselben Typ (hier: `E`) ausgeprägt werden wie `sort`, d. h. mit dem Elementtyp der zu sortierenden Reihung. Bei dem Aufruf dieser Sortiermethode muss also `Comparator` nicht extra (wie oben) implementiert werden; dafür muss die Klasse der zu sortierenden Objekte `Comparable` implementieren:

```
class Kunde implements Comparable<Kunde> { int kdNr; ... // weitere Daten
  public int compareTo(Kunde k) { return this.kdNr < k.kdNr ? -1 : 1; }
}
...
Kunde[] kartei = ...
sort(kartei); // Ausprägung und Aufruf der generischen Methode
```

Logisch: Wenn Kunden sortiert werden, dann müssen zwei Kunden miteinander auf ihre Reihenfolge verglichen werden können. Mit `Comparable` wird der Vergleich innerhalb der Klasse `Kunde` programmiert, bei `Comparator` getrennt.

Wenn verschiedene Algorithmen für die Lösung desselben Problems entwickelt werden, ist es zweckmäßig, das Entwurfsmuster[4] *Strategie* zu verwenden. In diesem Fall besteht es daraus, dass die Signatur der Sortiermethoden in einer Schnittstelle vorgegeben ist:

```
interface Sort<E extends Comparable<E>> { // Entwurfsmuster Strategie
  void sort(E[] sammlung);
}
```

---

[4] Design pattern, s. z. B. [Gam].

Die einzelnen Algorithmen platzieren wir in Klassen, die diese Schnittstelle implementieren. Ein Vorteil davon ist z. B., dass nur eine Testmethode entwickelt werden muss:

```
static <E extends Comparable<E>> void sorttest(E[] sammlung, Sort<E>
algorithmus) {
   ... // Testdaten werden vorbereitet
   algorithmus.sort(sammlung); // Sortiermethode wird aufgerufen
   ... // Ergebnis wird geprüft (z. B. ausgegeben)
}
```

Diese Methode kann dann für die verschiedenen Sortieralgorithmen (und wegen der Generizität auch für verschiedene Datentypen) aufgerufen werden:

```
sorttest(testdaten, new BubbleSort<>());
sorttest(kartei, new HeapSort<>());
```

5.2   Quadratische Sortierverfahren

▶   Die einfachsten Sortieralgorithmen haben eine quadratische Zeitkomplexität
         $O(n^2)$.

5.2.1   Sortieren durch Vertauschen benachbarter Elemente

Vielleicht das bekannteste (weil einfachste) Sortierverfahren ist der *bubble sort*[5]. Der Name stammt aus der Vorstellung, dass in einer vertikal stehenden Reihung die kleineren Elemente wie Blasen aufwärts[6] steigen. Das Verfahren kann verbal folgendermaßen formuliert werden:

* Wiederhole Folgendes `sammlung.length-1` mal:
* Lass den Index `i` die Werte `0` bis `sammlung.length-2` annehmen und mache für jedes `i` Folgendes:
* Wenn die benachbarten Komponenten `sammlung[i]` und `sammlung[i + 1]` nicht in der richtigen Reihenfolge liegen, dann vertausche sie.

Die folgende Java-Prozedur `bubbleSort` implementiert dieses Verfahren. Den Typ der zu sortierenden Objekte in der Reihung `sammlung` lassen wir dabei offen als formalen generischen Parameter. Weil wir aber für diese Objekte die Methode `compareTo` aufrufen

---

[5] Auf Deutsch: *Blasensort.*
[6] Bei aufsteigenden Sortierung.

müssen, soll ihre Klasse die (generische) Schnittstelle Comparable implementieren. compareTo vergleicht dann das Zielobjekt mit dem Parameterobjekt (vielleicht ihre Schlüsselkomponenten, vielleicht auf andere Weise).

```
class BubbleSort<E extends Comparable<E>> implements Sort<E> {
 public void sort(E[] sammlung) {
  for (int i = 0; i < sammlung.length; i++)
   for (int j = 0; j < sammlung.length-1; j++)
    if (sammlung[j+1].compareTo(sammlung[j]) < 0) { // vergleichen⁷
     final E temp = sammlung[j+1]; // austauschen
     sammlung[j+1] = sammlung[j];
     sammlung[j] = temp;
    }
 }
}
```

Die Idee des *bubble sort* ist es also, dass zwei benachbarte Elemente (vom Parameter E) vertauscht werden, wenn das größere vorne liegt. Durch die geschachtelte Schleife[8] ist es einleuchtend, dass in einer Reihung der Länge *n* die Anzahl der Vergleiche n^2 beträgt. Optimierungen dieses Verfahrens und andere, ähnliche Verfahren ergeben zwar eine leichte Verbesserung des *Zeitbedarfs*, die *Zeitkomplexität* dieser Algorithmen bleibt aber $O(n^2)$.

Die Sortierung der Folge (E F A C H B G D) erfolgt in den folgenden Schritten; die benachbarten auszutauschenden Elemente wurden dabei mit einem Doppelpfeil markiert (siehe Abb. 5.1).

Bubble sort kann etwas verbessert werden, indem die Reihung durch die geschachtelte Schleife nicht immer unbedingt n^2 mal durchlaufen wird, sondern die äußere Schleife abgebrochen wird, wenn in der inneren Schleife kein Austausch mehr stattgefunden hat.

Eine weitere Verbesserung des Verfahrens ist *shaker sort*. Hier wird die Durchlaufrichtung abwechselnd geändert: Nachdem eine „leichte Blase" aufwärts gestiegen ist, steigt eine „schwere Blase" nach unten:

```
public void sort(E[] sammlung) { // ⁹
 boolean austausch;
 int links = 1; // anfangen beim zweiten Element
 int rechts = sammlung.length-1;
 int fertig = rechts;
```

---

[7] Der geschachtelte generische Parameter <E extends Comparable<E>> stellt sicher, dass compareTo zwei Objekte vom selben (aktuellen generischen) Typ vergleicht.

[8] Mit den Laufvariablen i und j.

[9] Wir gehen hier und im Weiteren davon aus, dass sich die Methode sort (wie oben) in einer generischen Klasse nach dem Entwurfsmuster *Strategie* befindet.

```
do {
 austausch = false;
 for (int ab = rechts; ab >= links; ab--) // abwärts
  if (sammlung[ab].compareTo(sammlung[ab-1]) < 0) {
   austausch = true; fertig = ab;
   final E temp = sammlung[ab-1];
   sammlung[ab-1]=sammlung[ab]; sammlung[ab]=temp;
  }
 links = fertig + 1;
 for (int auf = links; auf <= rechts; auf++) // aufwärts
  if (sammlung[auf].compareTo(sammlung[auf-1]) < 0) {
   austausch = true; fertig = auf;
   final E temp = sammlung[auf-1];
   sammlung[auf-1] = sammlung[auf]; sammlung[auf] = temp;
  }
 rechts = fertig - 1;
} while (austausch);
}
```

Abb. 5.1 Bubble Sort

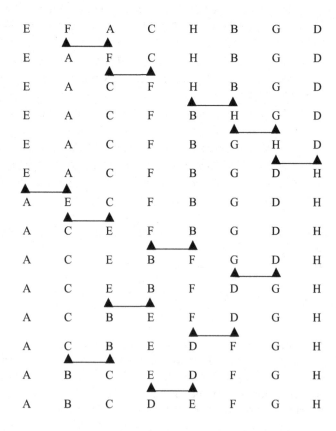

Der *shaker sort* arbeitet also wie *bubble sort* (hier mit vorzeitigem Abbruch, wenn kein Austausch mehr stattgefunden hat), jedoch mit abwechselnder Richtung des Austausches.

Aufgabe 5.3

Welche sind „die wichtigsten Operationen" bei jedem dieser Verfahren? Welchen Einfluss haben die Verbesserungen auf die Zeitkomplexität?

Aufgabe 5.4

In der Aufgabe 5.2 haben wir gesehen, dass viele Standardmethoden mit Lambda-Ausdrücken aufgerufen werden können. Dies gilt auch für die Sortiermethoden mit der Signatur

```
static <T> void sort (T[] a, Comparator<? super T> c);
```

Gestalten Sie nun Bubble Sort und/oder Shaker Sort für diese Signatur um und rufen sie mit einem Lambda-Ausdruck auf.

5.2.2   Sortieren durch Einfügen

Der Sortieralgorithmus *straight insertion*[10] hat dieselbe Komplexität wie *bubble sort*, wenn auch in manchen Situationen sein Zeitbedarf etwas niedriger als der von *bubble sort* liegt. Er kann verbal folgendermaßen formuliert werden:

* Lass den `index` die Werte `0` bis `sammlung.length-1` durchlaufen und mache für jeden Wert von `index` Folgendes:
  1. Fertige eine Kopie `elementZumEinfügen` vom Objekt `sammlung[index]` an.
  2. Verschiebe alle Objekte, die links von `sammlung[index]` liegen und einen größeren Schlüssel haben als `elementZumEinfügen` (die Kopie von `sammlung[index]`) um eine Position nach rechts.
  3. Kopiere `elementZumEinfügen` an die durch den Schritt 2. freigewordene Stelle in der Reihung `sammlung`.

Die folgende Java-Prozedur implementiert dieses Verfahren:

```
public void sort(E[] sammlung) {
  for (int index = 1; index < sammlung.length; index++) { // anfangen beim
2. Element
    final E elementZumEinfügen = sammlung[index];
    int einfügestelle = index;
    while (einfügestelle > 0 &&
      elementZumEinfügen.compareTo(sammlung[einfügestelle-1]) < 0) {
      sammlung[einfügestelle] = sammlung[einfügestelle-1];
```

---

[10] Auf Deutsch: *direktes Einfügen*.

Abb. 5.2 Straight Insertion

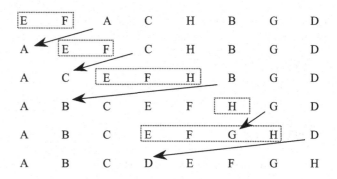

```
    // nach oben schieben
   einfügestelle --;
 }; // Einfügestelle gefunden: entweder weil einfügestelle = 0, oder
 // weil !elementZumEinfügen.compareTo(sammlung[einfügestelle - 1]) < 0
 sammlung[einfügestelle] = elementZumEinfügen;
 }
}
```

Die Idee des direkten Einfügens ist also: Das `index`-te Element (von der zweiten Stelle
an bis nach `sammlung.length-1`) wird in die schon sortierte Sequenz 1 bis `index-1`
eingefügt. Die Einfügestelle wird in der Sequenz 1 bis `index-1` gesucht, und dabei wird
jedes Element nach hinten geschoben.

Bei der Sortierung der Folge (E F A C H B G D) wurde das einzufügende Element mit
Pfeil markiert; die eingerahmte Teilfolge zwischen dem einzufügenden Element und der
Einfügestelle wird dabei nach rechts verschoben (siehe Abb. 5.2).

Aufgabe 5.5

Verbessern Sie die Prozedur *straight insertion* um das *binäre Suchen* (s. Abschn. 4.3.3),
in dem die Suche nach der Einfügestelle in der Sequenz nicht sequenziell erfolgt, sondern nach der Strategie *teile und herrsche*.

5.2.3 Sortieren durch Auswählen

Das folgende Verfahren zum Sortieren einer Reihung wird *straight selection*[11] genannt:

- Finde die Komponente mit dem *kleinsten* Schlüssel und vertausche sie mit der *ersten*
  Komponente der Reihung `sammlung`.
- Finde anschließend die Komponente mit dem *zweitkleinsten* Schlüssel und vertausche
  sie mit der *zweiten* Komponente von `sammlung`.

---

[11] Auf Deutsch: *direktes Auswählen*.

- Finde anschließend die Komponente mit dem *drittkleinsten* Schlüssel und vertausche sie mit der *dritten* Komponente von `sammlung`.
- ...
- Finde anschließend die Komponente mit dem *i-kleinsten* Schlüssel und vertausche sie mit der *i-ten* Komponente von `sammlung`.
- ...
- Finde schließlich die Komponente mit dem *zweitgrößten* Schlüssel und vertausche sie mit der *vorletzten* Komponente von `sammlung`.

Im Algorithmus *straight selection* wird also in jedem Schritt das kleinste Element gefunden und mit dem ersten unsortierten Element ausgetauscht. In der schrittweisen Darstellung der Veränderungen unserer Folge haben wir mit dem linken Pfeil das linkste unsortierte Element, mit dem rechten das ausgewählte (kleinste) Element markiert (siehe Abb. 5.3).

Das Verfahren kann in Java folgendermaßen formuliert werden:

```java
public void sort(E[] sammlung) {
  for (int index = 0; index < sammlung.length-1; index++) {
    // bis zum vorletzten Element
    int austauschstelle = index;
    E elementZumAustauschen = sammlung[index];
    for (int kleinstes = index + 1; kleinstes < sammlung.length;
      kleinstes++) {
      if (sammlung[kleinstes].compareTo(elementZumAustauschen) < 0) {
        austauschstelle = kleinstes; // index merken
        elementZumAustauschen = sammlung[kleinstes];
      }; // Austauschstelle gefunden
    }
    if (austauschstelle != index) { // Austausch nötig
      sammlung[austauschstelle] = sammlung[index];
      sammlung[index] = elementZumAustauschen;
    }
  }
}
```

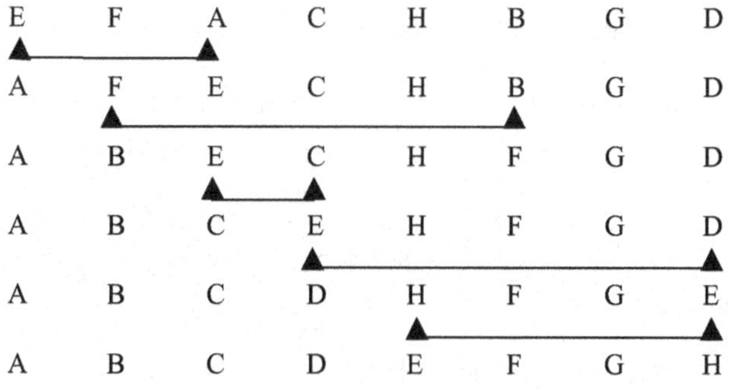

Abb. 5.3 Straight Selection

E	F	A	C	H	B	G	D
A	F	E	C	H	B	G	D
A	B	E	C	H	F	G	D
A	B	C	E	H	F	G	D
A	B	C	D	H	F	G	E
A	B	C	D	E	F	G	H

Die Idee des direkten Auswählens ist also, das kleinste Element mit dem untersten unsortierten Element auszutauschen.

5.3   Unterquadratische Verfahren

▶   Die *unterquadratischen Sortierverfahren* ermöglichen eine bessere Zeitkomplexität als $O(n^2)$.

Einer der am häufigsten verwendeten Algorithmen ist der *Shell sort*[12]. Er ist eine Verbesserung des Algorithmus *straight insertion*. Dort wandern nämlich die Elemente in Einzelschritten auf ihren Platz: Nach dem Finden des kleinsten Elements werden die dazwischenliegenden einzeln hochgeschoben und nur das kleinste „springt". Die meisten (d. h. n) Elemente werden von ihrem ursprünglichen Platz in durchschnittlich $n/3$ Schritten zu ihrem endgültigen Platz geschoben.

Beim Shell-Sort führen wir abnehmende *Schrittweiten* $k_1, k_2, \ldots k_t$ ein, wobei die letzte Schrittweite immer $k_t = 1$ ist. Wir führen nacheinander t Schritte durch; im m-ten Schritt springen die Elemente in Richtung ihres zukünftigen Platzes um jeweils k_m Stellen. Im ersten Schritt werden diejenigen Elemente untereinander sortiert, die k_1 Stellen voneinander entfernt sind; dann diejenigen, die eine Entfernung k_2 voneinander haben usw. Das Effekt dieser Vorgehensweise ist es, dass die Elemente im ersten Durchgang nicht um einen, sondern um k_1 Stellen zu ihrem Platz „springen".

Die letzte Schrittweite k_t ist 1, d. h. zum Schluss wird ein ganz normaler Sortiervorgang *straight insertion* durchgeführt. Dies garantiert, dass am Ende die Reihung sortiert ist. Der Algorithmus braucht jedoch kaum noch etwas zu tun, da die vorherigen Schritte die Reihung schon fast vollständig sortiert haben.

Die folgende Methode braucht als Parameter die Schrittweiten, daher passt sie nicht in die Signatur des Entwurfsmusters. Deswegen implementieren wir sie unabhängig davon als generische Methode:

```
public static <E extends Comparable<E>> void sort(E[] sammlung,
  final int[] schrittweiten) { // requires schrittweiten[.length-1] == 1
  for (int schrittweite : schrittweiten) {
   // straight insertion mit schrittweite
   for (int index = schrittweite; index < sammlung.length; index++){
    E elementZumEinfügen = sammlung[index];
    int einfügestelle = index;
    while (einfügestelle - schrittweite >= 0 &&
     elementZumEinfügen.compareTo(sammlung[einfügestelle-schrittweite])
     < 0) {
     sammlung[einfügestelle] = sammlung[einfügestelle - schrittweite];
     einfügestelle -= schrittweite; // Sprung um schrittweite
    }
```

---

[12] Benannt nach *D. L. Shell*, s. [Sh].

```
    sammlung[einfügestelle] = elementZumEinfügen;
  }
 }
}
```

Die Veränderungen der Testfolge (mit Schrittweiten 7, 3, 1) sind in Abb. 5.4 zu sehen.

Der Vorteil des Verfahrens ist bei kurzen Folgen wie der obigen nur oberflächlich wahrnehmbar: Durch die größeren Schrittweiten am Anfang machen die Elemente größere Sprünge zu ihrem endgültigen Platz hin. Somit wird die Folge bis zum letzten Schritt „fast sortiert" und die Sortierung mit Schrittweite 1 (*straight insertion*) ist weniger aufwändig als ohne die Vorsortierung.

Durch die geeignete Wahl der Schrittweiten $k_1, k_2, \ldots k_t$ kann der Sortieraufwand deutlich reduziert werden. Für die Schrittweiten $(1, 3, 7, 15, 31, \ldots)$ wurde nachgewiesen (z. B. in [Kn]), dass die Zeitkomplexität des Algorithmus

$$O\left(n^{1,2}\right) = O\left(n^{6/5}\right) = O\left(n\sqrt[5]{n}\right)$$

beträgt. Hier ist $k_{m+1} = 2k_m + 1$ mit einer Anzahl der Schrittweiten von $t = \lfloor log_2 n \rfloor - 1$, wo n die Länge der zu sortierenden Reihung ist und die Zeichen $\lfloor$ und $\rfloor$ das Abschneiden von Dezimalstellen (die kleinste nicht größere ganze Zahl) bedeuten.

Eine noch bessere Komplexität ergibt die Schrittweitenfolge $(1, 4, 13, 40, 121, \ldots)$ mit der Formel $k_{m+1} = 3k_m + 1$ und einer Länge von $t = \lfloor log_3 n \rfloor - 1$.

Es kann mathematisch bewiesen werden, dass es kein Sortierverfahren mit linearer Zeitkomplexität $O(n)$ gibt, wenn auch sie mit besseren Schrittweitenfolgen beliebig angenähert werden kann. Dies bedeutet, dass für jedes $\varepsilon > 0$ eine Schrittweitenfolge (wenn auch sehr schwer) gefunden werden kann, mit der die Zeitkomplexität des Sortierens $O(n^{1+\varepsilon\varepsilon})$ beträgt.

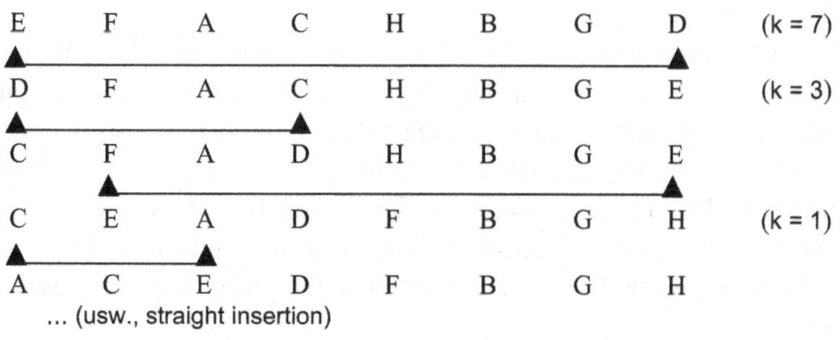

E	F	A	C	H	B	G	D	(k = 7)
D	F	A	C	H	B	G	E	(k = 3)
C	F	A	D	H	B	G	E	
C	E	A	D	F	B	G	H	(k = 1)
A	C	E	D	F	B	G	H	

... (usw., straight insertion)

Abb. 5.4 Shell Sort

Aufgabe 5.6

Führen Sie die Prozedur `shellSort` aus, nachdem Sie sie durch Ausgaben über `System.out.println` ergänzt haben. Sie können damit ihre Arbeitsweise verstehen. Führen Sie den Algorithmus mit 25 Zahlen auf Papier durch und vergleichen Sie Ihr Ergebnis mit der Ausgabe.

5.4   Rekursive Verfahren

Die Zeitkomplexität $O(n^2)$ ist für große Datenmengen (d. h. für großes n) schlechter als $O(n^{1,2})$; für kleine Datenmengen kann allerdings ein einfacheres Verfahren geeigneter sein. Noch „besser" sind die *logarithmischen Verfahren*.

5.4.1   Quicksort

Das bekannteste von ihnen ist das rekursive *quick sort*. Er arbeitet nach der Strategie *teile und herrsche*, wie wir sie im Abschn. 2.1.6 kennen gelernt haben: Die Reihung wird in eine linke und eine rechte Hälfte geteilt. Zuerst werden durch Austausch alle Elemente in der linken Hälfte kleiner (oder gleich) als alle Elemente in der rechten Hälfte. Anschließend werden die beiden Hälften auf dieselbe Weise sortiert, die dann zusammen eine sortierte Sequenz ergeben.

Es folgt eine in einigen Details noch nicht ganz präzise Darstellung dieses Algorithmus in natürlicher Sprache:

1. Wenn die zu sortierende Reihung `sammlung` die Länge 0 oder die Länge 1 hat, dann tue nichts (denn dann ist `sammlung` schon sortiert).
2. Wenn aber `sammlung.length` größer oder gleich 2 ist, dann tue Folgendes:
   2.1. Wähle irgendein Element mit Index `ausgewählt` der Reihung aus (z. B. `sammlung[0]` mit `ausgewählt = 0`, oder `sammlung[sammlung.length-1]` mit `ausgewählt = sammlung.length-1`, oder ein anderes Element, am besten irgendwo in der Mitte).
   2.2. Bringe alle Komponenten der Reihung `sammlung`, deren Schlüssel kleiner sind als der von `sammlung[mitte]`, in den „linken Teil" der Reihung `sammlung`, und bringe alle Elemente von `sammlung`, deren Schlüssel größer sind als der von `sammlung[mitte]`, in den „rechten Teil" der Reihung `sammlung`. Elemente mit dem gleichen Schlüssel können wahlweise dem linken Teil oder dem rechten Teil der Reihung `sammlung` zugeschlagen werden (auch „teils teils").
   2.3. Sortiere den „linken Teil" und den „rechten Teil" nach dem hier beschriebenen Verfahren.

Achtung Im Allgemeinen wird der linke und der rechte Teil nicht gleich groß sein (auch nicht „ungefähr gleich groß"). Denn in dem Moment, wo man „irgendeine Komponente sammlung[mitte]" wählt, weiß man nicht, wie viele Elemente der Reihung sammlung größere Schlüssel haben als sammlung[mitte] und wie viele Elemente kleinere Schlüssel haben. Wenn man Pech hat, dann hat z. B. der „linke Teil" ein Element, und der „rechte Teil" umfasst alle übrigen Komponenten der Reihung sammlung oder umgekehrt: Der „rechte Teil" hat die Länge 1, und der „linke Teil" umfasst alle übrigen Komponenten der Reihung sammlung:

```java
class QuickSort<E extends Comparable<E>> implements Sort<E> {
 private void sort(E[] sammlung, int links, int rechts) {
  int auf = links; // linke Grenze
  int ab = rechts; // rechte Grenze
  final E ausgewählt = sammlung[(links + rechts) / 2];
   // ausgewähltes Element
  do {
   while (sammlung[auf].compareTo(ausgewählt) < 0)
    auf ++; // suchen größeres Element von links an
   while (ausgewählt.compareTo(sammlung[ab]) < 0)
    ab --; // suchen kleineres Element von rechts an
   if (auf <= ab) { // austauschen auf und ab:
    final E temp = sammlung[auf];
    sammlung[auf] = sammlung[ab];
    sammlung[ab] = temp;
    auf ++; // linke und rechte Grenze verschieben:
    ab --;
   };
  } while (auf <= ab); // Überschneidung
  if (links < ab)
   sort(sammlung, links, ab); // linke Hälfte sortieren
  if (auf < rechts)
   sort(sammlung, auf, rechts); // rechte Hälfte sortieren
 }
 public void sort(E[] sammlung) {
  sort(sammlung, 0, sammlung.length-1); // die ganze Reihung sortieren
 }
}
```

In unserer Testfolge ist die Trennung in zwei Teilfolgen (wobei die Elemente der linken kleiner sind als die Elemente der rechten) in der Abb. 5.5 durch Einrahmung dargestellt.

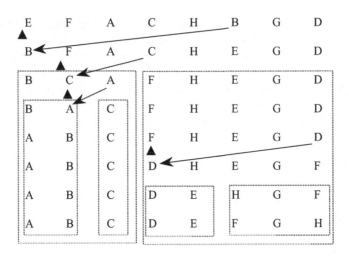

Abb. 5.5 Quick Sort

Aufgabe 5.7

Geben Sie eine Reihung der Länge 8 an, welche „besonders *günstige* Daten" für `quickSort` enthält. Welchen Zeitbedarf hat `quickSort` in einem solchen günstigsten Fall?

Aufgabe 5.8

Geben Sie eine Reihung der Länge 8 an, welche „besonders *ungünstige* Daten" für `quickSort` enthält. Welchen Zeitbedarf hat `quickSort` in einem solchen ungünstigsten Fall?

Glücklicherweise ist der durchschnittliche Zeitbedarf (die Zeitkomplexität) von `quickSort` nicht das arithmetische Mittel aus dem günstigsten und dem ungünstigsten Fall. „Viele Reihungen ähneln einer günstigsten Reihung und nur wenige Reihungen ähneln einer ungünstigsten Reihung". Für die Zahl der Schlüsselvergleiche, die durchgeführt werden müssen, gilt:

Die Prozedur `quickSort` muss im Durchschnitt $2n \, log_2 \, n$ Vergleiche (Aufrufe von `compareTo`) durchführen (s. z. B. [Sed]). Ihre Zeitkomplexität ist also $O(n \, log \, n)$. Darüber hinaus ist der *schlimmste Fall* („worst case") problematisch: Eine schon sortierte (oder umgekehrt sortierte) Reihung wird mit einer Zeitkomplexität von $O(n^2)$ sortiert.

Die Prozedur `quickSort` ruft sich rekursiv auf. Bei jedem Aufruf muss auf dem Stapel (stack) eine bestimmte Anzahl von Speicherplätzen reserviert werden. Wie viele Speicherplätze das sind, hängt von der Umgebung (vom Compiler, von der Hardware, vom Betriebssystem usw.) ab. Wir wollen den für einen Aufruf benötigten Speicherplatz *eine QUICK-Speichereinheit* nennen. In einer bestimmten Umgebung könnte eine solche QUICK-Speichereinheit 100 Bytes umfassen, in einer anderen Umgebung 598 Bytes usw.

Aber bei jedem Aufruf von `quickSort` muss ein gleich großer Speicherplatz, nämlich eine QUICK-Speichereinheit, auf dem Stapel reserviert werden.

Aufgabe 5.9

Wie groß muss der Stapel für die Ausführung von `quickSort` im günstigsten bzw. im ungünstigsten Fall bzw. durchschnittlich sein? Geben Sie die Größe des Stapels in QUICK-Speichereinheiten an.

5.4.2 Sortieren mit Mischen

Die im Abschn. 5.1.3 erwähnte Methode `Array.sort` verwendet den Algorithmus *Mergesort*. Er teilt die Daten (ähnlich wie Quicksort im vorigen Kapitel) auch in zwei Hälfte, sortiert sie einzeln rekursiv und mischt die zwei sortierten Hälften nach dem Algorithmus `merge` im Abschn. 5.7.1 Er hat auch eine Zeitkomplexität von $O(n \log n)$, jedoch eine schlechtere Speicherkomplexität: Er sortiert nicht „vor Ort" (innerhalb der Reihung) sondern braucht zusätzlichen Speicherplatz für das Ergebnis. Wir programmieren sie als generische Funktion mit Parameter- und Ergebnistyp `java.util.List`:

```java
public static <E extends Comparable<E>> List<E> mergeSort(List<E>
sammlung) {
  if (sammlung.size() <= 1)
    return sammlung;
  else {
    int länge = sammlung.size();
    List<E> links = mergeSort(sammlung.subList(0, länge/2));
    List<E> rechts = mergeSort(sammlung.subList(länge/2, länge)); // 13
    if (links.size() == 0)
      return rechts;
    else if (rechts.size() == 0)
      return links;
    else { // ensures merge's Vorbedingung
      List<E> ergebnis = new Vector<>(); // hier wird zusätzlicher Platz verbraucht14
      merge(ergebnis, links.iterator(), rechts.iterator()); // s. Abschn. 5.7.1
      return ergebnis;
    }
  }
}
```

---

[13] `subList` enthält das Element mit dem Index des zweiten Parameters nicht.

[14] In einer Version mit komplexerer Signatur (mit einem zusätzlichen Ausgabeparameter, wie bei `merge`) wird die Erzeugung des Ausgabeobjekts dem Benutzer überlassen.

5.5   Logarithmische Verfahren

▶   *Heap sort* (s. [Wil]) ist vielleicht der eleganteste Sortieralgorithmus; er verbindet
die konstante Speicherkomplexität mit logarithmischer Zeitkomplexität.

5.5.1   Halde

Das Wort *Halde*[15] hat *zwei verschiedene Bedeutungen*. Zum einen verwendet man für die
Ausführung von Java-Programmen[16] üblicherweise einen *Stapel* (*stack*) und eine *Halde*
(heap). Auf dem Stapel werden die „kurzlebigen" lokalen Variablen von Funktionen und
Prozeduren angelegt. Auf der Halde werden die „dynamischen Objekte" angelegt, die der
Programmierer mit dem Operator `new` erzeugt. Hier ist eine Halde also ein bestimmter
Bereich im Speicher einer Maschine.

Zum anderen ist eine *Halde* eine bestimmte *Datenstruktur*, die in verschiedenen
Algorithmen verwendet wird, insbesondere beim „Sortieren auf einer Halde". Diese
Datenstruktur wird hier näher erläutert, und in diesem Kapitel verstehen wir unter einer
Halde immer eine solche Datenstruktur (wenn es nicht ausdrücklich anders gesagt).

Diese Datenstruktur wird in einer Reihung abgelegt. Wir nennen sie `reihung`. Die
Komponente `reihung[0]` bleibt unbenutzt. Die Komponente `reihung[1]` enthält die
Spitze der Halde. Die Komponenten `reihung[2]` und `reihung[3]` enthalten die
Nachfolger von `reihung[1]`; `reihung[4]` und `reihung[5]` sind die *Nachfolger* von
`reihung[2]` usw. Allgemein gilt:

1. Die *Nachfolger* von `reihung[i]` sind `reihung[2*i]` *und* `reihung[2*i+1]`.
2. Der *Vorgänger* von `reihung[1]` ist `reihung[i/2]`.[17]

Man kann in der `reihung` also „ganz leicht" (mit ein bisschen Indexrechnung) von einer
Komponente `reihung[i]` zu ihrem Vorgänger bzw. zu ihren Nachfolgern kommen, obwohl die Komponenten „unverzeigert nebeneinander" stehen.

1. **Bemerkung**: Unter dem *Vorgänger* von `reihung[i]` verstehen wir in einer Halde
   nicht die Komponente `reihung[i-1]`, sondern die Komponente `reihung [i/2]`, und
   die beiden Komponenten `reihung[2i]` und `reihung[2i+1]` sind die *Nachfolger* von
   `reihung[i]`. Das Element `reihung[i+1]` bezeichnen wir *nicht* als Nachfolger von
   `reihung[i]` (sondern als „die Komponente, welche in der `reihung` unmittelbar rechts
   neben der Komponenten `reihung[i]` steht").

---

[15] Auf Englisch: *heap*.

[16] Auch bei anderen Programmiersprachen wie C, Pascal oder Ada, nicht aber bei Cobol und (der
Originalversion von) Fortran.

[17] Der Operator / bezeichnet die Ganzzahldivision, d. h. $1/2 = 0$, $2/2 = 1$, $3/2 = 1$, $4/2 = 2$, usw.

2. **Bemerkung**: Eine Halde kann auch als ein Binärbaum angesehen werden, der auf besondere Art in einer Reihung gespeichert wurde. Wir werden diese Sicht im Abschn. 6.2.1 untersuchen.

5.5.2 Die Haldenbedingung

Eine Halde ist eine Reihung `reihung`, bei der keine Komponente `reihung[i]` einen größeren[18] Schlüssel hat als ihr Vorgänger `reihung[i/2]`. Wir sagen, dass alle Elemente einer Halde die *Haldenbedingung* erfüllen.

Die Reihung `reihung` (siehe Tab. 5.1) ist eine Halde.

Aufgabe 5.10
Warum ist die Reihung in Tab. 5.2 keine Halde?

Aufgabe 5.11
Geben Sie eine Halde mit sieben Komponenten an, die die Schlüssel A, B, C, D, E, F und G haben.

5.5.3 Senken

Die folgende Hilfsprozedur `senken` dient dazu, eine „fast-Halde", die nur an der Spitze „gestört" ist, zu reparieren und in eine richtige Halde zu verwandeln. Die Prozedur heißt `senken`, weil sie das „falsche Spitzenelement" solange in der Halde „nach unten sickern" lässt, bis er an einer passenden Stelle steht. Als Beispiel betrachten wir die Reihung in Tab. 5.3.

Tab. 5.1 Halde

reihung	X	U	S	M	N	N	D	L	L	A	B	B	A
Indizes:	1	2	3	4	5	6	7	8	9	10	11	12	13

Tab. 5.2 Keine Halde

reihung	M	K	J	J	K	H	I	F	G	G	F	G	I
Indizes:	1	2	3	4	5	6	7	8	9	10	11	12	13

Tab. 5.3 Eine „an der Spitze gestörte" Halde

reihung	B	H	G	F	E	E	C	A	C	A	D	D	B
Indizes:	1	2	3	4	5	6	7	8	9	10	11	12	13

---

[18]Es gibt natürlich auch „umgekehrte Halden", bei denen keine Komponente einen kleineren Schlüssel hat als ihr Vorgänger.

Diese Reihung enthält fast eine Halde. Nur der Schlüssel der Spitze (B) ist *kleiner* als die Schlüssel seiner Nachfolger (H und G). Wie können wir diese Störung reparieren? Hier ein Algorithmus zur Lösung dieses Problems:

1. Wir fertigen eine Kopie zuSenken der Spitze an.
2. Dann ersetzen wir, mit der Spitze beginnend, jeweils eine Komponente durch seinen größeren Nachfolger (und ersetzen dann diesen Nachfolger durch seinen größeren Nachfolger usw.), bis wir eine Komponente nachfolger „nach oben kopiert" haben, dessen Nachfolgerkomponenten Schlüssel haben, die kleiner oder gleich dem Schlüssel von zuSenken sind (oder bis nachfolger eine Komponente ohne Nachfolger ist).
3. Wir kopieren zuSenken (die Kopie der ursprünglichen Spitze) nach nachfolger.

Nach Anwendung dieses Algorithmus erfüllt die Reihung die Haldenbedingung und sieht aus wie in Tab. 5.4 zu sehen.

Aufgabe 5.12

Wenden Sie diesen Algorithmus auf die folgenden Reihungen an:

X	Y	U	A	B	A	C

A	K	M	D	B	B	C

A	B	B	B	B	B	B

5.5.4 Zwei Phasen des Heap Sorts

Der Algorithmus „Sortieren auf einer Halde" besteht im Wesentlichen aus zwei Schritten:

1. Schritt: Man überführt die zu sortierende Reihung in eine Halde (indem man gewisse Elemente der Reihung umordnet)
2. Schritt: Man überführt die Halde in eine sortierte Reihung (indem man gewisse Elemente der Halde umordnet).

Tab. 5.4 „Reparierte" Halde

reihung	H	F	G	C	E	E	C	A	B	A	D	D	B
Indizes:	1	2	3	4	5	6	7	8	9	10	11	12	13

Ein Algorithmus für den 1. Schritt:

Man geht von rechts nach links durch die `reihung` und macht jedes Element `rei-hung[index]` zur Spitze einer „kleinen Halde", indem man `senken(reihung[index])` aufruft. Wenn man beim Element `reihung[1]` angelangt ist, dann ist die ganze `reihung` eine Halde.

Ein Algorithmus für den 2. Schritt:

2.1. Lasse einen `index` die Werte `n` bis `2` durchlaufen und mache für jedes `index` Folgendes:

    2.1.1. Vertausche `reihung[1]` mit `reihung[index]`

    2.1.2. Wende die Prozedur `senken` an auf die Sequenz

```
reihung[1] ... reihung[index -1]
```

Aufgabe 5.13

Beantworten Sie folgende Fragen: Welche Fälle sind für die Prozedur `senken` besonders günstig? Welche sind besonders ungünstig? Welchen Zeitbedarf hat die Prozedur `senken` im günstigsten und im ungünstigsten Fall? Welchen Zeitbedarf hat der oben beschriebene Algorithmus, der eine Reihung in eine Halde umwandelt („1. Schritt"), im ungünstigsten Fall? Welchen Zeitbedarf hat der oben beschriebene Algorithmus, der eine Halde in eine sortierte Reihung umwandelt („2. Schritt"), im ungünstigsten Fall? Welchen Zeitbedarf hat die Prozedur `heapSort` im ungünstigsten Fall?

5.5.5 Sortieren auf der Halde

Die Idee des Sortierens ist also, innerhalb der Reihung eine Halde zu bilden. Der Index `1` repräsentiert die Spitze der Halde. Für jeden Eintrag mit `index` befindet sich der linke Nachfolger am Index `2*index` und der rechte Nachfolger am Index `2*index+1` – falls sich diese noch in der Reihung befinden. Das größte Element steht an der Spitze der Halde (d. h. am Index `1`), und für jeden Eintrag sind beide Nachfolger kleiner (oder gleich).

In der ersten Phase des Sortieralgorithmus wird in der Reihung zuerst eine solche *Halde* aufgebaut. Hierzu wird dafür gesorgt, dass jede Komponente der Reihung die Haldenbedingung erfüllt, d. h. keine der beiden Nachfolger (falls vorhanden) darf größer sein. Für die hintere Hälfte der Reihung (d. h. für die Komponenten mit den Indizes `reihung.length/2` bis `reihung.length-1`) ist dies von vornherein gegeben, da sie keine Nachfolger haben. So wird von der Mitte an nach vorne bis zum ersten Eintrag Schritt für Schritt jedes Element *gesenkt*. Schließlich entsteht in der ganzen Reihung eine Halde: Ihr größtes Element befindet sich an der Spitze, d. h. am Index `1`.

In der zweiten Phase wird dieses größte Element mit dem hintersten Element ausgetauscht, es kommt also auf seinen endgültigen Platz. Die Halde wird hinten um eine Stelle verkürzt und das neu auf die Spitze getauschte Element wird so weit *gesenkt*, dass die Haldenbedingung wieder erfüllt wird. Das nächstgrößte Element gerät dadurch auf die Spitze, das wieder nach hinten getauscht werden kann. Am Ende der zweiten Phase ist die Reihung sortiert.

In Java kann der Algorithmus folgendermaßen formuliert werden:

```java
class HeapSort<E extends Comparable<E>> implements Sort<E> {
  /* die Sequenz innerhalb von reihung zwischen a und b erfüllt die
  Haldenbedingung, wenn für jedes i mit 2*i+1 <= b gilt
    (sofern 2*i und 2*i+1< reihung.length-1):
  reihung [i] > reihung [2*i] && reihung [i] > reihung [2*i+1] */
  private void senken(E[]reihung, int links, int rechts) {
    /* Die Halde zwischen links und rechts wird durch das Senken
      des Elements reihung[links - 1] nach unten erweitert:
      Die Elemente zwischen links - 1 und rechts bilden eine Halde */
    int index = links - 1; // linke Grenze der neuen Halde
    int nachfolger = 2 * index; // linker Nachfolger
    final E zuSenken = reihung[index];
    while (true) { // zwei Abbruchstellen
    if (nachfolger > rechts) break; // weil kein Nachfolger
      if (nachfolger < rechts &&
        reihung[nachfolger].compareTo(reihung[nachfolger + 1]) < 0)
      // kleineren nachfolger oder nachfolger + 1 auswählen
      nachfolger ++;
    if (reihung[nachfolger].compareTo(zuSenken) < 0) break;
      // weil Platz gefunden
    reihung[index] = reihung[nachfolger]; // hochrücken
    index = nachfolger; // nach unten gehen
    nachfolger = 2 * index; // linker Nachfolger, wenn existiert
    };
    reihung[index] = zuSenken; // Element einfügen
  }
  public void sort(E[] reihung) { // reihung[0] ungenutzt
    /* Halde aufbauen; die obere Hälfte zwischen reihung.length/2+1 und
      reihung.length-1 erfüllt die Haldenbedingung immer: */
    int rechts = reihung.length-1;
    for (int links = rechts / 2 + 1; links > 1; links--)
      // untere Hälfte einzeln hinzufügen
      senken(reihung, links, rechts);
    // Elemente zwischen 1 und reihung.length-1 erfüllen die Bedingung
    // Halde wird abgebaut, d.h. reihung wird sortiert:
    final int links = 1; // reihung[0] ungenutzt
    for (rechts = reihung.length-1; rechts > links; rechts--) {
```

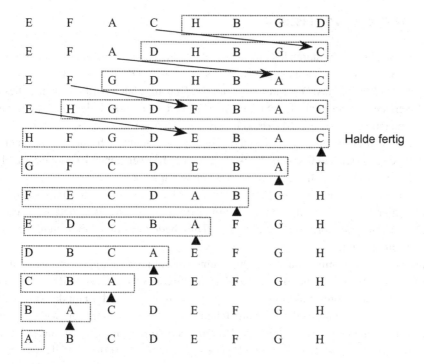

Abb. 5.6 Heap Sort

```
// austauschen der äußeren Elemente:
final E größtesElement = reihung[links]; // Spitze
reihung[links] = reihung[rechts];
  // hinteres Element nach vorne eintauschen
reihung[rechts] = größtesElement; // Element nach hinten
senken(reihung, links + 1, rechts - 1); // Element senken
  }
 }
}
```

In unserer Testfolge wird die Sequenz, die eine Halde bildet, eingerahmt. Die Indizierung ist von 1 bis 8; die (in der zweiten Phase nach dem Austausch) zu senkenden Elemente sind markiert (siehe Abb. 5.6).

Aufgabe 5.14

Ergänzen Sie das obige Programm durch Ausgaben (System.out.println), damit Sie seine Arbeitsweise verstehen können. Führen Sie die Algorithmen mit 20 Zahlen auf Papier durch und vergleichen Sie Ihre Ergebnisse mit der Ausgabe.

5.6   Sortieren von Listen

Die bisherigen Sortierverfahren haben eine konstante Speicherkomplexität: Der zusätzlich benötigte Speicher ist unabhängig von der sortierbaren Datenmenge. Dies setzt ein Sortieren „vor Ort" voraus: Die Sammlung mit den Eingangsdaten wird verändert. Dies ist nur als Seiteneffekt möglich: Die Sortiermethode verändert globale Daten. Funktionale Programmiersprachen (wie LISP, Haskell, Erlang, usw.) verbieten dies. Auch das neue (quasi-funktionale) Paradigma der Lambdas in Java 8 bemüht sich, dies zu vermeiden. Beispielsweise dürfen Lambda-Ausdrücke (wie innere Klassen generell) lokale Variablen der Methode nur lesen, nicht beschreiben (sie müssen **final** sein).[19]

Funktional kann man also nicht „vor Ort" in der Reihung sortieren. Stattdessen sortiert man hier Listen: Die Methode bekommt eine (nur lesbare Parameter-)Liste und gibt als Ergebnis die sortierte Liste zurück. Dies bedeutet eine (mindestens) lineare Speicherkomplexität.

Funktionale Programmierung wird durch eine wesentliche Neuigkeit in Java 8, nämlich durch die Ströme[20] möglich, die auch Lambda-Ausdrücke intensiv nutzen. Die Idee dabei ist, dass die Strom-Funktionen ihre Ergebnisse (die ggf. auch Lambda-Ausdrücke, d.h. Objekte von funktionalen Schnittstellen sein können) einander wie in einer Rohrleitung („pipeline") weiterreichen. Hierzu nehmen sie alle als Parameter `java.util.stream.Stream`-Objekte an und geben genausolche zurück. Viele der alten Standardtypen (wie z.B. `java.util.Collection`) sind mit einer neuen Fabrikmethode `stream()` bereichert worden, die ein solches `Stream`-Objekt liefern[21]; ihr Inhalt ist derselbe wie der von der `Collection` (häufig Listen wie `ArrayList` oder `LinkedList`, ähnlich wie im Abschn. 2.3.3), ihre Methoden können aber zu solch einer Rohrleitung aneinander gekettet werden:

```
ergebnis      =      liste.stream().eineMethode().andereMethode().....
abschließendeMethode();
```

Diese arbeiten eine nach der anderen am Inhalt der ursprünglichen `liste`, ohne sie zu verändern, sondern sie fertigen Kopien (vom Typ `Stream`) von ihr an und reichen diese einander weiter. Die `abschließendeMethode()`[22] produziert das `ergebnis`, häufig als Liste vom ursprünglichen Typ; sie kann sie aber auch aggregieren und z.B. eine Summe von bestimmten Daten aus ihr ermitteln. Wie dieses Ergebnis entsteht, wird in der Rohrleitung „im funktionalen Stil" programmiert. Dieser war schon seit den Fünfzigern bekannt und populäre Programmiersprachen wie LISP implementieren ihn; mit der Version 8 ist dies jetzt auch in Java möglich.

---

[19] Referenzierte Objekte, wie auch globale Variablen können jedoch verändert werden.

[20] Nicht zu verwechseln mit den Ein/Ausgabeströmen von `java.io`.

[21] Ähnlich wie `iterator()`, der ein `Iterator`-Objekt liefert; s. Abschn. 3.2.4.

[22] „terminal operation", die kein `Stream` liefert, so kann ihr keine `Stream`-Methode angehängt werden.

Als Beispiel präsentieren wir eine generische Sortiermethode `sort()`, die weder besonders effektiv noch kompakt ist; sie zeigt aber, auf welche Weise solche Ströme in Java 8 benutzt werden können. Sie nimmt eine `sammlung` als `List`-Objekt (und einen `Comparator` zum Vergleichen seiner Elemente) als Parameter an und gibt die sortierte Liste als `ergebnis` zurück. Aus `sammlung` wird zuerst mit `stream()` ein `Stream`-Objekt erzeugt, um die Liste an seine `collect()`-Methode übergeben zu können. Sie nimmt drei Lambda-Ausdrücke als Parameter an, mit deren Hilfe sie die Liste (mit Hilfe ihres Iterators) durchläuft. Die erste (hier: `ArrayList::new`) initialisiert das Ergebnis,[23] die dritte wird nur bei paralleler Ausführung aufgerufen; das Sortierverfahren wird in der zweiten als Lambda-Ausdruck implementiert, der den Rumpf der äußeren Schleife (wie in allen quadratischen Verfahren) darstellt.

Hierin wird aus der Kopie `unsortiert`[24] der ursprünglichen Liste `sammlung` das kleinste Element `kopf` herausgenommen und der Rest in `schwanz` kopiert. Hierzu wird `unsortiert` wieder zu einem `Stream`, dessen `reduce()`-Methode die Aufgabe erledigt; sie läuft ähnlich wie `collect()` über alle Elemente der Liste und ruft für sie ihre Parametermethode (hier: ein weiterer Lambda-Ausdruck) auf.

`Stream.reduce()` erfordert, dass ihr ein `BinaryOperator` als Parameter übergeben wird. Die (einzige Objekt-) Methode (mit dem formalen Namen `apply`) dieser funktionalen Schnittstelle braucht (wie der Name `BinaryOperator` besagt) zwei Parameter; deswegen hat unser Lambda-Ausdruck zwei Parameter: (`links,   rechts`). Netterweise brauchen wir ihre Typen nicht angeben, weil der Compiler sie aus dem Kontext ermittelt („inferiert"). Die Dokumentation von `reduce()` beschreibt, was diese Methode tut: Angefangen mit dem ersten Element der Liste (`links`) ruft sie für jedes weitere Element (`rechts`) die Parametermethode (hier: den Rumpf der inneren Sortierschleife) mit den beiden Elementen `links` und `rechts` auf. Ihr Ergebnis wird in `links` für den nächsten Schleifenschritt gespeichert. Unser Lambda-Ausdruck vergleicht dabei die beiden: Das größere wird mit `List.add()` in `schwanz` abgelegt, das kleinere ist ein Kandidat, um das kleinste zu sein – also **return** für den nächsten Schritt. Wenn die Liste zu Ende ist, beendet `reduce()` mit einem `Optional`-Ergebnis ihre Arbeit. Dieses Objekt ist `empty()`, wenn die Liste leer war; wenn nicht, liefert `get()` das Ergebnis von `reduce()` (hier: das kleinste Element der Liste, das in `kopf` abgelegt wird). Dieses wird nach der inneren Schleife `sortiert` hinzugefügt, worin in der äußeren Schleife die jeweils kleinsten Elemente von `schwanz` gesammelt werden. Für den nächsten Schleifenschritt muss noch `unsortiert` auf `schwanz` gesetzt werden.

```
List<?> unsortiert;
public <T> List<T> sort(List<T> sammlung, Comparator<T> vergleich) {
  unsortiert = new ArrayList<>(sammlung);
  List<T> ergebnis = sammlung.stream().collect(
    // führt die äußere Sortierschleife aus
```

---

[23] Hier wird die Speicherkomplexität linear.

[24] Die Referenz muss global vereinbart werden, weil sie in der letzten Zeile des Rumpfs verändert wird (Seiteneffekt).

```
  ArrayList<T>::new, // Initialisierung von ergebnis
  (sortiert, kopf) -> { // Rumpf der äußeren Sortierschleife:
    // fügt kopf (das größte Element in unsortiert) in jedem Schritt sortiert hinzu
    final List<T> schwanz = new ArrayList<>(unsortiert.size());
    // wird unsortiert ohne kopf enthalten
    kopf = ((List<T>)unsortiert).stream().
     reduce( // Rumpf der inneren Sortierschleife:
      (links, rechts) -> { // Vergleich
        boolean größer = vergleich.compare(links, rechts) > 0;
        schwanz.add(größer ? links : rechts);
        return größer ? rechts : links; // wird an kopf übergeben
      }).get(); // reduce() liefert ein Optional; get() liefert ihren Inhalt
    sortiert.add(kopf); // kleinstes Element in liste, wird in sortiert gesammelt
    unsortiert = schwanz; // für den nächsten Schleifenschritt
  },
  (x, y) -> { } // die dritte Parametermethode wird nicht benötigt
  );
 return ergebnis;
}
```

Diese Methode ist nicht allzu „funktional", z. B. wegen des Seiteneffekts in der letzten Zuweisung. Die Standard-Strombibliothek liefert nämlich bei weitem nicht so viele Möglichkeiten wie etwa funktionale Programmiersprachen. Aus diesem Grund wurden alternative Bibliotheken entwickelt, wie etwa Google-Guava (siehe [Goog]). Mit ihrer Hilfe kann z. B. Quicksort funktional programmiert werden:

```
public class Quicksort {
 public static <T> Iterable<T> sort(
    Iterable<T> liste, final Comparator<T> vergleich) {
  if (size(liste) <= 1) {
   return liste;
  }
  final T ausgewählt = get(liste, 0);
  final Iterable<T> rest = skip(liste, 1);
  final Predicate<T> kleiner =
   element -> { return vergleich.compare(element, ausgewählt) < 0;
  };
  Iterable<T> ergebnis = (Iterable<T>)ImmutableList.builder()
   .addAll(sort(filter(rest, kleiner), vergleich))
   .add(ausgewählt)
   .addAll(sort(filter(rest, not(kleiner)), vergleich))
   .build();
  return ergebnis;
 }
}
```

Hierbei stammen `Predicate` und `ImmutableList` aus der Bibliothek `com.google.common`; auch `filter`, `get`, `skip`, `size` und `not` müssen statisch importiert werden. Es ist erkennbar, wie unser rekursiver Algorithmus aus dem Abschn. 5.4.1 mit den aneinander geketteten Funktionsaufrufen programmiert wurde. Das Schöne dabei ist noch, dass dies nicht nur für Listen sondern für beliebige `Iterable` Sammlungen funktioniert.

Aufgabe 5.14

Der Algorithmus des binären Suchens aus Abschn. 4.3.3. ist auch ein Kandidat für eine funktionale Implementierung, zumal er ebenfalls rekursiv formuliert werden kann. Gestalten Sie nun Ihre Lösung der Aufgabe 4.4 funktional um, indem Sie die rekursiven Aufrufe als Strom einander weiterreichen lassen.

5.7   Externe Sortierverfahren

▶   *Externe Sortierverfahren* müssen verwendet werden, wenn interne nicht ausreichen: wenn die Menge der Daten größer ist als das, was in den Hauptspeicher passt.

Die einfachste Lösung, wenn man in zwei Phasen sortiert:

1. Zuerst werden die Daten so aufgeteilt, dass jede Portion mit einem internen Verfahren sortiert werden kann. Jede Portion wird für sich sortiert und als sortierte Sequenz in eine Datei geschrieben.
2. Die sortierten Sequenzen werden parallel eingelesen und *gemischt*.[25]

5.7.1   Mischen

Die folgende generische Prozedur implementiert das *Mischen* zweier sortierter Sequenzen (z. B. aus zwei Dateien), die von zwei Iteratoren geliefert werden: Ein Objekt vom Typ `java.util.Iterator<E>` kann jedem Behälterobjekt (wie z. B. eine sequenzielle Datei) zugeordnet werden.[26] Seine Methoden `boolean hasNext()` und `E next()` liefern die enthaltenen Elemente (vom Typ `E`) nacheinander. Das Ergebnis (die sortierte Sequenz) wird in ein Parameterobjekt[27] vom Typ `java.util.List` (mit der Methode `add`) geschrieben (z. B. in eine sequenzielle Datei, deren Klasse die Schnittstelle `List<E>` implementiert). Den Aufruf der Methode haben wir schon im Abschn. 5.4.2 illustriert.

---

[25] Auf Englisch *merge*.

[26] Häufig durch die Implementierung der Schnittstelle `Iterable<E>`, die die Funktion `iterator()` enthält; diese liefert ein `Iterator`-Objekt.

[27] Wir könnten auch eine Funktion `merge` mit dem Ergebnistyp `Collection<E>` schreiben. Der Vorteil ist hier, dass der Benutzer die Klasse des Ergebnisobjekts bestimmen kann.

Die folgende Methode muss nicht unbedingt mit `java.util.Iterator` und `java.util.List` übersetzt werden. Die Schnittstellen `Iterator` (mit `hasNext` und `next`) sowie `List` (mit `add`) können auch im eigenen Paket definiert und beliebig (z. B. als sequenzielle Dateien) implementiert werden:

```
public static <E extends Comparable<E>> void merge(List<E> ausgabe,
    Iterator<E> eingabe1, Iterator<E> eingabe2) {
      // vorsortierte Sequenzen (geliefert von zwei Iteratoren) werden gemischt
    // requires eingabe1.hasNext() && eingabe2.hasNext() // d.h. Eingaben sind
    nicht leer
    E element1 = eingabe1.next(), element2 = eingabe2.next(); // erste Elemente
    while (true)
      if (element1.compareTo(element2) < 0) {
        ausgabe.add(element1);  // das kleinere Element ausgeben
        if (eingabe1.hasNext())
          element1 = eingabe1.next(); // ein neues Element einlesen
        else {
          ausgabe.add(element2);
          break;
        }
      } else { // symmetrisch: eingabe1.compareTo(eingabe2) >= 0
        ausgabe.add(element2);
        if (eingabe2.hasNext())
          element2 = eingabe2.next();
        else {
          ausgabe.add(element1);
          break;
        }
      } // eine der Eingabesequenzen ist erschöpft, die andere kopieren:
    while (eingabe1.hasNext())
      ausgabe.add(eingabe1.next());
    while (eingabe2.hasNext())
      ausgabe.add(eingabe2.next());
} // eine der beiden Schleifen ist leer
```

Zwei Sequenzen der Länge n werden mit Hilfe der obigen Prozedur in *eine* Sequenz der Länge $2n$ gemischt. Wenn mehrere Eingabesequenzen vorliegen, können sie als *variable Parameter*[28] (...) übergeben werden. Sie werden im Methodenrumpf als Elemente einer Reihung (hier: `eingabe[]`) erreicht:

```
public static <E extends Comparable<E>> void multiMerge(List<E> ausgabe,
    Iterator<E>... eingabe) { // variable Parameter
```

---

[28] Genauer: eine variable Anzahl von Parametern, eingeführt in Java 5.

```
// vorsortierte Sequenzen (geliefert von einer Iterator-Reihung) werden gemischt
E[] elemente = (E[])new Comparable[eingabe.length];
for (int i = 0; i < elemente.length; i++) // erste Elemente der Eingaben
 elemente[i] = eingabe[i].hasNext() ? eingabe[i].next() : null;
 // null markiert eine erschöpfte Eingabesequenz
while (true) { // Das kleinste Element wird gesucht. Wenn es keine gibt, ist min = -1
 int min = -1; // markieren: es gibt (noch) kein kleinstes Element
 for (int i = 0; i < elemente.length; i++) // erstes nicht-null-Element suchen
  if (elemente[i] != null) {
   min = i; // gefundenes Element
   break; // for-Schleife wird abgebrochen
  }
 if (min == -1) break; // alle Elemente sind null; while-Schleife wird abgebrochen
  for (int i = min + 1; i < elemente.length; i++) {
   if (elemente[i] != null && elemente[i].compareTo(elemente[min]) < 0)
    min = i; // neues kleinstes Element
  }
  ausgabe.add(elemente[min]); // kleinstes Element ausgeben
  elemente[min] = eingabe[min].hasNext() ? eingabe[min].next() : null;
 }
}
```

Die variable Anzahl von Parametern (gekennzeichnet mit ...) erlauben, dass diese Prozedur mit einer beliebigen Anzahl (null, eins, zwei, usw.) von Parametern oder mit einem Reihungsparameter aufgerufen werden kann:

```
Vector<Character> eingabe1, eingabe2, eingabe3, ausgabe;
... // Die Vector-Objekte müssen erzeugt und mit char-Werten gefüllt werden.
multiMerge(ausgabe); // ohne Eingabe bleibt die Ausgabe leer
multiMerge(ausgabe, eingabe1.iterator()); // Eingabe wird in die Ausgabe kopiert
multiMerge(ausgabe, eingabe1.iterator(), eingabe2.iterator());// Eingaben
mischen
multiMerge(ausgabe, eingabe1.iterator(), eingabe2.iterator(), eingabe3.
iterator());
multiMerge(ausgabe, eingaben); // Iterator<Character>[] eingaben
```

5.7.2   Sortierkanal

▶   Um die Anzahl der Mischläufe möglichst gering zu halten, braucht man möglichst lange sortierte Sequenzen.

Mit einem konventionellen Sortierverfahren kann in einer Reihung der Länge n eine Sequenz der Länge n erzeugt werden. Mit einem *Sortierkanal* können Sequenzen mit einer Durchschnittslänge von ca. $2n$ erreicht werden. Er arbeitet nach der folgenden Strategie auf der Basis des Heap sorts (s. Abschn. 5.5).

Die ersten n Elemente werden eingelesen und in die Reihung von hinten nach vorne einsortiert. Von der Mitte an werden die Elemente gesenkt, damit eine Halde entsteht. An der Spitze der Halde steht diesmal jedoch nicht das größte Element, sondern das kleinste: Das Ergebnis der Methode compareTo in der Prozedur senken muss negiert verglichen werden.

Wenn die Halde voll ist, muss ihr kleinstes Element ausgegeben werden, bevor ein neues Element in die Halde einsortiert werden kann. Ist das eingelesene Element kleiner als das auf der Spitze, soll es gleich in eine Datei ausgegeben werden.

Ist das eingelesene Element kleiner als das gerade ausgegebene, würde sie sofort auf der Spitze der Halde landen und als Nächstes ausgegeben werden. Damit wäre die aktuelle Sequenz beendet und eine neue angefangen, obwohl sie noch fortgesetzt werden könnte, da die Halde noch (größere) Elemente enthält, die hineinpassen würden. Um dies zu verhindern, soll es nicht in die aktuelle Halde einsortiert werden. Stattdessen wird sie hinten um eine Stelle verkürzt und hier eine neue Halde angefangen (wird nennen sie *Zweithalde*).

Der Prozess setzt sich fort: Ein neues Element wird eingelesen, und falls es nicht sofort ausgegeben wird, muss in einer der beiden Halden Platz geschaffen werden, um es einsortieren zu können. Dies wird erreicht, indem das Spitzenelement in die laufende Sequenz ausgegeben wird. Das neue Element kann einsortiert werden. In welche Halde, hängt davon ab, ob es kleiner als die zuvor ausgegebene ist oder nicht: im ersten Fall in die Zweithalde, im zweiten in die aktuelle.

Wenn die aktuelle Halde leer geworden ist, gibt es keine Elemente mehr, die in die aktuelle Sequenz passen würden. Jetzt muss sie unaufschiebbar abgeschlossen werden; eine neue Sequenz fängt an. Die Zweithalde belegt jetzt die ganze Reihung, sie wird zur aktuellen erklärt. Ihr Spitzenelement ist das erste Element der neuen Sequenz.

Aufgabe 5.15

Programmieren Sie dieses Verfahren. Implementieren Sie eine abstrakte Klasse Sortierkanal mit den aufgeschobenen[29] Methoden lesen, schreiben und sequenzEnde. Diese müssen erst vom Benutzer implementiert werden, können aber von sortierkanal aufgerufen werden:

```
abstract class Sortierkanal<E extends Comparable<E>> {
  void sortierkanal(int größe) { ... }
  // ruft lesen öfter auf, um das nächste Element einzulesen
  // ruft schreiben öfter auf, um das kleinste bis jetzt gelesene Element auszugeben
  // ruft sequenzEnde auf, wenn das nächste auszugebende Element kleiner ist als das letzte
  abstract E lesen() throws Ende; // Ausnahme wenn keine Elemente mehr gibt
  abstract void schreiben(final E element);
  abstract void sequenzEnde();
}
```

---

[29] Auf English *deferred*.

5.7.3 Mischkanal

Das Mischverfahren im Abschn. 5.7.1 geht davon aus, dass die Sequenzen zuvor mit einem internen Algorithmus sortiert worden sind. Die Betriebsmittel werden dadurch unwirtschaftlich genutzt: Zuerst wird der interne Speicher gebraucht, die externen Speicher (die Dateien) bleiben ungenutzt. Anschließend werden die Dateien benutzt, der Mischalgorithmus braucht aber den Speicherplatz nicht.

Betriebsmittel können mit Hilfe eines *Mischkanals* parallel genutzt werden. Er ist die Kombination des Sortierkanals und des Mischens. Er arbeitet mit drei Dateien und mit einem Speicher mit Platz für n Datensätze nach dem folgenden Konzept:

1. Aus der Eingabedatei Nr. 1 werden ca. $2n$ Datensätze über den Sortierkanal in eine Ausgabedatei Nr. 2. sortiert. Der Sortierkanal enthält zum Schluss weitere n Datensätze.
2. Die Datei Nr. 2. wird fürs Lesen geöffnet. Die sortierten Daten werden nun gelesen und mit den Daten des Sortierkanals sowie den nächsten n Datensätzen von der Eingabedatei Nr. 1 in die Datei Nr. 3 gemischt. Die Länge der erhaltenen Sequenz ist somit ca. $4n$.
3. Die Dateien Nr. 2 und 3 tauschen nun Rolle; die Sequenz wird weiter mit den Daten des Sortierkanals gemischt. Die Ausgabedatei enthält nun $6n$ Datensätze.
4. usw.; mit jedem Schritt verlängert sich die Sequenz um $2n$.

Dieses Verfahren funktioniert allerdings nur dann gut, wenn die Größe der ursprünglichen Eingabedatei nicht wesentlich über n liegt (vielleicht bis zu $10n$); ansonsten wird bei jedem Durchgang immer „mehr kopiert" und immer „weniger sortiert". Bei größeren Eingabemengen ist es sinnvoll, Sequenzen der Länge $4n$ (immerhin das Doppelte wie beim Sortierkanal und das Vierfache eines konventionellen Sortiervorgangs) zu erzeugen und sie dann konventionell zu mischen.

5.7.4 Fibonacci-Mischen

Wenn die Eingabemenge die Speichergröße wesentlich übersteigt, müssen auf jeden Fall sortierte Sequenzen (der Länge $4n$) erzeugt werden, die später gemischt werden. Um sich überflüssige Kopieroperationen zu ersparen, sind hierfür mindestens vier Dateien notwendig: In jedem Durchlauf wird der Inhalt zweier Eingabedateien auf zwei Ausgabedateien gemischt und dabei die Sequenzlänge verdoppelt. Im nächsten Durchlauf werden die Rollen vertauscht, und die gerade geschriebenen Sequenzen werden eingelesen, um sie auf die frei gewordenen Ausgabedateien zu mischen.

Tab. 5.5 zeigt ein Beispiel für $N = 1000$ und $4n = 1000$ (d. h. den Fall, dass eine Million Datensätze sortiert werden müssen, aber nur 250 in den Speicher passen).

Wenn ursprünglich N Sequenzen erzeugt wurden, dann ist die Anzahl der Durchläufe mit vier Dateien $\lceil log_2 N \rceil$. Mit sechs Dateien kann die Sequenzlänge verdreifacht, mit k Dateien ver-k-facht werden. Die Anzahl der Durchläufe mit dieser Strategie ist dann $\lceil log_{k/2} N \rceil$ (siehe Tab. 5.6).

Tab. 5.5 Anzahl und Länge (in 1000) der Sequenzen mit vier Dateien

Durchlauf	1	2	3	4	5	6	7	8	9	10	11
Anzahl	1000	500	250	125	63	32	16	8	4	2	1
Länge	1	2	4	8	16	32	64	128	256	512	1000

Tab. 5.6 Anzahl und Länge (in 1000) der Sequenzen mit sechs Dateien

Durchlauf	1	2	3	4	5	6	7	8
Anzahl	1000	334	112	38	13	5	3	1
Länge	1	3	9	27	81	243	729	1000

Es stellt sich die Frage, ob diese triviale Strategie der gleichmäßigen Verteilung der Sequenzen auf die $k/2$ Dateien optimal ist. Von den $k/2$ Ausgabedateien wird nämlich immer nur eine benutzt. Es besteht jedoch keine Notwendigkeit, die Ein- und Ausgabedateien *gleichzeitig* umzuschalten. Dann kann man die Daten von $k-1$ Eingabedateien lesen (das Mischen läuft effizienter) und immer nur eine Ausgabedatei offen halten. Beispielsweise können 65 Sequenzen auf sechs Dateien nach Tab. 5.7 gemischt werden.

Hiernach werden die 65 Sequenzen auf fünf Dateien nach der ersten Spalte ($16+15+14+12+8$) verteilt. Beim ersten Durchlauf wurden acht Mischläufe in die Datei Nr. 6 durchgeführt. In der zweiten Spalte steht die Anzahl der restlichen Sequenzen auf jeder Datei. Ihre Gesamtzahl beträgt jetzt 33: In der (vorherigen Ausgabe-) Datei Nr. 6 sind jetzt acht (längere) Sequenzen, auf der Datei Nr. 5 gibt es jetzt keine mehr (zumal es ursprünglich nur acht gab).

Deswegen können im zweiten Durchlauf die vier Mischläufe in die Datei Nr. 5 ausgegeben werden (da sich in der Datei Nr. 4 nur vier Sequenzen befinden). Die Datei Nr. 4 wird dadurch leer, kann im dritten Durchlauf als Ausgabedatei benutzt werden. Hier finden zwei Mischläufe statt, in den letzten zwei nur je einer. Schließlich befindet sich nur eine sortierte Sequenz in der Datei Nr. 2.

Die Verteilung der 65 Sequenzen nach der Tab. 5.7 hat *Gilstad* (s. [Gil]) vorgeschlagen. Um seine Strategie zu verstehen, untersuchen wir, wie 21 Sequenzen mit Hilfe von drei Dateien gemischt werden können. In Tab. 5.8 stellen wir nun das Umschalten nicht mehr dar, d. h. in jedem Durchlauf notieren wir nur die Anzahl der Eingabedateien sowie ihre Summe.

Es ist wahrnehmbar, dass die Verteilung nach den *Fibonacci-Zahlen* (s. Abschn. 3.1.2) erfolgt. Diese heißen auch Fibonacci-Zahlen der 1. Ordnung, da die Formel $f_{n+1}=f_n+f_{n-1}$ *eine* Addition stattfindet. Ähnlich gibt es Fibonacci-Zahlen der 2., 3. usw. Ordnung: $^2f_{n+1}=^2f_n+^2f_{n-1}+^2f_{n-2}$ (für $n\geq 3$), $^3f_{n+1}=^3f_n+^3f_{n-1}+^3f_{n-2}+^3f_{n-3}$, usw. Die *Fibonacci-Zahlen der k. Ordnung* werden nach der Formel

$$^kf_{n+1} = {}^kf_n + {}^kf_{n-1} +\ldots+ {}^kf_{n-k}$$

Tab. 5.7 Fibonacci-Mischen mit sechs Dateien

Durchlauf:	1	2	3	4	5	6
1. Datei	16	8	4	2	1	0
2. Datei	15	7	3	1	0	1
3. Datei	14	6	2	0	1	0
4. Datei	12	4	0	2	1	0
5. Datei	8	0	4	2	1	0
6. Datei	0	8	4	2	1	0
Σ	65	33	17	9	5	1

Tab. 5.8 Fibonacci-Mischen mit drei Dateien

Durchlauf:	1	2	3	4	5	6	7
1. Datei	13	8	5	3	2	1	1
2. Datei	8	5	3	2	1	1	0
Σ	21	13	8	5	3	2	1

Tab. 5.9 Fibonacci-Zahlen der 4. Ordnung

n	1	2	3	4	5	6	7	8	9	10	11	12	…
^4f_n	1	1	1	1	1	5	9	17	33	65	129	253	…

errechnet; die ersten k Werte sind dabei $^kf_1 = {}^kf_2 = \ldots = {}^kf_{k-1} = 1$. Die Fibonacci-Zahlen der 4. Ordnung sind in Tab. 5.9 als Beispiel aufgeführt.

In der Tab. 5.7 können wir sehen, dass die Gesamtzahl der Dateien in jedem Durchlauf die Fibonacci-Zahlen der 4. Ordnung bilden. Wenn k Dateien zur Verfügung stehen, können wir die Fibonacci-Zahl der $k{-}2$-ten Ordnung für die Verteilung der Sequenzen benutzen. Die Zahl der Sequenzen auf den einzelnen Bändern ergibt sich aus einer Tabelle für die Fibonacci-Zahlen der $k{-}2$-ten Ordnung, die ähnlich wie die Tab. 5.7 aufgebaut ist.

Aufgabe 5.16

Entwickeln Sie eine Tabelle für $k = 4$, ähnlich der Tab. 5.7. Zeichnen Sie das Verfahren, wie 100 Sequenzen nach dem Fibonacci-Algorithmus gemischt werden.

Baumstrukturen

6

Zusammenfassung

Bis jetzt haben unsere Algorithmen Reihungen bearbeitet; eine Ausnahme hiervon bilden die Algorithmen aus dem Abschn. 4.4, die verkettete Listen bearbeitet haben. In diesem Kapitel werden wir Algorithmen untersuchen, die *Bäume* bearbeiten.

Wir betrachten hier Bäume, bei denen jeder Knoten eine *Folge* von Nachfolgern hat, und nicht eine *Menge* von Nachfolgern. Bei einer Menge spielt die Reihenfolge der Elemente keine Rolle, bei einer Folge spielt sie eine wichtige Rolle. Wir betrachten die beiden Bäume in der Abb. 6.1 also als *verschiedene* Bäume.

Manchmal betrachtet man Bäume auch als „Mobiles" (die an der Decke hängen und sich im Wind drehen können) und abstrahiert von der Reihenfolge der Nachfolger eines Knotens. Bei dieser Betrachtungsweise sind die beiden Bäume in Abb. 6.1 *gleich*.

6.1 Binärbaum

▶ Als Erstes lernen wir dabei den *Binärbaum* kennen.

6.1.1 Definition

Ein *Binärbaum* ist ein Baum, bei dem jeder Knoten höchstens zwei *Nachfolger* hat. Seine Datenstruktur besteht aus Knotenobjekten mit zwei Knotenreferenzen.[1] Jeder Knoten hat also zwei Nachfolger.

---

[1] Und evtl. weitere Komponenten für die „Daten", die man im Binärbaum speichern möchte.

© Springer Fachmedien Wiesbaden GmbH 2017
A. Solymosi, U. Grude, *Grundkurs Algorithmen und Datenstrukturen in JAVA*,
DOI 10.1007/978-3-658-17546-7_6

Abb. 6.1 Zwei verschiedene Bäume

Im Binärbaum wird jeder Knoten genau einmal referenziert, d. h. in einem Binärbaum hat jeder Knoten, mit Ausnahme des Wurzelknotens, genau einen *Vorgänger*.[2] Ein *Blatt* ist ein Knoten, der keinen Nachfolger hat. Die anderen Knoten heißen auch *innere Knoten* (siehe Abb. 6.2).

Es liegt nahe, die Knoten eines Binärbaums in *Ebenen* einzuteilen (siehe Abb. 6.3).

Ein Binärbaum heißt *voll*, wenn außer der letzten alle seine Ebenen „voll besetzt sind", d. h. wenn die Ebene k genau 2^k Knoten enthält. Die letzte Ebene darf auch in einem vollen Baum weniger als 2^k Knoten enthalten. Der Baum in der vorigen Abb. 6.3 ist nicht voll, da die Ebene 2 nur drei (statt vier) Knoten enthält. Der Baum in Abb. 6.4 ist voll.

Ein Binärbaum heißt *komplett*, wenn er voll ist und die Knoten auf der letzten Ebene „alle linksbündig und dicht" angeordnet sind. Der Baum in Abb. 6.4 ist zwar voll, aber nicht komplett, da die Ebene 3 „Löcher" enthält. Der Binärbaum in Abb. 6.5 ist komplett.

Alle Knoten auf der Ebene 3 stehen „linksbündig und dicht".

Ein Binärbaum ist *sortiert*, wenn für jeden Knoten gilt:

1. kein Knoten im linken Unterbaum hat einen größeren Schlüssel
2. kein Knoten im rechten Unterbaum hat einen kleineren Schlüssel.

Die *Tiefe* eines Binärbaums gibt an, wie weit die „tiefsten" Blätter von der Wurzel entfernt sind. Sein *Gewicht* ist die Anzahl der Knoten (siehe Abb. 6.6).

Die Behandlung von mehreren Elementen mit dem gleichen Schlüssel wird etwas einfacher, wenn man den Begriff „sortiert" etwas strenger fasst: Ein Binärbaum ist *streng sortiert*, wenn für jeden Knoten gilt:

1. alle Knoten im linken Unterbaum haben kleinere Schlüssel, und
2. alle Knoten im rechten Unterbaum haben größere oder gleiche Schlüssel.[3]

Aufgabe 6.1

Beweisen Sie, dass ein Baum der Tiefe n (höchstens) $2^n - 1$ Knoten besitzen kann. Oder anders herum: Ein Binärbaum mit n Knoten hat mindestens die Tiefe $1 + \lfloor log_2\, n \rfloor$.[4]

---

[2] Oder: einen *Vater*, evtl.: eine *Mutter*.

[3] Eine alternative Definition ist, wenn die gleichen Schlüssel im linken Unterbaum platziert werden.

[4] Die Operation $\lfloor x \rfloor$ rundet die Bruchzahl x auf die nächstkleinere oder gleiche Ganzzahl ab (s. auch die Java-Funktion `Math.floor`).

Abb. 6.2 Knotenarten im
Baum

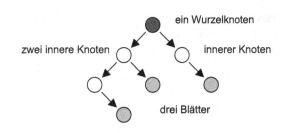

Abb. 6.3 Die Ebenen eines
Baumes

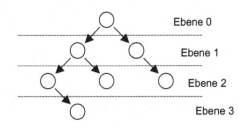

Abb. 6.4 Ein voller
Binärbaum

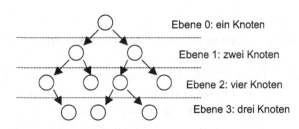

Abb. 6.5 Ein kompletter
Binärbaum

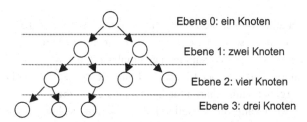

Aufgabe 6.2

Bilden Sie alle sortierten Binärbäume mit drei Knoten, die die Schlüssel 1, 2 und 3 haben.

Aufgabe 6.3

Wie kann man die Anzahl der sortierten Binärbäume mit n Knoten (die die Schlüssel 1 bis n haben) berechnen?

Aufgabe 6.4

Geben Sie einen Baum an, der zwar sortiert, aber nicht streng sortiert ist.

Abb. 6.6 Binärbäume
verschiedener Tiefen und
Gewichte

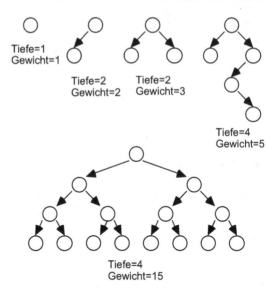

6.1.2   Suchen im sortierten Binärbaum

▶   Das im Abschn. 4.3.3 vorgestellte Verfahren für das *binäre Suchen* in einer
    (sortierten) Reihung ist „sehr schnell", hat aber den Nachteil: Das Einfügen hat
    eine Zeitkomplexität von $O(n)$ und die Reihung muss „von Anfang an" so groß
    vereinbart werden, dass alle späteren Einfügungen darin Platz haben.

Dagegen hatten die Lösungen mit einer verketteten Liste den Vorteil, dass Speicherplatz
erst dann reserviert werden muss, wenn er wirklich gebraucht wird, und dass das Einfügen
eines Elementes (wenn man erst mal weiß, *wo* man es einfügen will) in einem Schritt geht,
unabhängig von der Länge der Liste. Leider ist das Suchen in einer verketteten Liste (im
Vergleich zum binären Suchen) relativ langsam.

Man kann die Vorteile einer sortierten Reihung beim Suchen und die Vorteile einer
verketteten Liste beim Einfügen kombinieren, indem man die Objekte zu einem *sortierten
Binärbaum* zusammenfügt. Wie lange das Suchen in einem sortierten Binärbaum dauert,
hängt auch ganz wesentlich davon ab, wie „gut" bzw. „schlecht" der Baum ist. Gut ist z. B.
ein voller Baum mit n Knoten, dessen Tiefe gleich $1 + log_2 n$. Ein besonders schlechter
Baum hat Tiefe n; er hat die gleiche Struktur wie eine verkettete Liste.

Glücklicherweise gibt es mehr „gute" Binärbäume als „schlechte". Wenn man alle sortierten Binärbäume mit den Schlüsseln 1 bis n betrachtet, dann haben sie im Durchschnitt
eine Tiefe von $2\ log_2 n$.

Zahlenbeispiel   Der beste sortierte Binärbaum mit 1023 Knoten hat die Tiefe 10, der
schlechteste hat die Tiefe 1023, und im Durchschnitt haben solche Bäume etwa die
Tiefe 20. Der Durchschnitt 20 liegt also viel näher am besten Fall 10 als am schlechtesten Fall 1023.

6.1.3 Darstellung von Binärbäumen

Eine Klasse, die einen allgemeinen Binärbaum implementiert, ist:

```
class Binärbaum<E extends Comparable<E>> {
 protected static class Knoten<E extends Comparable<E>> {
  private E inhalt;
  private Knoten<E> links, rechts;
  public Knoten(E inhalt) { this.inhalt = inhalt; }
 }
 protected Knoten<E> wurzel;
 ... // Zugriffsmethoden
}
```

Der Typ der wert-Komponente eines Knotens ist vom Typparameter E, von der nur die Implementierung der Comparable-Methode compareTo erwartet wird. Alternativ können auch primitive Typen wie int usw. als wert-Komponente vereinbart werden – dann müssen aber die compareTo-Aufrufe auf Operatoraufrufe < ausgetauscht werden.

Eine alternative Darstellung ist, ähnlich wie bei verketteten Listen im Abschn. 4.4, wenn man einen leeren Baum durch zwei Pseudoknoten (d. h. nicht etwa durch null Knoten) darstellt. Dadurch werden einige Algorithmen eleganter und schneller. Der eine Pseudoknoten stellt den „Beginn" des Binärbaumes dar. In sortierten Bäumen sollte er den kleinsten möglichen Schlüssel (z. B. Integer.MIN_VALUE) enthalten, und seine Referenz rechts auf den rechten Nachfolger sollte normalerweise auf den Wurzelknoten des Binärbaumes zeigen (der „Beginn-Pseudoknoten" liegt also noch über oder vor dem Wurzelknoten). Der zweite Pseudoknoten stellt das „Ende" des Binärbaumes dar: Alle links- und rechts-Referenzen, die auf keinen richtigen Nachfolger-Knoten zeigen, sollten statt null auf diesen Ende-Pseudoknoten zeigen.

Ein leerer Binärbaum besteht dann nur aus den beiden Pseudoknoten, und die rechts-Referenz des Beginn-Knotens zeigt direkt auf den Ende-Knoten (er kann nicht auf den Wurzelknoten zeigen, weil ein leerer Baum noch nicht einmal einen Wurzelknoten besitzt).

In Abb. 6.7 sind die beiden Pseudoknoten durch Rechtecke (unterschiedlicher Größe) und die eigentlichen Knoten durch Kreise dargestellt. Trotzdem sollen *alle* Knoten (die eigentlichen Knoten und die Pseudoknoten) von derselben Klasse Knoten sein.

Bevor man in einem solchen Baum nach einem Schlüssel schlüssel sucht, sollte man diesen Suchschlüssel in den Ende-Knoten bringen. Auf diese Weise ist man sicher, dass man einen Knoten mit dem Schlüssel schlüssel finden wird; die Abbruchbedingung für die Suchschleife wird dadurch einfach.

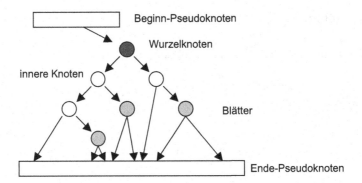

Abb. 6.7 Ein Binärbaum mit sieben Knoten und zwei Pseudoknoten

Wenn man in einem *streng sortierten* Binärbaum einen Knoten mit einem gegebenen Schlüssel gefunden hat, dann weiß man, dass alle weiteren Knoten mit dem gleichen Schlüssel im rechten Unterbaum stehen müssen. Es gilt sogar: Knoten mit gleichem Schlüssel bilden eine verkettete Liste. Eine solche Liste besteht aus Knoten, die jeweils nur einen rechten Nachfolger, aber keinen linken Nachfolger haben. Nur das letzte Listenelement bildet eine Ausnahme und kann einen linken Nachfolger haben. Diese „Listen von Knoten mit gleichem Schlüssel" können einen Baum sehr unausgeglichen machen und den Suchalgorithmus verlangsamen.

Aufgabe 6.5

Programmieren Sie eine Klasse mit zwei Methoden einfügen und suchen; durch sie kann man ein Element in einen sortierten Binärbaum einfügen bzw. einen Knoten aus dem Baum entfernen bzw. ein Element suchen.

```
public void einfügen(E element) {...}
public Knoten<E> suchen(E element) {...}
```

Der Konstruktor Ihrer Klasse soll die zwei Referenzen beginn und ende initialisieren, die auf den Beginn-Pseudo-Knoten bzw. auf den Ende-Pseudo-Knoten zeigen.

6.2   Sortieren mit Binärbäumen

Im Folgenden interessieren wir uns für Binärbäume, bei denen jeder Knoten eine Referenz auf ein *Objekt* enthält. Jedes Objekt enthält eine Schlüsselkomponente schlüssel oder die Vergleichsmethode compareTo sowie eventuell weitere Datenkomponenten.

In den grafischen Darstellungen werden wir nur die Schlüsselkomponente in die Knoten einzeichnen und die weiteren Datenkomponenten weglassen. Als Schlüssel werden wir *Buchstaben* verwenden. Ein Beispiel ist in Abb. 6.8 zu sehen.

Abb. 6.8 Ein Baum mit
eingezeichneten Schlüsseln

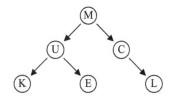

6.2.1 Binärbaum als Halde

Bäume lassen sich auf sehr verschiedene Weise in einem Rechner darstellen. Viele
Darstellungen verwenden *Referenzen*, um die einzelnen Knoten eines Baumes miteinander
zu verbinden („zu verzeigern"). Diese Referenzen belegen natürlich „extra" Speicherplatz.
Für *komplette* Binärbäume gibt es aber auch eine besonders „elegante" Darstellung, die
ohne Referenzen auskommt. Einen Baum mit n Knoten schreibt man in eine Reihung
sammlung mit n Elementen. In sammlung benutzen wir dabei nur die Indizes 1 bis n, der
Platz mit dem Index 0 bleibt unbenutzt. Man schreibt die Knoten des Baumes einfach
„Ebene für Ebene" von links nach rechts in die Reihung (siehe Abb. 6.9).

Bemerkung In diesem Sinne ist der im Abschn. 5.5 eingeführte Begriff *Halde* die
Reihungsdarstellung eines Binärbaums. Dort haben wir in der Reihung sammlung immer
einen *kompletten Binärbaum* abgespeichert. Die Komponenten der Reihung sammlung
entsprechen den Knoten des Binärbaums. Der *Vorgänger* bzw. *Nachfolger* einer
Komponente sammlung[i] entspricht genau dem *Vorgänger* bzw. *Nachfolger* des entsprechenden Knotens im Binärbaum.

Aufgabe 6.6

Welche Probleme bekommt man, wenn man *nicht*-komplette, Binärbäume auf die oben
geschilderte, elegante Weise (ohne Referenzen) darstellt?

Aufgabe 6.7

Statt „Binärbaum" schreiben wir kürzer „2-Baum" und verstehen unter einem 3-Baum
einen Baum, bei dem jeder Knoten höchstens drei Nachfolger hat. Kann man komplette
3-Bäume ähnlich elegant in einer Reihung abspeichern wie 2-Bäume? Was ist mit
4-Bäumen, 5-Bäumen usw.?

6.2.2 Senken im Binärbaum

Die im Abschn. 5.5.3 vorgestellte Hilfsprozedur senken arbeitet an Binärbäumen, die in
einer Reihung abgespeichert wurden. Sie repariert eine „fast-Halde", die nur an der Wurzel
„gestört" ist, zu einer Halde. Die Halde aus der Tab. 5.8 kann als Baum wie in Abb. 6.10
gezeigt dargestellt werden.

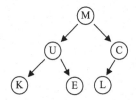

	M	U	C	K	E	L	
0	1	2	3	4	5	6	

Reihungsdarstellung

Indizes (0 unbenutzt)

Abb. 6.9   Ein kompletter Binärbaum

Abb. 6.10   Ein an der Wurzel „gestörter sortierter" Binärbaum

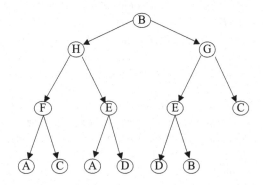

Dieser Baum stellt einen fast sortierten Binärbaum dar. Nur der Schlüssel der Wurzel (B) ist *kleiner* als die Schlüssel seiner Nachfolger (H und G). Wir wenden die Prozedur senken auf diesen Baum an (siehe Abb. 6.11).

Nach Anwendung des Algorithmus senken ist der Baum sortiert (die entsprechende Reihung in der Tabelle 5.9 ist eine Halde), siehe Abb. 6.12.

Hier folgt die Prozedur senken für einen Binärbaum aus einer generischen Klasse mit Typparameter E **implements** Comparable<E>:

```
void senken() { // der störende Wurzelknoten wird gesenkt
  final E zuSenken = wurzel.inhalt;
  Knoten<E> nachfolger = wurzel.rechts; // rechter Nachfolger
  while (nachfolger != null && nachfolger.inhalt.compareTo(zuSenken)
  < 0) {
    nachfolger. inhalt = nachfolger.rechts. inhalt; // hochrücken
    nachfolger = nachfolger.rechts; // nach unten gehen
  };
  nachfolger.inhalt = zuSenken; // Element einfügen
}
```

Abb. 6.11   Senken

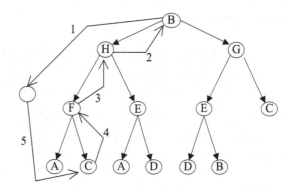

Abb. 6.12   Reparierter
Binärbaum

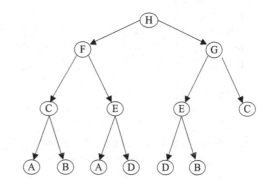

Aufgabe 6.8

Die Prozedur senken kann rekursiv noch eleganter[5] programmiert werden. Fertigen Sie nun eine entsprechende Version an.

Aufgabe 6.9

Welche Fälle sind für die Prozedur senken für Bäume besonders günstig? Welche sind besonders ungünstig? Welche Zeitkomplexität hat die Prozedur senken im günstigsten und im ungünstigsten Fall? Vergleichen Sie die Ergebnisse mit denen der Aufgabe 5.13.

Aufgabe 6.10

Formulieren Sie in einer Baumklasse die Methode sort auf die Analogie von heapSort: Tauschen Sie alle Blätter (alle Knoten der letzten Ebene) gegen den Wurzelknoten aus und senken sie.

---

[5] Allerdings erhöht dies die Speicherkomplexität durch den Verbrauch von Stack.

6.2.3   Baumsort

▶   Im vorherigen Kapitel haben wir einen Binärbaum zu einem sortierten Binärbaum
umgewandelt. Jetzt wollen wir mit Hilfe eines sortierten Binärbaumes eine
unsortierte Folge in eine sortierte Folge umwandeln.

Wir gehen davon aus, dass die Eingabedaten (wie im Abschn. 5.7.1) von einem `Iterator`-
Parameter geliefert und die Ergebnisdaten von einem `List`-Parameter aufgenommen
werden:

```
class BaumSort<E extends Comparable<E>> {
 protected class Knoten { // ⁶
  private E inhalt;
  private Knoten links, rechts; // links enthält kleinere, rechts größere Werte
  public Knoten(E inhalt) { this.inhalt = inhalt; }
  public void aufbau(E wert) {
   if (inhalt.compareTo(wert) > 0) { // wert ist kleiner
    if (links == null)
     links = new Knoten(wert);
    else
     links.aufbau(wert); // rekursiv
   } else { // wert ist größer, ähnlich
    if (rechts == null)
     rechts = new Knoten(wert);
    else
     rechts.aufbau(wert);
   }
  }
  public void abbau() {
   if (links != null)
    links.abbau();
   ausgabe.add(inhalt);
   if (rechts != null)
    rechts.abbau();
  }
 }
 private Knoten wurzel;
 private List<E> ausgabe;
 public BaumSort(Iterator<E> eingabe, List<E> ausgabe) {
  // requires eingabe.hasNext(); // d.h. eingabe nicht leer
  this.ausgabe = ausgabe;
  this.wurzel = new Knoten(eingabe.next()); // erstes Element von eingabe
  while (eingabe.hasNext()) // vom zweiten Element an
   wurzel.aufbau(eingabe.next());
  wurzel.abbau(); // Elemente werden sortiert ausgegeben
```

---

⁶ Diesmal ist Knoten eine innere Klasse (nicht **static**), deswegen nicht generisch.

Ergänzen Sie das obige Programm durch geeignete Ausgaben (auf `System.out.println`), damit Sie seine Arbeitsweise nachvollziehen können. Führen Sie den Algorithmus mit 20 Zahlen auf Papier durch und vergleichen Sie Ihr Ergebnis mit der Ausgabe. Was ist die Zeit- und Speicherkomplexität des Baumsorts?

6.2.4   Durchwandern eines Binärbaums

▶   Um ein bestimmtes Element im Baum zu finden, muss er *durchwandert* (*traversiert*) werden. Das obige Sortierverfahren ist ein Beispiel dafür.

Ein Binärbaum kann auf mehrere verschiedene Arten durchwandert werden. Drei von diesen Arten heißen *preorder*, *inorder* und *postorder*. Bei der ersten Art wird die Wurzel des Baumes *vor* den beiden Teilbäumen besucht. Bei „inorder"-Durchsuchen wird die Wurzel *zwischen* den beiden Teilbäumen manipuliert, dagegen wird beim „postorder" die notwendige Operation zuerst an den beiden Teilbäumen, anschließend an der Wurzel durchgeführt:

```
void inorder() {
  if (links != null) // zuerst linken Baum durchwandern
   links.inorder();
  operation(inhalt); // dann Operation durchführen
  if (rechts != null) // schließlich rechten Baum durchwandern
   rechts.inorder();
}
void preorder() {
  operation(inhalt); // zuerst Operation durchführen
  if (links != null) // dann linken Baum durchwandern
   links.preorder();
  if (rechts != null) // schließlich rechten Baum durchwandern
   rechts.preorder();
}
void postorder() {
  if (links != null) // zuerst linken Baum durchwandern
   links.postorder();
  if (rechts != null) // dann rechten Baum durchwandern
   rechts.postorder();
  operation(inhalt);// schließlich Operation durchführen
}
```

Als Beispiel für das Durchwandern eines Binärbaum betrachten wir den sortierten Binärbaum in Abb. 6.13.

In der `operation`-Methode setzen wir einfach `System.out.println` ein, um zu erkennen, in welcher Reihenfolge die Knoten beim Traversieren besucht werden. Das

Abb. 6.13 Sortierter
Binärbaum

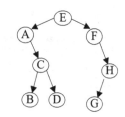

Abb. 6.14 „inorder"
Traversieren

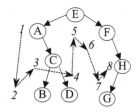

inorder-Durchwandern besucht zuerst den linken Teilbaum, d. h. alle kleineren Knoten,
dann den aktuellen, anschließend den rechten Teilbaum, d. h. alle größeren Knoten. Das
Ergebnis ist die sortierte Folge in Abb. 6.14.

Die Reihenfolge ist also die sortierte: „A B C D E F G H"

Beim preorder-Durchwandern wird der Baum „von oben nach unten" etwa „außen herum" durchsucht: zuerst der aktuelle Knoten, dann der linke Teilbaum, schließlich der
rechte Teilbaum. Die Reihenfolge ist hier „E A C B D F H G". Das postorder-Traversieren
dient dazu, den Baum „von unten nach oben" durchzuwandern; die Knoten werden aber
„von innen herum" besucht. Die Reihenfolge ist „B D C A G H F E".

Eine Anwendung des postorder-Traversierungsverfahrens ist das Suchen eines
Elements in einem geordneten Binärbaum:

```
boolean vorhanden(final E element) {
  if (element.compareTo(inhalt) < 0)
    return links != null && links.vorhanden(element); // 7
  else if (inhalt.compareTo(element) < 0)
    return rechts != null && rechts.vorhanden(element);
  else
    return inhalt == element;
}
```

Zuerst wird der linke Teilbaum durchsucht, dann der rechte; wenn ohne Erfolg, dann wird
schließlich der aktuelle Knoten untersucht, ob er das gesuchte Element enthält.

---

[7] Durch die „kurzgeschlossene" Konjunktion && wird der zweite Operand (der rekursive Aufruf) nur
ausgeführt, wenn der erste Operand **true** ergibt, d. h. wenn die Referenz links bzw. rechts ungleich null ist.

Aufgabe 6.12

Ergänzen Sie das obige Programm durch Ausgaben (System.out.println), damit Sie seine Arbeitsweise nachvollziehen können. Führen Sie den Algorithmus mit 20 Zahlen auf Papier durch und vergleichen Sie Ihr Ergebnis mit der Ausgabe.

6.3 Operationen für Binärbäume

▶ Die im Kap. 5 vorgestellten Sortierverfahren arbeiten in Reihungen; diese werden typischerweise mit Iterationen abgearbeitet. Rekursiv definierte Datenstrukturen werden typischerweise mit *Rekursion* abgearbeitet.

6.3.1 Binärbaum aus Knoten

Im Abschn. 6.1.3 haben wir die leeren Zweige mit Pseudoknoten markiert. Im Abschn. 6.2.3 haben wir in die Referenzen links bzw. rechts ggf. einen null-Wert gesetzt. Wir lernen jetzt eine dritte Alternative zur Darstellung von Bäumen kennen.[8] Hier enthält jedes Baum-Objekt genau eine Referenz auf ein Knoten-Objekt. Wenn diese null ist, ist der Baum leer. Ansonsten enthält der Knoten den Wert und die Referenzen auf den linken und rechten Baum, die ihrerseits leer sein können, wenn ihre (einzige) Knoten-Komponente null ist. Die Referenzen links und rechts in der Knoten-Klasse sind jedoch nie null, bestenfalls referenzieren sie einen „leeren Baum":[9]

```
class Baum<E extends Comparable<E>> {
 private static class Knoten<E extends Comparable<E>> {
  private E inhalt;
  private Baum<E> links, rechts;
  public Knoten(E inhalt) { // ensures links != null && rechts != null
   this.inhalt = inhalt;
   links = new Baum<>();
   rechts = new Baum<>();
  }
 }
 private Knoten<E> knoten;
 public Baum() { knoten = null; }
 public boolean istLeer() { return knoten == null; }
 ... // Methoden in den nächsten Kapiteln
}
```

---

[8] Diejenige ist vorzuziehen, mit der sich der Algorithmus am elegantesten formulieren lässt.

[9] In C++ kann man leere Bäume noch einfacher darstellen, weil dort Parameter „per Referenz" übergeben werden können; in Java muss dies „nachgebaut" werden.

6.3.2 Eintragen in einen sortierten Binärbaum

Die Traversierungsalgorithmen aus dem Abschn. 6.2.4 funktionieren an jedem Binärbaum, ob er sortiert ist oder nicht. Beim Eintragen in einen Baum muss zuerst festgelegt werden, an welcher Stelle die Eintragung erfolgen kann. Das Einfachste dabei ist das Kriterium der Sortierung.

In der Klasse SortierBaum im Abschn. 6.2.3 haben wir Algorithmen verwendet, die denen in einer allgemeinen Baum-Klasse ähnlich sind:

```
public void eintragen(final E element) { // ensures vorhanden(element);
  if (istLeer())
    knoten = new Knoten<> (element);
  else if (element.compareTo(knoten.inhalt) < 0)
    knoten.links.eintragen(element);
  else // rechts eintragen, auch wenn gleich
    knoten.rechts.eintragen(element);
}
```

Als Beispiel tragen wir die Buchstaben (E F A C H B G D) einen nach dem anderen sortiert in den Baum ein (siehe Abb. 6.15).

Aufgabe 6.13

Programmieren Sie die Methoden

```
public E kleinstesElement(); // liefert das kleinste Element im Baum
public E größtesElement(); // liefert das größte Element im Baum
```

sowohl rekursiv wie auch mit Wiederholung.

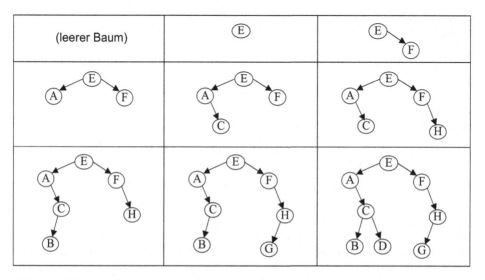

Abb. 6.15 Eintragen in einen sortierten Binärbaum

Aufgabe 6.14

Ergänzen Sie das obige Programm durch Ausgaben. Tragen Sie 20 Zahlen auf Papier in den Baum ein und vergleichen Sie Ihre Ergebnisse mit der Ausgabe.

6.3.3   Löschen in Binärbäumen

Der Algorithmus für `löschen` ist nicht einfach. Nach der rekursiven Suche muss unterschieden werden, wie viele Nachfolger der zu löschende Knoten hat: keinen (Fall 1), einen (Fall 2) oder zwei (Fall 3). Der Fall 1 ist problemlos: Die `Knoten`-Referenz im Baum (ohne Nachfolger) muss einfach auf `null` gesetzt werden (siehe Abb. 6.16).

Im Fall 2 muss der Nachfolgeknoten an die Stelle des zu löschenden Knotens umgehängt werden (siehe Abb. 6.17).

Fall 3 (siehe Abb. 6.18) ist deswegen schwierig, weil man zwei Teilbäume (den linken und den rechten Nachfolger des zu löschenden Knotens) an die Stelle des zu löschenden Knotens einhängen muss. Hierzu wird der Baum lokal etwas umorganisiert: Das kleinste Element des rechten (oder alternativ das größte Element des linken) Teilbaums muss gefunden werden. Dieser Knoten hat höchstens einen Nachfolger. Der Inhalt dieses Elements wird in den zu löschenden Knoten kopiert. Wenn er der unmittelbare (rechte)

Abb. 6.16   Fall 1 (kein Nachfolger: löschen)

Abb. 6.17   Fall 2 (ein Nachfolger: umhängen)

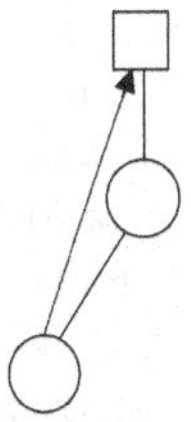

Abb. 6.18   Fall 3 (zwei Nachfolger: austauschen)

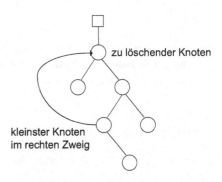

zu löschender Knoten

kleinster Knoten
im rechten Zweig

Nachfolgeknoten des zu löschenden Elements ist, wird er direkt ausgehängt (indem sein
rechter Nachfolger als rechter Nachfolger des gefundenen Knotens eingehängt wird).
Ansonsten kann dieses kleinste Element rekursiv gelöscht werden. Da es höchstens einen
(rechten) Nachfolger hat, läuft die Rekursion auf den Fall 1 oder 2 hinaus.

In Java kann dies folgendermaßen programmiert werden:

```
public void löschen(final E element) {
 if (istLeer())
  return; // element ist nicht vorhanden; Alternativ: Ausnahme auslösen
 else if (element.compareTo(knoten.inhalt) < 0) // element < inhalt
  knoten.links.löschen(element); // suchen im linken Teilbaum
 else if (knoten.inhalt.compareTo(element) < 0) // element > inhalt
  knoten.rechts.löschen(element); // suchen im rechten Teilbaum
 // else element == inhalt; Element gefunden
 else if (knoten.links.istLeer()) { // höchstens ein Nachfolger
  if (knoten.rechts.istLeer()) // kein Nachfolger; Fall 1
   knoten = null; // gefundenen Knoten einfach vernichten
  else // ein Nachfolger rechts; Fall 2
   knoten = rechterKnoten(); // rechten Teilbaum umhängen
 }
 else if (knoten.rechts.istLeer()) // ein Nachfolger links; Fall 2
  knoten = linkerKnoten(); // linken Teilbaum umhängen
 // else zwei Nachfolger: Fall 3
  /* das kleinste Element im rechten (größeren) Teilbaum wird gesucht,
     dann mit dem gefundenen Element ausgetauscht und gelöscht: */
 else if (rechterKnoten().links.istLeer()) {
   // rechts hat keinen linken Nachfolger: kann kopiert und aushängt werden
   knoten.inhalt = rechterKnoten().inhalt; // Inhalt von rechts kopieren
   knoten.rechts = rechterKnoten().rechts; // Knoten aushängen
 } else { // das kleinste Element in rechts suchen, austauschen und löschen:
   Baum<E> vorgänger = knoten.rechts.vorgängerDesKleinsten();
   Baum<E> kleinster = vorgänger.knoten.links;
   // kleinster hat höchstens einen (rechten) Nachfolger
   this.knoten.inhalt = kleinster.knoten.inhalt; // Inhalt kopieren
   vorgänger.löschen(kleinster.knoten.inhalt); // kleinsten Knoten löschen
 }
}
private Baum<E> vorgängerDesKleinsten() {
 // liefert den Baum, dessen linker Nachfolger den kleinsten Wert hat
 if (linkerKnoten().links.istLeer()) // links hat keinen linken Nachfolger
  return this;
 else
  return knoten.links.vorgängerDesKleinsten(); // rekursiv
}
private Knoten<E> linkerKnoten() { return knoten.links.knoten; }
private Knoten<E> rechterKnoten() { return knoten.rechts.knoten; }
```

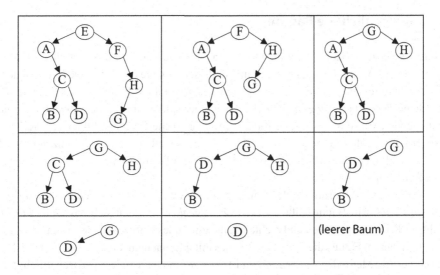

Abb. 6.19 Löschen im sortierten Binärbaum

Durch den wiederholten Austausch des kleinsten Elements des rechten Teilbaums im Fall 3 kann der Baum „einseitig" werden. Das Verfahren ist etwas besser, wenn die Methode vorgängerDesGrößten (mit geeigneter Vereinbarung) alternierend zu vorgänger-DesKleinsten aufgerufen wird. Dadurch wird der Baum etwas ausgeglichener, es wird hierfür jedoch keine Garantie geboten. Im nächsten Kapitel lernen wir einen Algorithmus kennen, der die Ausgeglichenheit des Baumes sicherstellt.

Nach dem obigen Algorithmus löschen wir jetzt die Buchstaben (E F A C H B G D) in derselben Reihenfolge aus dem Baum, der nach der Abb. 6.15 aufgebaut wurde (siehe Abb. 6.19).

Aufgabe 6.15

Modifizieren Sie Ihren Testtreiber aus der vorigen Aufgabe 6.14: Nachdem Sie den Baum aufgebaut haben, löschen Sie alle Elemente nacheinander; rufen Sie nach jedem Löschen inorder auf. Üben Sie den Algorithmus vorher auf Papier und vergleichen Sie Ihre Ergebnisse mit der Ausgabe.

Aufgabe 6.16

Der Löschalgorithmus ist auch für eine Baumdarstellung implementierbar, die um eine Datenkomponente ergänzt wird, durch die jeder Knoten seinen Vaterknoten referenziert. Dann kann ein gefundenes Element leicht ausgehängt werden. Der Wurzelknoten muss allerdings immer gesondert behandelt werden.

Erweitern Sie nun die Klasse Binärbaum auf diese Weise und implementieren Sie darin löschen. Der Testtreiber aus der vorherigen Übung soll hierfür – nach geeigneter Umgestaltung – auch funktionieren.

6.4   Ausgeglichene Bäume

Ein Baum wird aufgebaut, indem die Operation `eintragen` (z. B. in einer Schleife) öfter aufgerufen wird. Wenn die `element`-Parameter dieser Aufrufe eine zufällige Folge bilden, wird ein Baum mit mehr oder weniger gleichmäßig verteilten Zweigen und Blättern erzeugt. Seine *Tiefe* ist ca. 2 log_2 n, wo n die Anzahl der Knoten im Baum ist. Wenn aber die einzutragenden Werte eine sortierte (oder umgekehrt sortierte) Folge bilden, entsteht ein entarteter Baum: Alle Referenzen `links` (bzw. `rechts`) sind `null`, die Referenzen `rechts` (bzw. `links`) bilden eine verkettete Liste. Die Tiefe des Baumes ist n und das `eintragen` hat die Zeitkomplexität $O(n)$.

Ein verbesserter Algorithmus des Eintragens (und des Löschens) erzeugt einen *ausgeglichenen Baum*. Ein Baum heißt *vollständig ausgeglichen*, wenn sich das *Gewicht* (die Anzahl der Knoten) des linken und rechten Teilbaums jedes Knotens höchstens um 1 unterscheidet. In diesem Fall ist die Tiefe des Baumes mit n Elementen kleiner als $log_2(n+1)$. Die Algorithmen der Methoden `eintragen` und `löschen` sind dann aber unwirtschaftlich: Der Baum muss regelmäßig (im Durchschnitt bei jedem 2. Aufruf) umstrukturiert werden. Adelson-Velskii und Landis (s. [AVL]) haben eine weichere Definition der Ausgeglichenheit vorgeschlagen, die den Operationen eine Zeitkomplexität von $O(log_2 n)$ garantiert.

Sie nennen einen Baum *ausgeglichen*, wenn sich nicht die *Gewichte*, sondern die *Tiefen* für jeden Knoten des rechten und des linken Teilbaums höchstens um 1 unterscheiden. Solche Bäume heißen *AVL-Bäume*[10]. Alle Methoden, die den Baum verändern, sollen dafür Sorge tragen, dass die Ausgeglichenheit nicht verletzt wird; gegebenenfalls sollen sie den Baum umstrukturieren. Bemerkenswert hierbei ist, dass die Umstrukturierung entweder lokal bleibt (beim `eintragen`) oder höchstens an einem Pfad entlang[11] durchgeführt wird; die Komplexität des Umstrukturierens ist also $log_2 n$.

Um die Ausgeglichenheit zu überwachen, wird jedem Knoten eine zusätzliche Komponente `ausgleich` hinzugefügt, die drei **enum**-Werte aufnehmen kann: LINKS (für *linkslastig*), AUSG (für *ausgeglichen*) und RECHTS (für *rechtslastig*). Jede verändernde Methode muss diese Komponente aktualisieren und dafür sorgen, dass die Ausgeglichenheit bewahrt bleibt.

6.4.1   Eintragen in ausgeglichene Bäume

Für die Methode `eintragen` an einen bestimmten Knoten müssen wir folgende Fälle unterscheiden:

* Die beiden Tiefen sind vor dem Methodenaufruf gleich (AUSG); durch das `eintragen` werden sie unterschiedlich (LINKS oder RECHTS), die Bedingung wird also nicht verletzt.

---

[10] Nach den Entwicklern Adelson-Velskii und Landis.

[11] D. h. von der Wurzel über innere Knoten bis zum Blatt.

- Die Tiefe des Teilbaums (`links` oder `rechts`), in den das neue Element eingefügt werden soll, ist kleiner als die des anderen (`RECHTS` bzw. `LINKS`). Durch das `eintragen` werden die Tiefen gleich (`AUSG`).
- Der Teilbaum (`links` oder `rechts`), in den das neue Element eingefügt werden soll, ist tiefer als der andere (`LINKS` bzw. `RECHTS`). Durch das `eintragen` wird die Ausgeglichenheit verletzt. Der Baum muss umstrukturiert werden.

Den Prozess der Umstrukturierung nennen Adelson-Velskii und Landis *Rotieren*. Sie unterscheiden zwischen *einfachem* und *doppeltem* Rotieren. Folgende Fälle können dabei auftreten:[12]

Fall 1 Nach dem `eintragen` wird der Baum B in Abb. 6.20 *außen* schwer: Der schwere Zweig wird von der Wurzel mit links-links (bzw. rechts-rechts) erreicht. Das *einfache* Rotieren der Knoten A und B gleicht die Tiefen der Wurzel aus.

Fall 2 Nach dem `eintragen` wird der Baum C in Abb. 6.21 *innen* schwer: Der schwere Zweig wird von der Wurzel mit links-rechts (bzw. rechts-links) erreicht. Das *doppelte* Rotieren der Knoten A, B und C gleicht die Tiefen der Wurzel aus.

Die Algorithmen für das Rotieren werden verbal für die linke (bzw. rechte) Seite folgendermaßen formuliert:

- Wenn von der Wurzel (B in der Abb. 6.20) zum schweren Ast (`A.links` bzw. symmetrisch `A.rechts`) zweimal die gleiche Richtung (links-links bzw. rechts-rechts) führt, dann ist der Baum *außen schwer*; den Knoten (A in der Abb. 6.20) direkt unter dem gestörten Knoten (B) muss man hochziehen. Wir sprechen in diesem Fall vom *einfachen Rotieren*:
- Der schwere Knoten A wird zur neuen Wurzel;
- der schwere Ast wird rechts (bzw. links) an die neue Wurzel gehängt;
- die alte Wurzel (B) wird links (bzw. rechts) an die neue Wurzel gehängt.

Abb. 6.20 Fall 1 – einfaches Rotieren (Die Zeichnung stammt aus [Wir]; die symmetrischen Fälle werden nicht dargestellt.)

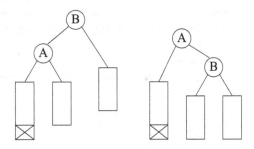

---

[12] Die Zeichnungen gelten hier nur für die linke Seite; für die rechte Seite ist die Darstellung symmetrisch.

Abb. 6.21 Fall 2 – doppeltes Rotieren (Nur einer der gekennzeichneten Äste (auf dem Baum B) ist zu lang.)

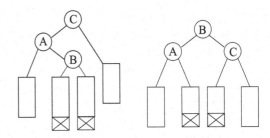

- Wenn von der Wurzel (C in der Abb. 6.21) zum schweren Ast (B.links oder B.rechts) unterschiedliche Richtungen (links-rechts bzw. symmetrisch rechts-links) führen, dann ist der Baum *innen schwer*; den unteren schweren Knoten (B) muss man um zwei Ebenen hochziehen. Dieser Vorgang heißt *doppeltes Rotieren:*
- Der untere schwere Knoten (B) wird zur neuen Wurzel;
- die alte Wurzel (C) wird rechts (bzw. symmetrisch links) an die neue Wurzel gehängt;
- der obere schwere Knoten (A) wird links (bzw. symmetrisch rechts) an die neue Wurzel gehängt;
- die alten Äste (B.links und B.rechts, von denen einer den neuen Knoten enthält) der neuen Wurzel (B) müssen an die gesenkten Knoten verteilt werden (A.rechts und C.links rechts unten in der Abb. 6.20).

Der zu lange Ast wird in beiden Fällen nach oben gezogen; im Endeffekt entsteht ein ausgeglichener Baum.

Die Algorithmen fürs Rotieren formulieren wir in Methoden der Klasse AVLBaum:

```
class AVLBaum<E extends Comparable<E>> { // 13
 private static enum Ausgleich { LINKS, AUSG, RECHTS } // 14 linkslastig,
 ausgeglichen,
 private static class Knoten<E extends Comparable<E>> {
  E inhalt;
  AVLBaum<E> links, rechts;
  Ausgleich ausgleich; // momentaner Zustand der Ausgeglichenheit
  int anzahl; // beim Eintragen mit demselben inhalt wird hochgezählt
  Knoten(final E inhalt) { // ensures links != null && rechts != null
   this.inhalt = inhalt;
   links = new AVLBaum<>(); // ensures links.istLeer();
   rechts = new AVLBaum<>(); // ensures rechts.istLeer();
   ausgleich = Ausgleich.AUSG;
   anzahl = 1;
  }
```

---

[13] Eine Erweiterung von Baum und Baum.Knoten wäre möglich aber zu aufwändig.

[14] Eine Aufzählungsvariable vom Typ **enum** (seit der Java-Version 5) kann die in der Definition angegebenen Werte aufnehmen. Sein Typ erweitert java.lang.Enum.

```
void linkslastiger() { // Zweig wird linkslastiger
 ausgleich = ausgleich == Ausgleich.RECHTS ? Ausgleich.AUSG :
 Ausgleich.LINKS;
 }
void rechtslastiger() { ... } // symmetrisch: Zweig wird rechtslastiger
void kopieren(AVLBaum<E> quelle) {
 inhalt = quelle.knoten.inhalt; anzahl = quelle.knoten.anzahl;
 }
} // Knoten
private Knoten<E> knoten;
private boolean istLeer() { return knoten == null; }
private boolean linksIstLeer() { return knoten.links.istLeer(); }
private boolean rechtsIstLeer() { return knoten.rechts.istLeer(); }
private AVLBaum(final AVLBaum<E> quelle) { // privater Kopierkonstruktor
 knoten = new Knoten<>(quelle.knoten.inhalt);
 knoten.anzahl = quelle.knoten.anzahl;
 knoten.links = quelle.knoten.links;
 knoten.rechts = quelle.knoten.rechts;
}
public AVLBaum() { knoten = null; }
public boolean eintragen(final E element) {
 // ensures vorhanden(element);
 // boolean-Ergebnis wird nur privat benutzt: besagt, ob der Ast verlängert wurde
 boolean astVerlängert = false;
 if (istLeer()) // Baum ist leer
  knoten = new Knoten<>(element);
 else if (element.compareTo(knoten.inhalt) < 0) { // Eintragen in links
  if (linksIstLeer()) { // Einfügestelle gefunden
   knoten.links.knoten = new Knoten<>(element);
   knoten.linkslastiger(); // Zweig wird linkslastiger
   astVerlängert = rechtsIstLeer();
  } else { // ! knoten.links.istLeer()
   astVerlängert = knoten.links.eintragen(element); // rekursiv
   if (astVerlängert) // Ausgeglichenheit prüfen
    switch (knoten.ausgleich) {
    case AUSG: // Ausgeglichenheit bleibt erhalten
     knoten.ausgleich = Ausgleich.LINKS; // Baum wird linkslastig
    break;
    case RECHTS: // Ausgeglichenheit bleibt erhalten
     knoten.ausgleich = Ausgleich.AUSG;
     astVerlängert = false;
    break;
    case LINKS: // Ausgeglichenheit verletzt, Rotieren nötig
     if (linkerKnoten().ausgleich == Ausgleich.RECHTS) // innen schwer:
      doppeltesRotierenLinks();
     else // außen schwer:
```

```
        einfachesRotierenLinks();
        knoten.ausgleich = Ausgleich.AUSG;
        astVerlängert = false;
      };
    }
  } else if (element.compareTo(knoten.inhalt) > 0) { ... // rechts
  symmetrisch
  } else // element.compareTo(knoten.inhalt) == 0, Element im Baum
  gefunden
  knoten.anzahl ++; // hochzählen
  return astVerlängert;
}
private Knoten<E> linkerKnoten() { return knoten.links.knoten; }
private Knoten<E> rechterKnoten() { return knoten.rechts.knoten; }
private void einfachesRotierenLinks() {
  final AVLBaum<E> zweigB = new AVLBaum<>(this);
  final AVLBaum<E> zweigA = knoten.links;
  final AVLBaum<E> mittlererAst = zweigA.knoten.rechts;
  knoten.kopieren(zweigA); // schwerer Knoten wird neue Wurzel
  knoten.rechts = zweigB; // Knoten umhängen
  knoten.links = zweigA.knoten.links;
  knoten.linkslastiger(); // Zweig wird linkslastiger
  zweigB.knoten.links = mittlererAst; // mittleren Ast umhängen
    // äußere Zweige bleiben
  zweigB.knoten.ausgleich = Ausgleich.AUSG;
}
private void einfachesRotierenRechts() { ... } // symmetrisch
private void doppeltesRotierenLinks() {
  final AVLBaum<E> zweigC = new AVLBaum<>(this);
  final AVLBaum<E> zweigA = zweigC.knoten.links;
  final AVLBaum<E> zweigB = zweigA.knoten.rechts;
  final AVLBaum<E> linkerAst = zweigB.knoten.links; // schwerer Ast
  final AVLBaum<E> rechterAst = zweigB.knoten.rechts; // anderer Ast
  knoten.kopieren(zweigB); // schwerer Knoten wird hochgezogen
  knoten.links = zweigA; // Knoten an die neue Wurzel umhängen:
  knoten.rechts = zweigC;
  zweigA.knoten.rechts = linkerAst; // Äste in der Mitte umhängen
  zweigC.knoten.links = rechterAst; // die äußeren Äste bleiben
  if (zweigB.knoten.ausgleich == Ausgleich.LINKS)
    zweigC.knoten.ausgleich = Ausgleich.RECHTS;
  else
    zweigC.knoten.ausgleich = Ausgleich.AUSG;
  zweigA. knoten.linkslastiger(); // ZweigA wird linkslastiger
  knoten.ausgleich = Ausgleich.AUSG;
}
```

```
private void doppeltesRotierenRechts() { ... } // symmetrisch
... // weitere Methoden im nächsten Kapitel
}
```

Aufgabe 6.17

Ergänzen Sie das obige Programm durch Ausgaben. Tragen Sie 20 Zahlen auf Papier in den AVL-Baum ein und vergleichen Sie Ihre Ergebnisse mit der Ausgabe.

6.4.2   Löschen in ausgeglichenen Bäumen

Das Löschen eines Knotens mit gegebenem Inhalt im ausgeglichenen Baum ist etwas aufwändiger als das Einfügen. Es kann aber nach demselben Prinzip durchgeführt werden: Im Baum wird zuerst der zu löschende Knoten gefunden. Nach dem Löschen des gefundenen Knotens muss jedoch *jeder* Knoten auf dem Pfad bis zur Wurzel auf Ausgeglichenheit überprüft und gegebenenfalls rotiert werden:

```
public boolean löschen(final E element) {
  // boolean Ergebnis wird nur privat benutzt: besagt, ob der Ast gekürzt wurde
  boolean astGekürzt = false;
  if (istLeer()) ; // element ist nicht vorhanden
  else if (element.compareTo(knoten.inhalt) < 0) { // element kleiner
   astGekürzt = knoten.links.löschen(element); // suchen links
   if (astGekürzt)
    astGekürzt = linksAusgleichen();
  }
  else if (element.compareTo(knoten.inhalt) > 0) { ... } // symmetrisch
rechts
  else if (knoten.anzahl > 1) // element.compareTo(knoten.inhalt) ==
0, gefunden
    knoten.anzahl --;
  else { // anzahl == 1, der Knoten soll gelöscht werden
   if (linksIstLeer()) { // kein linker Nachfolger
    knoten = rechterKnoten(); astGekürzt = true; // rechten Ast umhängen
   } else if (rechtsIstLeer()) { // kein rechter Nachfolger
    knoten = linkerKnoten(); astGekürzt = true; // linken Ast umhängen
   } else { /* zwei Nachfolger : der kleinste Knoten im rechten Zweig
    (wäre genauso gut: der Größte im linken Zweig) soll hochgezogen werden */
    AVLBaum<E> kleinster = rechterKnoten().links.istLeer() ?
      // rechts hat keinen linken Nachfolger:
     rechterKnoten().rechts :
      // rechts hat einen linken Nachfolger; der Kleinste muss gesucht werden:
     knoten.rechts.vorgängerDesKleinsten().knoten.links;
      if (kleinster.istLeer()) // weder links noch rechts wurde ein Kleinster
     gefunden
```

```
      kleinster = knoten.rechts; // der Kleinste ist rechts
      // kleinster hat höchstens einen (und zwar den rechten) Nachfolger
      knoten.kopieren(kleinster);
      kleinster.knoten.anzahl = 1;
        // kleinsten Knoten im rechten Zweig löschen:
      astGekürzt = knoten.rechts.löschen(kleinster.knoten.inhalt);
      if (astGekürzt)
        astGekürzt = rechtsAusgleichen();
    }
  }
  return astGekürzt;
}
private AVLBaum<E> vorgängerDesKleinsten() { // ¹⁵
  return linkerKnoten().links.istLeer() ?
    this : // links hat keinen linken Nachfolger
    knoten.links.vorgängerDesKleinsten(); // rekursiv
}


private boolean linksAusgleichen() { // linker Ast wurde kürzer
  // boolean Ergebnis besagt, ob der Ast gekürzt wurde
  boolean astGekürzt = true;
  Ausgleich ausgleichRechts = Ausgleich.AUSG;
  if (!rechtsIstLeer())
    ausgleichRechts = rechterKnoten().ausgleich;
  switch (knoten.ausgleich) {
   case LINKS: knoten.ausgleich = Ausgleich.AUSG; break;
    case AUSG: knoten.ausgleich = Ausgleich.RECHTS; astGekürzt =
    false; break;
   case RECHTS: // Ausgleich nötig
    switch(ausgleichRechts) {
     case LINKS: doppeltesRotierenRechts(); break;
     case AUSG: einfachesRotierenRechts();
      linkerKnoten().ausgleich = Ausgleich.RECHTS;
      knoten.ausgleich = Ausgleich.LINKS;
      astGekürzt = false;
      break;
     case RECHTS: einfachesRotierenRechts();
      linkerKnoten().ausgleich = knoten.ausgleich = Ausgleich.AUSG;
    }
  }
  return astGekürzt;
}
private boolean rechtsAusgleichen() { ... } // symmetrisch
```

---

[15] Eine elegantere Formulierung der Methode aus Abschn. 6.3.3.

Aufgabe 6.18
Setzen Sie die Aufgabe 6.17 fort, indem Sie die 20 Zahlen nacheinander aus dem AVL-Baum löschen. Ergänzen Sie auch Ihren Testtreiber durch geeignete Ausgaben (z. B. Aufruf eines preorder-Iterators nach jedem `löschen`), mit denen Sie Ihre Ergebnisse vergleichen können.

6.5   2-3-4-Bäume

▶   Das AVL-Kriterium ist nur *eine* Möglichkeit, das Wachstum der Bäume zu steuern und Ausgeglichenheit zu bewahren. Eine Alternative hierzu sind die *2-3-4-Bäume*.

6.5.1   Definition

In einem sortierten Binärbaum dauert das Einfügen eines Elementes nur einen Schritt (wenn man schon weiß, *wo* man das Element einfügen will bzw. muss). Das Suchen braucht im Durchschnitt nur etwa $2 \log_2 n$ viele Schritte und wenn der Baum besonders gut ausgeglichen ist, dann braucht man sogar etwa $\log_2 n$ Schritte. Es bleibt aber ein kleiner Pferdefuß: Wenn der Suchbaum extrem unausgeglichen ist, dann braucht man zum Suchen bis zu n Schritte (im positiven und im negativen Fall).

Im Folgenden wird eine weitere Technik beschrieben, mit der man verhindern kann, dass ein Baum unausgeglichen wird. Diese Technik basiert nicht auf Binärbäumen (die man auch 2-Bäume nennen könnte) sondern auf so genannten *2-3-4-Bäumen*.

Ein 2-3-4-Baum kann nicht nur *2-er-Knoten* enthalten (die aus einem Schlüssel und zwei Referenzen bestehen), sondern auch *3-er-Knoten* (die aus zwei Schlüsseln und drei Referenzen bestehen) und *4-er-Knoten* (die aus drei Schlüsseln und vier Referenzen bestehen).[16]

Der 2-3-4-Baum in Abb. 6.22 besteht aus einem 3-er-Knoten, zwei 4-er-Knoten und einem 2-er-Knoten.

Aufgabe 6.19
Zeichnen Sie einen (sortierten) 2-3-4-Baum, der aus mindestens einem 2-er-, einem 3-er- und einem 4-er-Knoten besteht und in dem die 12 Schlüssel „A" bis „L" vorkommen.

Abb. 6.22 Ein sortierter
2-3-4-Baum

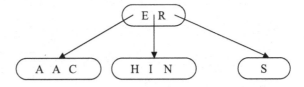

---

[16] Die Beispiele stammen (nach Überarbeitung) aus [Sed].

6.5.2   Spalten

2-3-4-Bäume sind für uns nur dann interessant, wenn sie *sortiert* sind. Wir setzen ab jetzt voraus, dass alle hier erwähnten 2-3-4-Bäume sortiert sind, auch wenn das nicht jedes Mal ausdrücklich erwähnt wird.

Im folgenden Algorithmus ist es notwendig, 4-er-Knoten in einem 2-3-4-Baum zu „spalten". Dabei sind drei Fälle zu unterscheiden:

Fall 1 Der zu spaltende 4-er-Knoten ist der Wurzelknoten des Baumes in Abb. 6.23. Die Dreiecke mit den Ziffern darin bezeichnen beliebige Unterbäume.

Fall 2 Der zu spaltende 4-er-Knoten hängt an einem 2-er-Knoten (siehe Abb. 6.24).

Es soll beachtet werden, dass alle oben beschriebenen Spaltungen rein *lokal* ablaufen können. Dies heißt, dass unabhängig von der Größe des Baums, in dem man einen 4-er-Knoten spalten will, immer nur zwei bzw. drei Knoten mit ihren Schlüsseln und Referenzen von der Spaltung betroffen sind. Alle anderen Knoten des Baumes bleiben völlig unverändert. Somit kann man jede Spaltung als *einen* (komplexen) Schritt auffassen. Seine Komplexität ist $O(1)$.

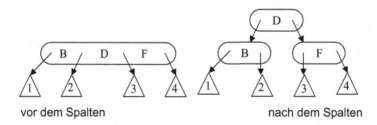

vor dem Spalten   nach dem Spalten

Abb. 6.23   Spalten eines Wurzelknotens

Abb. 6.24   Spalten des Unterknotens eines 2-er-Knotens

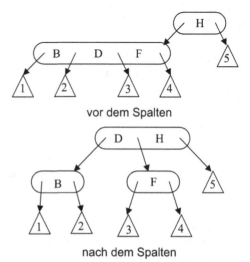

Abb. 6.25 Spalten des
Unterknotens eines
3-er-Knotens

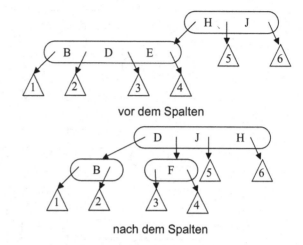

vor dem Spalten

nach dem Spalten

Fall 3 Der zu spaltende 4-er-Knoten hängt an einem 3-er-Knoten (siehe Abb. 6.25).

Im Fall 3 haben wir einen 4-er-Knoten gespalten und damit beseitigt, aber gleichzeitig
haben wir aus einem 3-er-Knoten einen neuen 4-er-Knoten gemacht. In einem gewissen
Sinn haben wir also einen 4-er-Knoten um eine Ebene nach oben *verschoben*. Ein wieder-
holtes Spalten dieses Knotens kann um eine weitere Ebene nach oben verschoben werden.
Somit ist die Operation *Spalten* für einen 4-er-Knoten nicht lokal, wohl aber *einem Pfad*
entlang durchführbar. Ihre Komplexität ist also $O(\log n)$.

6.5.3   Einfügen

Wenn wir ein Element in einen 2-3-4-Baum einfügen wollen, dann gehen wir folgendermaßen vor.

Wir suchen von oben nach unten im Baum nach dem Knoten, in den das neue Element
hineingehört. Wenn wir bei dieser Suche an einem 4-er-Knoten vorbeikommen, dann spalten wir ihn, wie oben beschrieben. Mit diesem „suchen und spalten" hören wir erst auf,
wenn wir auf der untersten Ebene des Baumes angelangt sind. Der Knoten auf der untersten
Ebene, bei dem unsere Suche endet, ist sicher kein 4-er-Knoten (sonst hätten wir ihn vorher gespalten), sondern ein 2-er- oder ein 3-er-Knoten. Diesen Knoten erweitern wir mit
dem einzufügenden Element zu einem 3-er- bzw. zu einem 4-er-Knoten.

Beispiel

In den 2-3-4-Baum in Abb. 6.26 werden Elemente mit den Schlüsseln E, X, A, M, P, L
und E (in dieser Reihenfolge) eingefügt.

Aufgabe 6.20

Fügen Sie Elemente mit den Schlüsseln H, A, L, L, O, S, U, S und I (in dieser
Reihenfolge) in einen anfänglich leeren 2-3-4-Baum ein.

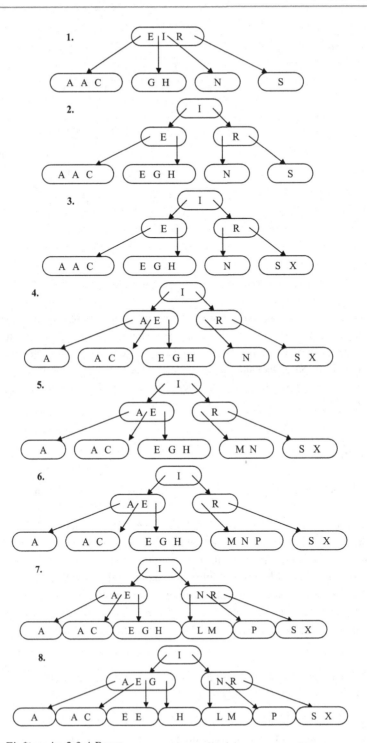

Abb. 6.26 Einfügen im 2-3-4-Baum

6.6 · Rot-Schwarz-Bäume

▶ 2-3-4-Bäume sind nicht ganz einfach zu implementieren. Insbesondere die Operation „einen 4-er-Knoten spalten" ist ziemlich kompliziert.

Statt 2-3-4-Bäume *direkt* zu implementieren (indem man z. B. drei Klassen ZweierKnoten, DreierKnoten und ViererKnoten und die Fallunterscheidungen in den Operationen einfügen, spalten, suchen usw. vereinbart), kann man sie auch durch *Binärbäume* darstellen und diese Binärbäume implementieren. Die entsprechenden Binärbäume nennt man dann *Rot-Schwarz-Bäume*. Die Grundidee dabei ist: Die 3-er- und 4-er-Knoten der 2-3-4-Bäume stellt man als „kleine Binärbäume" dar und nennt die Kanten in diesen kleinen Binärbäumen *rote* Kanten.

Die Übersetzung von 3-er-Knoten ist also nicht eindeutig, man kann sie wahlweise in einen kleinen Binärbaum mit einer nach *links* oder nach *rechts geneigten* roten Kante übersetzen. Die 2-er-Knoten brauchen bei der Übersetzung von 2-3-4-Bäumen in Rot-Schwarz-Bäume nicht verändert zu werden. Sie können „so wie sie sind" übernommen werden.

Die *roten Kanten* in einem Rot-Schwarz-Baum halten also die „kleinen Binärbäume" zusammen, die einem 3-er- oder einem 4-er-Knoten entsprechen. Die *schwarzen Kanten* in einem Rot-Schwarz-Baum entsprechen genau den Kanten des 2-3-4-Baumes. Die ursprünglichen Kanten „bleiben schwarz" (siehe Abb. 6.21 und 6.27).

Aufgabe 6.21

Zeichnen Sie den 2-3-4-Baum, der dem Rot-Schwarz-Baum in Abb. 6.28 entspricht.

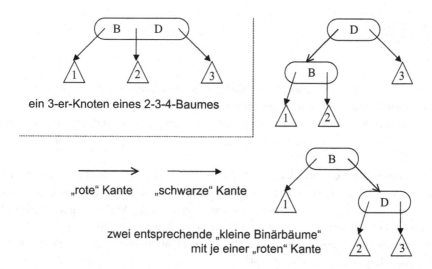

Abb. 6.27 „Rote" und „schwarze" Kanten

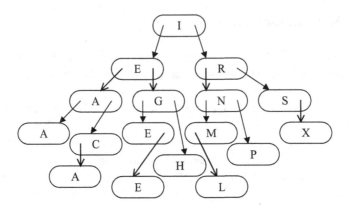

Abb. 6.28 Ein Rot-Schwarz-Baum

Einige wichtige Eigenschaften von Rot-Schwarz-Bäumen sind folgende:

1. Auf keinem Ast (von der Wurzel zu einem Blatt) liegen zwei rote Kanten hintereinander.
2. Möglicherweise gibt es einen (längsten) Ast, der zur Hälfte aus roten und zur Hälfte aus schwarzen Kanten besteht (alternierend: rot, schwarz, rot, schwarz usw.; oder: schwarz, rot, schwarz, rot usw.).
3. Möglicherweise gibt es einen (kürzesten) Ast, der nur aus schwarzen Kanten besteht.

Der längste Ast ist also höchstens doppelt so lang wie der kürzeste Ast.

Rote und schwarze Kanten kann man besonders „billig" unterscheiden: Man ergänzt jeden Knoten um eine **boolean**-Variable namens rot.

```
class RotSchwarzKnoten extends Knoten {
 boolean rot;
}
```

Wenn die Kante, die zu diesem Knoten führt, rot ist, wird diese Variable auf **true** gesetzt und sonst auf **false**. Man braucht also pro Knoten nur ein zusätzliches Bit.

Um in einem Rot-Schwarz-Baum zu *suchen*, kann man den Suchalgorithmus für „normale" Binärbäume wörtlich übernehmen. Der Suchalgorithmus ignoriert nur die rot-Komponente in den Knoten.

Um in einen Rot-Schwarz-Baum neue Elemente *einzufügen*, braucht man eine Hilfsoperation, die wir rotieren nennen wollen. Man kann sie auf einen Knoten x und seinen Vater vx anwenden (gvx ist der Großvater von x, er wird der Vollständigkeit halber mit angegeben). Die Operation rotieren hat die in Abb. 6.29 gezeigte Wirkung.

Die Dreiecke bedeuten hier beliebige (evtl. leere) Unterbäume. Der symmetrische Fall wird ähnlich dargestellt (siehe Abb. 6.30).

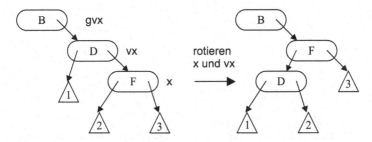

Abb. 6.29 Rotieren im Rot-Schwarz-Baum

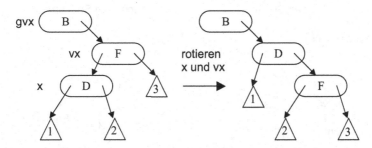

Abb. 6.30 Symmetrisches Rotieren im Rot-Schwarz-Baum

Zwei Rotationen heben sich also gegenseitig auf.

Wichtig ist: Die Operation `rotieren` *lässt* einen *sortierten* Binärbaum *sortiert*. Sie ändert zwar die Struktur des Baumes, bringt aber seine Sortierung nicht durcheinander.

Jedem 4-er-Knoten in einem 2-3-4-Baum entspricht ein Baum mit drei Knoten und zwei roten Kanten im entsprechenden Rot-Schwarz-Baum. Jedem 3-er-Knoten in einem 2-3-4-Baum entspricht ein Baum mit zwei Knoten und einer roten Kante im entsprechenden Rot-Schwarz-Baum. Jedem 2-er-Knoten in einem 2-3-4-Baum entspricht ein Baum mit einem Knoten und ohne rote Kante im entsprechenden Rot-Schwarz-Baum. Beim Einfügen von Elementen in einen Rot-Schwarz-Baum müssen wir also 4-er-Bäume *spalten*. Dabei müssen wir insgesamt vier Fälle unterscheiden: Fall 1, Fall 2.1, Fall 2.2 und Fall 2.3.

Im Folgenden bezeichnet x immer den obersten Knoten des zu spaltenden 4-er-Baumes, vx den Vater von x, gvx den Großvater von x und ugvx den Urgroßvater von x. Statt „die Kante, die zum Knoten a führt, rot machen" sagen wir einfacher: „den Knoten a rot machen".

Fall 1 Der zu spaltende 4-er-Baum hängt an einem 2-er-Baum. Wir spalten ihn, indem wir x rot und die Kinder von x schwarz machen (siehe Abb. 6.31).

Fall 2 Der zu spaltende 4-er-Baum hängt an einem 3-er-Baum. Je nachdem, *wo* er an dem 3-er-Baum hängt, müssen wir drei Unterfälle unterscheiden, die unterschiedlich schwer zu

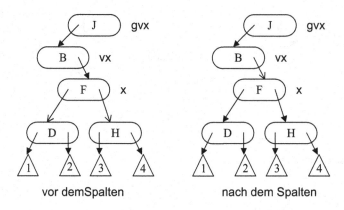

vor demSpalten   nach dem Spalten

Abb. 6.31   Spalten, Fall 1

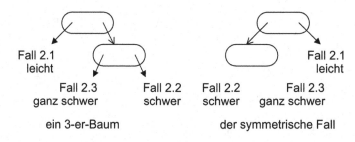

Fall 2.1   Fall 2.1
leicht   leicht

Fall 2.3   Fall 2.2   Fall 2.2   Fall 2.3
ganz schwer   schwer   schwer   ganz schwer

ein 3-er-Baum   der symmetrische Fall

Abb. 6.32   Spalten, Fall 2

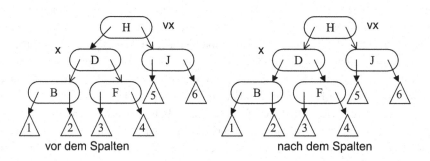

vor dem Spalten   nach dem Spalten

Abb. 6.33   Spalten, Fall 2.1

behandeln sind. Abb. 6.32 zeigt die möglichen „Aufhängungspunkte" und wie schwer die
entsprechenden Unterfälle zu behandeln sind.

Fall 2.1   Auch in diesem Fall genügt es, x rot und die Kinder von x schwarz zu machen
(siehe Abb. 6.33).

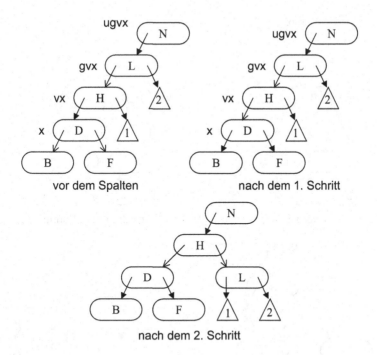

Abb. 6.34 Spalten, Fall 2.2

Fall 2.2 In diesem Fall erfordert das Spalten zwei Schritte. (siehe Abb. 6.34).

1. Der Knoten x wird rot, seine Kinder werden schwarz („wie immer"). Danach stehen aber zwei rote Kanten hintereinander (was in einem Rot-Schwarz-Baum verboten ist).
2. Der Vater und Großvater von x (vx und gvx) werden rotiert. Danach ist wieder „alles in Ordnung".

Fall 2.3 In diesem Fall erfordert das Spalten sogar drei Schritte (siehe Abb. 6.35):

1. Der Knoten x wird rot, seine Kinder werden schwarz („wie immer"). Danach stehen aber zwei rote Kanten hintereinander (was in einem Rot-Schwarz-Baum verboten ist!)
2. x und sein Vater vx werden rotiert. Danach stehen immer noch zwei rote Kanten hintereinander.
3. x und sein Großvater gvx werden rotiert. Danach ist wieder „alles in Ordnung".

Der Algorithmus zum Spalten von Knoten in einem Rot-Schwarz-Baum findet eine wichtige Anwendung in *B-Bäumen*.

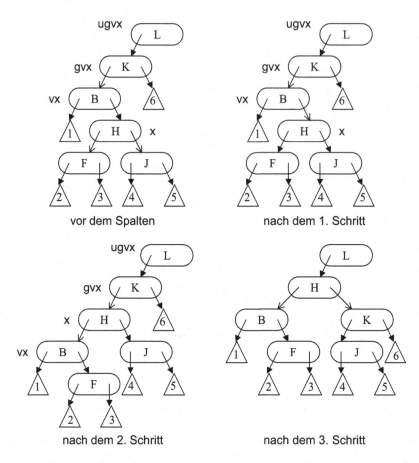

Abb. 6.35 Spalten, Fall 2.3

6.7   B-Bäume

▶   Der Begriff *B-Baum* ist eine Verallgemeinerung des Begriffs 2-3-4-Baum. 2-3-4-Bäume sind B-Bäume zweiter Ordnung.

Während die Knoten eines 2-3-4-Baums zwei oder drei oder vier Schlüssel enthalten, können B-Bäume der n-ten Ordnung m Schlüssel in ihren Knoten speichern, wobei $n <= m <= 2n$. Neben den m Schlüsseln enthält ein solcher Knoten auch $m+1$ *Verweise* (Referenzen) auf weitere Knoten (siehe Abb. 6.36).

AVL-Bäume und 2-3-4-Bäume (und somit Rot-Schwarz-Bäume) werden primär bei *internen Verfahren* verwendet; B-Bäume dagegen bei *externen Verfahren*. Insbesondere bei der Organisation von *Datenbanken* haben sich B-Bäume bewährt. Diese Organisationsform heißt auch *index-sequenzielle* oder *indiziert sequenzielle Datei*.

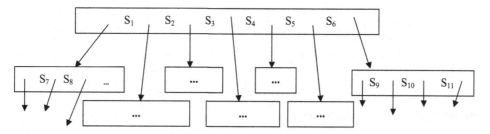

Abb. 6.36 Knoten eines B-Baums mit Schlüsseln und Verweisen

Externe Datenspeicher arbeiten typischerweise mit Blöcken; ein Block kann mit einem (recht langsamen) Zugriff gelesen oder geschrieben werden. Seine Größe ist charakteristisch für das verwendete Medium (z. B. Festplatte). Wenn die Daten unsortiert auf den Datenträger gespeichert werden, muss man – wie wir im Abschn. 4.3.1 gesehen haben – im Durchschnitt die halbe Datei durchlesen, um ein gesuchtes Element zu finden. Wenn auf einem Block n Objekte Platz haben, dann kostet dies $N/(2n)$ Lesezugriffe bei N gespeicherten Objekten: Das Suchen hat eine lineare Zeitkomplexität.

Wenn die Daten Schlüssel haben, die geordnet werden können, kann man die Daten auch so organisieren, dass sie mit logarithmischer Zeitkomplexität gefunden werden können. Insbesondere soll man die Schlüssel so auf den Blöcken (auf den „Knoten des B-Baums") verteilen, dass die Anzahl der Zugriffe minimiert wird. Hierzu wird der Speicher in *Indexblöcke* und *Datenblöcke* aufgeteilt. Die Indexblöcke bilden die Knoten des B-Baums. Neben jedem Schlüssel enthalten sie auch die Adresse eines Datenblocks, wo sich die dazugehörigen (typischerweise längeren) Daten befinden. Somit findet das Suchen in den Indexblöcken statt, und nur ein letzter Zugriff holt den gefundenen Datenblock.

Das folgende Verfahren von R. Bayer und E. McCreight (s. [Bay]) hat sich für die Organisation des B-Baums bewährt. Demnach enthält jeder Knoten mindestens n, höchstens $2n$ Schlüssel (mit dazugehörigen Datenblock-Adressen). Ein spezieller *Wurzelblock* kann weniger als n Schlüssel enthalten. Jeder Knoten mit m Schlüsseln ($n <= m <= 2n$) ist entweder ein *Blatt* (dann enthält er keine Verweise) oder enthält er $m+1$ Verweise auf weitere Knoten.

Innerhalb eines Knotens sind die Schlüssel sortiert, d. h. für jedes $i <= m-1$ gilt: Der i-te Schlüssel ist nicht größer als der $i+1$-ter Schlüssel. Darüber hinaus gilt für den i-ten und den $i-1$-ten Verweis, dass alle Schlüssel auf dem $i-1$-ten Knoten (d. h. der Knoten, der über den Verweis Nr. $i-1$ erreicht wird) nicht größer sind als der i-te Schlüssel, und dass alle Schlüssel auf dem i-ten Knoten nicht kleiner sind als der i-te Schlüssel (siehe Abb. 6.37).

Auf dem Knoten Nr. 1 (falls es ihn gibt) sind also alle Schlüssel kleiner, auf dem Knoten Nr. m sind alle Schlüssel größer als die Schlüssel auf dem aktuellen Knoten.

Des Weiteren befinden sich alle Blätter (Knoten ohne Verweise) auf der gleichen Ebene, d. h. ihre Entfernung vom Wurzelknoten ist gleich.

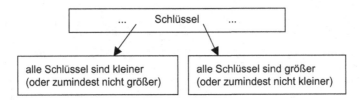

Abb. 6.37 Sortierkriterium im B-Baum

Folgender Suchalgorithmus kann auf einem B-Baum verwendet werden:

1. den Wurzelblock einlesen
2. gegebenen Schlüssel S auf dem eingelesenen Block (z. B. binär) suchen
3. wenn gefunden, Datenblock lesen, fertig
4. ansonsten i finden, sodass $S_i < S < S_{i+1}$ (wenn $S < S_1$ oder $S_m < S$, dann $i = 0$ bzw. $i = m+1$)
5. Block Nr. i einlesen, Schritte 2–5 wiederholen

Die gleichmäßige Verteilung der Schlüssel auf den Blöcken garantiert, dass die Anzahl der Zugriffe unter $log_n N$ bleibt, wo n die Ordnung des B-Baums ist (die Anzahl der Schlüssel pro Knoten) und N die Anzahl der Knoten (nN ist also die Anzahl der Schlüssel und der Datensätze).

Die gleichmäßige Verteilung wird beim Eintragen und beim Löschen durch *Spaltung* sichergestellt, ähnlich wie es für 2-3-4-Bäume im Abschn. 6.5 vorgestellt wurde.

Dadurch, dass die meisten Knoten weniger als die maximale Anzahl von n Schlüsseln haben, bestehen die meisten Eintragungen aus einem Zugriff (nachdem der Eintragungsort gesucht wurde): In den gefundenen Block wird der Schlüssel eingefügt. Wenn innerhalb eines Blocks die Schlüssel linear organisiert sind, ist dies zwar aufwändig, aber im Vergleich zu einem Blockzugriff typischerweise vernachlässigbar. Wenn nötig, kann man die Schlüssel innerhalb eines Blocks auch besser als linear (z. B. als Binärbaum) organisieren.

Die Struktur des B-Baums wird nur dann beeinträchtigt, wenn der neue Schlüssel in einen vollen Block eingefügt werden soll. Dann muss er gespalten werden: Ein neuer Block wird erzeugt, die $m+1$ Schlüssel werden gleichmäßig auf den beiden Blöcken verteilt, der mittlere Schlüssel wird in den darüber liegenden Block (in den *Vorgängerknoten*) nach demselben Verfahren eingefügt. Im Extremfall (wenn alle Indexblöcke dem Pfad entlang voll sind) verbreitet sich die Spaltung bis zum Wurzelblock; dann erhöht sich der B-Baum.

Das Kriterium $n < m < 2n$ grenzt jedoch das Wachstum ein, sodass in der Praxis (selbst bei großen Datenbanken) die Höhe selten 4 oder 5 übersteigt. Dies bedeutet, dass jedes Objekt mit gegebenem Schlüssel in höchstens 5 oder 6 Zugriffen gefunden werden kann – eine beträchtliche Optimalität.

Dies ist darauf zurückzuführen, dass jede Erhöhung des B-Baums seine Kapazität um mehr als auf das n-fache steigert; er wächst also mit der Anzahl der Erhöhungen *exponentiell*.

6.8   Bäume in den Standardklassen

Viele der in diesem Kapitel untersuchten Algorithmen wurden in Standardklassen, noch mehr in alternativen Klassenbibliotheken implementiert: Der Alltagsprogrammierer muss sich nur bei speziellen Bedürfnissen mit ihnen auseinandersetzen. Die Herausforderung ist jedoch oft, die dem Bedarf entsprechende Klasse zu finden; und dann greifen viele zu eigener (oder unserer und oftmals ineffizienter) Implementierung.

Interessanterweise gibt es in der Java-Standardbibliothek – im Gegensatz zu Listen – keine grundsätzlich-abstrakte `Tree`-Typen, nur für Spezialfälle wie etwa `javax.swing.tree.TreeModel` für die Darstellung von Baumstrukturen (mit Hilfe von `javax.swing.JTree`) oder `org.w3c.dom.Node` für die Manipulation von XML-Daten. Die Klassen `TreeSet` und `TreeMap` im Paket `java.util` benutzen diese Datenstruktur, um die Schnittstellen `Set` und `Map` als Rot-Schwarz-Bäume zu implementieren und garantieren damit beim Zugriff die logarithmische Komplexität; sie exportieren jedoch nicht die üblichen Baum-Operationen wie etwa Traversieren, Höhe berechnen oder Ausbalancieren. Sie sind aber geeignet, um die neue Lambda-Technologie anzuwenden:

```
List<Person> personenListe = new ArrayList<>(); ...
TreeSet<Person> personenBaum = personenListe.stream().
  collect(Collectors.toCollection(TreeSet::new));
```

Während z.B. mit dem Aufruf `personenListe.contains(…)` nur mit linearer Komplexität gesucht werden kann, wird sie in `personenBaum` mit logarithmischer Komplexität ausgeführt – d.h. ihr Zeitbedarf wächst mit der Anzahl der gespeicherten `Person`-Objekte proportional bzw. logarithmisch: 2^{20}-mal mehr Daten bewirken (ungefähr) eine 2^{20}-mal bzw. 20-mal längere Laufzeit.

Das Schöne ist, dass `TreeSet` die Schnittstelle `SortedSet` implementiert, deren Methoden `headSet`, `tailSet` und `subSet` eine zeiteffiziente Sicht auf Teilbäume liefern. `TreeSet` braucht natürlich entweder einen Elementtyp, der **implements** `Comparable`, oder einen `Comparator`. Dieser letztere kann ihm als Lambda-Ausdruck übergeben werden, etwa:

```
SortedSet<Person> personenMenge = new TreeSet<>(
  (erste, zweite) -> erste.getName().compareTo(zweite.getName()));
```

falls die Klasse `Person` keine `compareTo()` implementiert.

Klassen von Algorithmen

7

Zusammenfassung

In diesem Abschnitt soll gezeigt werden, wie man algorithmische Probleme entsprechend ihrer „Schwierigkeit" in *drei Klassen* einteilen kann. Zuvor müssen wir etwas genauer erläutern, was man unter einem *algorithmischen Problem* und unter seiner *Schwierigkeit* versteht.

7.1   Was ist ein algorithmisches Problem?

Unter einem algorithmischen Problem wollen wir ein Problem verstehen, welches sich auf eine bestimmte Weise *beschreiben* lässt. Hier ein paar Beispiele solcher *Beschreibungen*:

AP1: Gesucht wird ein Algorithmus mit folgendem Ein-/Ausgabeverhalten (s. Abschn. 2.1):
Eingabe eine Folge von ganzen Zahlen
Ausgabe die maximale Teilsumme der Folge

AP2: Gesucht wird ein Algorithmus mit folgendem Ein-/Ausgabeverhalten (s. Abschn. 4.1):
Eingabe ein (längerer) Text und ein (kürzeres) Wort
Ausgabe eine natürliche Zahl n, die angibt, ab welcher Stelle im Text das Wort (zum ersten Mal) vorkommt bzw. -1, falls das Wort nirgends im Text vorkommt

AP3: Gesucht wird ein Algorithmus mit folgendem Ein-/Ausgabeverhalten (s. Abschn. 4.1):
Eingabe ein Text und ein Wort (wie in *AP2*)
Ausgabe „Ja", wenn das Wort im Text vorkommt, „Nein" sonst

AP4: Gesucht wird ein Algorithmus mit folgendem Ein-/Ausgabeverhalten (s. Kap. 5):
Eingabe eine Reihung von Objekten mit Schlüsselkomponente
Ausgabe eine Reihung, welche die gleichen Objekte enthält, aber sortiert ist nach Schlüsseln

---

© Springer Fachmedien Wiesbaden GmbH 2017
A. Solymosi, U. Grude, *Grundkurs Algorithmen und Datenstrukturen in JAVA*,
DOI 10.1007/978-3-658-17546-7_7

AP5: Gesucht wird ein Algorithmus mit folgendem Ein-/Ausgabeverhalten:
Eingabe eine positive ganze Zahl n, d. h. $n \in \{ 1, 2, 3, \dots \}$
Ausgabe die n-te Primzahl

Solche Beschreibungen nennen wir Ein-/Ausgabe-Beschreibungen oder kurz *E/A-Beschreibungen*, weil sie eine Menge von *erlaubten Eingaben* und eine Menge von *erwarteten Ausgaben* beschreiben.

Damit wir eine E/A-Beschreibung als Beschreibung eines algorithmischen Problems anerkennen, muss sie die drei folgenden Bedingungen erfüllen:

Bedingung 1 (*Endlichkeitsbedingung*): Jede einzelne erlaubte Eingabe und jede einzelne erwartete Ausgabe muss (durch) eine *endliche* Zeichenkette (darstellbar) sein.

Bedingung 2 (*Unendlichkeitsbedingung*): Es müssen (abzählbar) *unendlich* viele verschiedene Eingaben erlaubt sein.

Bedingung 3 (*Lösbarkeitsbedingung*): Für jede einzelne erlaubte Eingabe muss es „im Prinzip" möglich sein, die entsprechende erwartete Ausgabe zu ermitteln.

Die Bedingung 3 schließt z. B. die folgenden Probleme aus der Klasse der *algorithmischen* Probleme aus:

P6: Gesucht wird ein Algorithmus, mit folgendem Ein-/Ausgabeverhalten:
Eingabe eine ganze Zahl z
Ausgabe eine ganze Zahl w, für die gilt: $w \cdot w = z$

Viele ganze Zahlen haben keine ganzzahlige Wurzel, z. B. 2, 3, 5, …, und alle negativen Zahlen. Also ist *P6 kein algorithmisches* Problem. Man könnte *P6* als „unlösbares mathematisches Problem" bezeichnen.

P7: Gesucht wird ein Algorithmus mit folgendem Ein-/Ausgabeverhalten:
Eingabe eine natürliche Zahl n
Ausgabe ein Zauberwort, mit dem man n kg Blei in Gold verwandeln kann

Da es – nach unseren heutigen Erkenntnissen – noch nicht einmal „im Prinzip möglich" ist, mit Hilfe eines Zauberwortes Blei in Gold umzuwandeln, ist auch *P7* kein *algorithmisches* Problem. Man könnte *P7* ein „(wahrscheinlich) unlösbares alchemistisches Problem" nennen.

Gegen die *Endlichkeitsbedingung* verstoßen z. B. die folgenden Problembeschreibungen:

P8: Gesucht wird ein Algorithmus mit folgendem Ein-/Ausgabeverhalten:
Eingabe eine positive, ganze Zahl n, d. h. $n \in \{ 1, 2, 3, \dots \}$
Ausgabe der Kehrwert von n (d. h. $1/n$), dargestellt als Dezimalbruch, vollständig und ohne „Abkürzungen" wie „usw. usw." oder „…" oder Ähnliches

Der Kehrwert von vielen natürlichen Zahlen ist ein Dezimalbruch mit unendlich vielen Stellen, z. B. 1/3 = 0,333333… Man kann *P8* in ein *algorithmisches* Problem verwandeln, indem man eine Schreibweise für Perioden und die übliche Überstreichung der sich wiederholenden Ziffernfolge erlaubt.

P9: Gesucht wird ein Algorithmus, mit folgendem Ein-/Ausgabeverhalten:
Eingabe   keine
Ausgabe   die Zahl π in Dezimalbruch-Schreibweise

Die Zahl π hat (in Dezimalbruch-Schreibweise, $\pi = 3,141.592.653.589.793.238.462.643$ usw.) bekanntlich unendlich viele Ziffern und ist nicht periodisch (wie z. B. 1/3). Es ist kein *algorithmisches* Problem, unendlich viele Ziffern auszugeben (sondern einfach unmöglich).

Das folgende Problem *AP10* ist dem Problem *P9* sehr ähnlich, erfüllt aber unsere drei Bedingungen und ist somit ein algorithmisches Problem:

AP10: Gesucht wird ein Algorithmus mit folgendem Ein-/Ausgabeverhalten:
Eingabe   eine natürliche Zahl n
Ausgabe   die ersten n Ziffern der Zahl π

Man beachte genau: Wir dürfen zwar beliebig große natürliche Zahlen eingeben, aber jede einzelne Zahl, die wir eingeben dürfen, ist nur endlich groß, und die zugehörige Ausgabe ist ebenfalls nur eine endliche Folge von Ziffern.

Jetzt müssen wir noch die *Unendlichkeitsbedingung begründen*. Warum schließen wir Probleme, die nur *endlich viele Eingaben* erlauben, aus der Klasse der algorithmischen Probleme aus? Warum schließen wir z. B. die folgenden Probleme *P11* und *P12* aus?

P11: Gesucht wird ein Algorithmus mit folgendem Ein-/Ausgabeverhalten:
Eingabe   eine natürliche Zahl n zwischen 1 und 10
Ausgabe   die ersten n Ziffern der Zahl π

P12: Gesucht iwird ein Algorithmus mit folgendem Ein-/Ausgabeverhalten:
Eingabe   keine
Ausgabe   die zwölfte Ziffer der Zahl π

Probleme, deren Lösungsalgorithmen *keine* Eingabe erfordern und deshalb immer die gleiche Ausgabe liefern, sollen hier *Einzelprobleme* genannt werden. *P12* ist ein typisches Einzelproblem. Warum betrachten wir Einzelprobleme *nicht* als *algorithmische* Probleme?

Antwort   Weil man bei ihrer Lösung „schummeln" kann.

Unser Ziel ist es, alle algorithmischen Probleme entsprechend ihrer „Schwierigkeit" in Klassen einzuteilen. Nun kann ein algorithmisches Problem aus zwei verschiedenen Gründen „schwierig" sein:

Grund 1 Die *Entwicklung* eines Lösungsalgorithmus ist „schwierig" (hoher Entwicklungsaufwand).

Grund 2 Wir haben einen Lösungsalgorithmus (entwickelt oder gefunden), aber seine *Ausführung* ist „schwierig" (hoher Ausführungsaufwand).

Da wir einen Algorithmus nur *einmal* zu entwickeln brauchen und ihn dann *sehr häufig* ausführen (lassen) können, ist der Ausführungsaufwand (d. h. die *Komplexität*) eines Algorithmus im Allgemeinen viel wichtiger als der Entwicklungsaufwand. Eine Ausnahme von dieser Regel: wenn der Entwicklungsaufwand unendlich groß ist, d. h. wenn das Problem garantiert nicht lösbar ist. Dann ist der Ausführungsaufwand der Lösungsalgorithmen *nicht* wichtig.

Demnach unterscheiden wir zwischen dem

* Entwicklungsaufwand und dem
* Ausführungsaufwand (Komplexität)

eines Algorithmus.

Wenn man für ein (lösbares) Einzelproblem (z. B. für *P12*) einen Lösungsalgorithmus entwickelt, dann kann man immer auf folgende Weise „schummeln": Man berechnet die erwartete Ausgabe, schreibt sie (z. B. als Konstante) in den Lösungsalgorithmus und lässt sie ausgeben. Für *P12* könnte ein solcher „geschummelter Lösungsalgorithmus" z. B. so aussehen:

```
static void geschummelt() {
  System.out.println("8");
}
```

Dieser Algorithmus ist *sehr leicht* auszuführen, aber diese „Leichtigkeit" sagt nichts darüber aus, wie schwer es war, herauszufinden, dass die zwölfte Ziffer von π eine 8 ist.

Mit diesem Beispiel sollte gezeigt werden: Bei der Lösung von Einzelproblemen kann man immer einen Teil des Ausführungsaufwandes durch Entwicklungsaufwand ersetzen. Wenn ein Problem zwar Eingaben zulässt, aber nur endlich viele, dann kann man (zumindest theoretisch) den gleichen „Trick" anwenden: Man berechnet (während der Entwicklung eines Lösungsalgorithmus) für jede erlaubte Eingabe die entsprechende Ausgabe (eventuell mit sehr großer Mühe), und macht daraus eine Tabelle. Ein Lösungsalgorithmus, der nur in einer solchen Tabelle nachschaut, ist für viele Probleme viel schneller, als ein „richtiger Lösungsalgorithmus", aber auch diese Schnelligkeit sagt nichts über die „Schwierigkeit" des gelösten Problems.

Bei einem Problem mit unendlich vielen verschiedenen Eingaben ist dieser „Tabellen-Trick" grundsätzlich nicht anwendbar: Man könnte höchstens für endlich viele Eingaben die entsprechende Ausgabe im Voraus berechnen und in einer Tabelle speichern. Wenn dann ein Algorithmen-Tester eine Eingabe wählt, deren Ausgabe nicht in der Tabelle steht, dann müsste der Algorithmus seine „wahre Zeitkomplexität" zeigen.

Weil die Zeitkomplexität von Algorithmen, die nur endlich viele Eingaben erlauben, nicht unbedingt etwas über die „Schwierigkeit" des damit gelösten Problems aussagt, schließen wir die entsprechenden Probleme hier aus.

Bei einem algorithmischen Problem sucht man also immer nach einem Algorithmus, der unendlich viele verschiedene Eingaben zulässt. *Ein* solcher Algorithmus muss also *unendlich viele* Einzelprobleme lösen können. Jedes dieser Einzelprobleme muss lösbar sein (sonst handelt es sich nicht um ein *algorithmisches* Problem).

Mit anderen Worten: Ein algorithmisches Problem hat immer die Form: „Kann man eine bestimmte Menge von *unendlich vielen* lösbaren Einzelproblemen mit *einem* Algorithmus lösen?" Oder: „Kann man *unendlich viele* (Einzelproblem-)Fliegen mit *einer* (algorithmischen) Klappe treffen?".

In der Praxis gilt die Verwendung von „Lösungstabellen" zur Beschleunigung von Programmen nicht als „fieser Trick", sondern als eine empfehlenswerte Programmiertechnik. Natürlich muss man in jedem Einzelfall kritisch prüfen, ob sich diese Technik vorteilhaft einsetzen lässt.

Bei jedem algorithmischen Problem muss die Menge der erwarteten Ausgaben *mindestens zwei Elemente* enthalten (warum wohl?). Algorithmische Probleme, bei denen die Menge der erwarteten Ausgaben *genau zwei* Elemente enthält (z. B. die Elemente `"Ja"` und `"Nein"`, oder `'Y'` und `'N'`, oder 0 und 1, oder **true** und **false** oder so ähnlich), nennt man *Entscheidungsprobleme*. *AP3* ist zum Beispiel ein Entscheidungsproblem. *AP2* ist mit *AP3* nah verwandt, aber kein Entscheidungsproblem.

Aufgabe 7.1

Entwerfen Sie eine schnelle Java-Funktion, die das Problem *P11* löst (Eingabe: Eine natürliche Zahl n zwischen 1 und 10, Ausgabe: Die ersten n Ziffern der Zahl π).

Aufgabe 7.2

Ist das folgende Problem ein algorithmisches Problem? Begründen Sie Ihre Antwort.

P13: Gesucht wird ein Algorithmus mit folgendem Ein-/Ausgabeverhalten:
Eingabe eine positive Zweierpotenz n, d. h. $n \in \{ 1, 2, 4, 8, 16, 32, 64, \dots \}$
Ausgabe der Logarithmus (zur Basis 2) von n in Binärbruch-Schreibweise, ohne Abkürzungen

---

Aufgabe 7.3

Ist das folgende Problem ein algorithmisches Problem? Begründen Sie Ihre Antwort.

P14: Gesucht wird ein Algorithmus mit folgendem Ein-/Ausgabeverhalten:
Eingabe eine natürliche Zahl n, d. h. $n \in \{ 1, 2, 3, 4, 5, 6, 7, \dots \}$
Ausgabe der Logarithmus (zur Basis 2) von n in Binärbruch-Schreibweise, ohne Abkürzungen

---

Aufgabe 7.4

Ist das folgende Problem ein algorithmisches Problem? Begründen Sie Ihre Antwort.

P15: Gesucht wird ein Algorithmus mit folgendem Ein-/Ausgabeverhalten:
Eingabe eine ganze Dezimalzahl d ohne Vorzeichen, d. h. $d \in \{\ 0, 1, 2, 3, 4, 5, 6, 7, \ldots\ \}$
Ausgabe die entsprechende Binärzahl b, ohne Abkürzungen

Aufgabe 7.5

Ist das folgende Problem ein algorithmisches Problem? Begründen Sie Ihre Antwort.

P16: Gesucht wird ein Algorithmus mit folgendem Ein-/Ausgabeverhalten:
Eingabe ein Dezimalbruch d mit genau einer Stelle hinter dem Komma (z. B. $d = 7{,}0$ oder
36,5 oder 789,4 oder 0,1 usw.)
Ausgabe ein entsprechender Binärbruch b, ohne Abkürzungen.

Aufgabe 7.6

Ist das folgende Problem ein algorithmisches Problem? Begründen Sie Ihre Antwort.

P17: Gesucht wird ein Algorithmus mit folgendem Ein-/Ausgabeverhalten:
Eingabe eine dreistellige Dezimalzahl d, z. B. $d = 123$ oder 002 usw.
Ausgabe die entsprechende Binärzahl b, ohne Abkürzungen

7.2   Theoretische Lösbarkeit von Problemen

Die Klasse aller algorithmischen Probleme kann man (entsprechend der „Schwierigkeit",
für sie eine Lösung zu entwickeln) in zwei Klassen einteilen:

- **Klasse 1**: algorithmische Probleme, die aus theoretischen Gründen nicht lösbar sind
- **Klasse 2**: algorithmische Probleme, die (zumindest theoretisch) lösbar sind.

7.2.1   Definitionen

„Theoretisch lösbar" soll heißen: Für ein solches Problem existiert ein Lösungsalgorithmus.
Ob dieser Algorithmus praktisch wirklich ausführbar ist (oder ob seine „Komplexität zu
groß ist"), ist eine andere Frage, die im nächsten Kapitel behandelt wird.

Alle Probleme, die wir bisher behandelt oder erwähnt haben, sind (zumindest theoretisch) lösbar. Eigentlich ist es sehr erstaunlich, dass es theoretisch unlösbare algorithmische Probleme gibt. Denn wir haben ein algorithmisches Problem ausdrücklich als eine
(unendliche) Menge von *lösbaren* Einzelproblemen definiert.

Um zu zeigen, dass ein algorithmisches Problem zur Klasse 1 gehört („unlösbar"), genügt
es natürlich *nicht*, eine bestimmte Zeit nach einem Lösungsalgorithmus zu suchen und keinen
zu finden. Auch wenn die besten Informatiker der Welt sich jahrelang vergeblich bemüht
haben, einen Lösungsalgorithmus zu entwickeln, so folgt daraus noch *nicht*, dass das Problem
unlösbar ist. Man muss vielmehr *beweisen*, dass *kein Lösungsalgorithmus existiert*.

7.2.2 Beispiele

Wie beweist man, dass ein bestimmter mathematischer Gegenstand (z. B. eine Zahl, die eine bestimmte Bedingung erfüllt oder ein Algorithmus, der ein bestimmtes Problem löst) *nicht* existiert? Hier folgt ein ganz einfaches Beispiel für solch einen Nicht-Existenz-Beweis:

Behauptung Es gibt keine *ganze* Zahl, deren Quadrat gleich 5 ist.

Beweis Wenn es eine ganze Zahl n mit $n^2 = 5$ gäbe, dann müsste wegen

- $4 < 5 < 9$ und somit
- $2^2 < n^2 < 3^2$ auch
- $2 < n < 3$ gelten, d. h. die ganze Zahl n müsste zwischen 2 und 3 liegen. Dies ist ein Widerspruch, da 2 und 3 aufeinander folgende ganze Zahlen sind.

Wir können offensichtlich ganz sicher sein, dass auch in Zukunft niemand eine ganze Zahl n finden wird, für die $n^2 = 5$ gilt. Denn wir haben gezeigt, dass eine solche Zahl nicht existiert.

Bevor wir von einem bestimmten algorithmischen Problem beweisen, dass dazu kein Algorithmus existiert, sei hier ein anderer (aber ähnlicher und nah verwandter) Widerspruchsbeweis skizziert. Dieser klassische Beweis betrifft Dörfer, in denen einige Männer leben, von denen genau einer ein Barbier ist. Jeden Samstag steht die Rasur an, einige rasieren sich selbst und einige werden vom Barbier rasiert.

Behauptung Es kann kein Dorf geben, in dem der Barbier genau die Männer rasiert, die sich nicht selbst rasieren.

Beweis Angenommen, ein solches Dorf würde existieren. Dann müsste der Barbier dieses Dorfes entweder sich selbst rasieren (Fall 1) oder sich nicht selbst rasieren (Fall 2). Aber beide Fälle sind unmöglich. Denn da der Barbier genau die Männer rasiert, die sich nicht selbst rasieren, müsste gelten: Wenn der Barbier sich selbst rasiert (Fall 1), dann darf er sich nicht rasieren. Wenn er sich aber nicht selbst rasiert (Fall 2), dann müsste er sich rasieren. Einen Barbier, der sich gleichzeitig rasiert und nicht rasiert, kann es nicht geben.

Offensichtlich hat dieser Beweis nichts mit den handwerklichen Fähigkeiten oder Unfähigkeiten von Barbieren zu tun. Auch ganz neue und revolutionäre Arten von Rasierapparaten oder Rasiermethoden werden den Beweis nicht ungültig machen. Die Annahme, es gäbe ein Dorf, in dem der (männliche, selbst im Dorf lebende) Barbier genau die Männer rasiert, die sich nicht selbst rasieren, führt zu einem logischen Widerspruch. Also kann es ein solches Dorf nicht geben.

Im Folgenden wird ein bestimmtes algorithmisches Problem (das so genannte *Halteproblem*) beschrieben und anschließend bewiesen, dass zu diesem Problem kein Lösungsalgorithmus existiert. Beim Halteproblem betrachtet man Programme einer (beliebigen, aber dann festen) Programmiersprache. Wir wollen hier Prozeduren (d. h. `void`-Methoden) betrachten, die in

Java geschrieben sind. Der Einfachheit halber beschränken wir uns auf Prozeduren, die genau *einen* Parameter haben. Wir interessieren uns dafür, welche Prozeduren für welche aktuellen Parameterwerte nach endlich vielen Ausführungsschritten *halten* und welche Prozeduren für welche aktuellen Parameterwerte *nicht halten*.[1]

Beispiel 1

```java
static void hältNie(int n) {
  while (true)
    System.out.println(n);
}
```

Die Prozedur `hältNie` hält nicht, egal mit welchem Wert für ihren Parameter n wir sie aufrufen.

Beispiel 2

```java
static void hältImmer(final String s) {
  System.out.println(s);
}
```

Diese Prozedur `hältImmer` hält, egal mit welchem Wert für ihren Parameter s wir sie aufrufen.

Beispiel 3

```java
static void hältWennGrößer1(int n) {
  while (n != 1)
    n = n/2;
}
```

Diese Prozedur `hältWennGrößer1` hält für alle n, die größer oder gleich 1 sind. Für alle n, die kleiner sind als 1, hält `hältWennGrößer1` nicht.

Beispiel 4

```java
static void hältWennNichtLeer(final String s) {
  if (s.length() > 10)
    System.out.println(s);
  else
    hältWennNichtLeer(s + s);
}
```

Diese Prozedur hält nicht, wenn wir sie mit der leeren Zeichenkette als Parameter aufrufen (z. B. so: `hältWennNichtLeer("");`). Für alle anderen Zeichenketten als Parameter hält sie.

---

[1] D. h. in eine Endlosschleife oder eine Endlosrekursion oder ähnliches geraten.

Die meisten Interpreter werden die Ausführung der Prozedur `hältWennNichtLeer` auch dann nach endlich vielen Schritten abbrechen, wenn wir sie mit der leeren Zeichenkette als Parameter aufrufen, etwa mit der Fehlermeldung:

```
java.lang.StackOverflowError after 5729 recursive calls of method
hältWennNichtLeer
```

Aber dieser „Abbruch" einer Ausführung von `hältWennNichtLeer` liegt ausschließlich an der Beschränktheit der verwendeten Umgebung (Compiler, Interpreter, Betriebssystem, Rechner), nicht am Algorithmus, der von der Prozedur `hältWennNicht-Leer` dargestellt wird. Solche Abbrüche wegen Speichermangels oder wegen eines Überlaufs einer numerischen Variablen oder wegen ähnlicher Gründe gilt *nicht* als „Halten der Prozedur". Wir interessieren uns hier für das Halten (oder Nicht-Halten) von Algorithmen, nicht für die Beschränktheiten konkreter Rechnerumgebungen.

Beispiel

Im Abschn. 3.1.3 haben wir die *Ackermann-Funktion* kennen gelernt. Sie kann auch in dieser Reihe betrachtet werden, obwohl sie – ausnahmsweise und der Einfachheit halber – eine *Funktion* mit *zwei* Parametern (statt einer *Prozedur* mit *einem* Parameter) ist. Es ist überhaupt nicht selbstverständlich, dass die Funktion für *alle* Parameterwerte (d.h. für alle Zahlenpaare `m` und `n`) hält. F.W. Ackermann hat dies jedoch bewiesen.

Aufgabe 7.7

Für welche Parameterwerte hält die folgende Prozedur `hält7`, und für welche hält sie nicht?

```
static void hält7(int n) { // requires n > 0
 while(n != 7)
  n = n-3;
}
```

Aufgabe 7.8

Für welche Parameterwerte hält die folgende Prozedur `hältVielleicht` und für welche hält sie nicht?

```
static void hältVielleicht(int n) { // requires n > 0
 while (n != 1)
  if ((n % 2) == 0) // n ist gerade
   n = n / 2;
  else // n ist ungerade
   n = 3 * n + 1;
}
```

Diese Aufgabe sieht auf den ersten Blick vielleicht „harmlos" aus, aber bisher konnte noch niemand beweisen, dass hältVielleicht für alle erlaubten Eingaben (d. h. für alle natürlichen Zahlen) hält.

7.2.3 Das Halteproblem

Im Folgenden betrachten wir (der Einfachheit halber) nur noch Prozeduren, die einen Parameter vom Typ String haben.

Halteproblem Gesucht wird ein Algorithmus mit folgendem Ein-/Ausgabeverhalten:

Eingabe zwei Zeichenketten (der Klasse String) programm und eingabe.

Ausgabe true, wenn programm eine Java-Prozedur mit einem Parameter vom Typ String ist und der Aufruf

```
programm(eingabe);
```

hält; **false** in allen anderen Fällen (d. h. wenn programm keine Java-Prozedur mit einem String-Parameter ist oder wenn programm(eingabe); nicht hält.

Nach genauer Prüfung dürfte es klar sein, dass dieses Problem alle drei im Abschn. 7.1 erwähnten Bedingungen erfüllt (jede einzelne Eingabe und jede einzelne Ausgabe ist endlich groß, es gibt unendlich viele Eingaben, für jede Eingabe ist es im Prinzip möglich, die richtige Ausgabe (**true** bzw. **false**) zu ermitteln. Offenbar handelt es sich hier um ein Entscheidungsproblem.

Behauptung Es gibt keine Implementierung der Java-Funktion

```
static boolean gödel(String programm, String eingabe);
```

die das Halteproblem löst. (Der Name der Funktion erinnert an den österreichischen Mathematiker *Kurt Gödel*, der im Jahre 1931 bewiesen hat, dass alle logischen Systeme[2] unlösbare Probleme enthalten.)

Beweis

1. Angenommen, es gäbe eine solche Funktion gödel. Dann könnten wir folgende Java-Prozedur programm schreiben:

---

[2] Mit bestimmten Eigenschaften.

```
static void programm(String s) {
 if (gödel(s, s))
  while (true); // hier gerät programm in eine Endlosschleife
 else
  ; // hier hält programm sofort
}
```

2. Dann rufen wir die Prozedur `programm` folgendermaßen auf:

```
programm(
 "void programm(String s) {if (gödel(s, s)) while (true); else ;}"
);
```

> Wir übergeben also der Prozedur `programm` den Text ihrer eigenen Vereinbarung als Parameter (vom Typ `String`) und beobachten, ob `programm` für diesen Parameterwert hält oder nicht hält.

3. Die Prozedur `programm` (angewendet auf ihren eigenen Text) ruft die Funktion `gödel` auf und „fragt sie", ob die Prozedur `programm`, angewendet auf ihren eigenen Text, hält oder nicht. Die Funktion `gödel` muss, da sie laut Annahme das Halteproblem löst, nach endlich vielen Schritten mit **true** oder mit **false** antworten.

   - Wenn die Funktion `gödel` mit **true** antwortet, dann geht die Prozedur `programm` (angewendet auf ihren eigenen Text) in eine Endlosschleife und hält nicht. Die Antwort **true** von `gödel` wäre in diesem Falle falsch.
   - Wenn die Funktion `gödel` mit **false** antwortet, dann hält die Prozedur `programm` (angewandt auf ihren eigenen Text) sofort an. Auch in diesem Fall ist die Antwort von `gödel` falsch.

4. Daraus folgt: Die Funktion `gödel` kann gar nicht richtig antworten. Egal, was sie über die Prozedur `programm` (angewendet auf ihren eigenen Text) behauptet, `programm` macht genau das Gegenteil. Also kann es keine Funktion `gödel` geben, die das Halteproblem löst.

Diese Unlösbarkeit des Halteproblems ist eine der wichtigsten und tiefsten Erkenntnisse über Algorithmen, die Mathematiker, Logiker und Informatiker bisher gewonnen haben. Mit den philosophischen Konsequenzen beschäftigen sich auch zahlreiche Schriften, so auch das Buch [KesSol].

Bemerkung   Das im Abschn. 2.1.9 erwähnte Problem der *Gleichwertigkeit* (*Äquivalenz*) von Algorithmen ist eng mit dem Halteproblem verknüpft: Wenn man eins der beiden Probleme lösen könnte, könnte man auch das andere Problem lösen. Ein ähnlicher Zusammenhang besteht auch zu den in den nächsten Kapiteln vorgestellten bekannten unlösbaren Problemen.

7.2.4 Das Kachelproblem

Verschiedene algorithmische Probleme (einige davon theoretisch unlösbar, andere lösbar) basieren auf der anschaulichen Vorstellung von Kacheln und gekachelten Flächen. Dabei ist eine Kachel ein Quadrat, welches durch seine beiden Diagonalen in vier Dreiecke eingeteilt ist. Jedes dieser Dreiecke ist mit einer bestimmten „Farbe"[3] angemalt (oder mit einer entsprechenden Zahl gekennzeichnet). Abb. 7.1 zeigt einige Beispiele für einzelne Kacheln.

Die Kacheln sollten nicht gedreht werden, sondern ihre anfängliche Orientierung stets beibehalten. Außerdem dürfen sie nur „genau nebeneinander" gelegt werden, wie auf ein Schachbrett-Muster (siehe Abb. 7.2).

Eine Fläche ist ordnungsgemäß gekachelt, wenn sie mit Kacheln bedeckt ist und folgende Bedingung erfüllt ist:

Anschlussbedingung Da, wo zwei Kacheln sich berühren, müssen sie die gleiche Farbe haben (bzw. mit der gleichen Zahl markiert sein) (siehe Abb. 7.3).

Ein *Kachelkatalog* ist eine endliche Menge von *Kachelmustern* zusammen mit der Berechtigung, von jedem Muster beliebig viele Kacheln zu bestellen.

Mit Kacheln aus dem Katalog in Abb. 7.4 kann man jede endliche Fläche kacheln.

Mit Kacheln aus dem Katalog in Abb. 7.5 kann man *nicht* jede endliche Fläche kacheln.

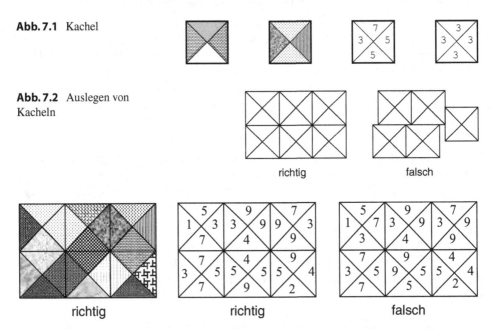

Abb. 7.1 Kachel

Abb. 7.2 Auslegen von Kacheln

richtig   falsch

richtig   richtig   falsch

Abb. 7.3 Anschlussbedingung

---

[3] Im schwarz-weiß-Druck: „Muster".

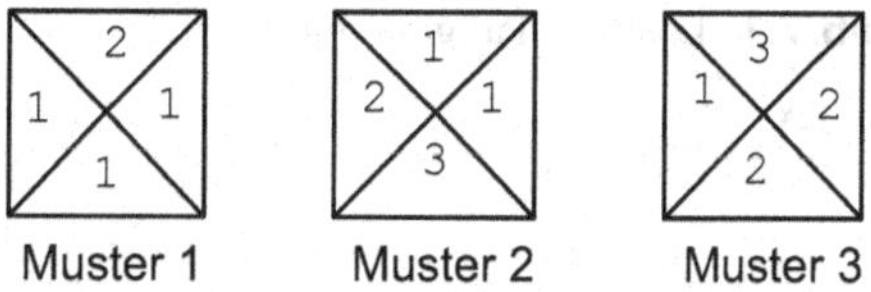

Abb. 7.4 Erfüllbarer
Kachelkatalog

Muster 1   Muster 2   Muster 3

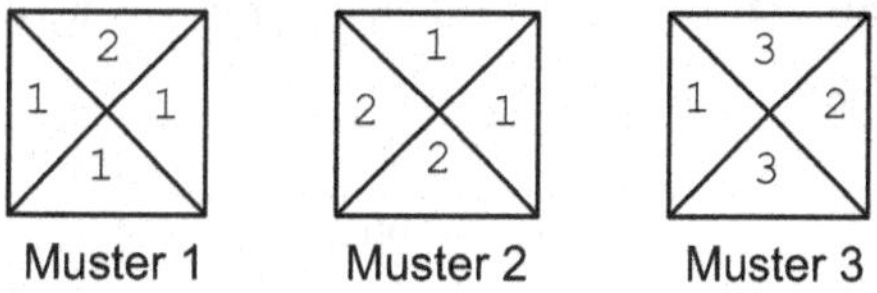

Abb. 7.5 Unerfüllbarer
Kachelkatalog

Muster 1   Muster 2   Muster 3

Aufgabe 7.9

Zeigen Sie, dass man mit dem Katalog in der Abb. 7.5 noch nicht einmal eine 3×3 Fläche kacheln kann.

Vom folgenden algorithmischen Problem kann man beweisen, dass es dazu keinen Lösungsalgorithmus gibt:

Kachelproblem Gesucht wird ein Algorithmus mit folgendem Ein-/Ausgabeverhalten:
Eingabe ein Kachelkatalog
Ausgabe „Ja", wenn man mit (Kacheln aus) diesem Katalog jede endliche Fläche kacheln kann; „Nein" sonst

7.2.5 Das Paligrammproblem

Beim *Paligrammproblem*[4] wird die Frage gestellt, ob es möglich ist, aus zwei Folgen von Wörtern (Zeichenketten, in Java Objekte der Klasse `String`) dasselbe Wort mit derselben Indexfolge „auszulegen". Es wird also ein Wort gesucht, das durch *Konkatenation* (in Java durch den `String`-Operator +) sowohl aus der ersten Wortfolge, wie auch aus der zweiten Wortfolge entstehen kann.

Beispielsweise sollen zwei Wortfolgen u und v aus den Wörtern, { *abb*, *a*, *bab*, *baba*, *aba* } bzw. { *bbab*, *aa*, *ab*, *aa*, *a* } bestehen. In Java bilden wir sie in zwei Reihungen u und v vom Typ `String[]` ab; sie haben die gleiche Länge (nämlich 5) und enthalten als Komponenten Zeichenketten unterschiedlicher Längen, d. h. Wörter (siehe Tab. 7.1).:

```
String[] u = { "abb", "a", "bab", "baba", "aba" };
String[] v = { "bbab", "aa", "ab", "aa", "a" };
```

---

[4] Auch *Wortproblem* genannt; *Paligramm* ist ein Wortspiel, in dem aus den Buchstaben eines Worts ein anderes Wort ausgelegt werden muss.

Tab. 7.1 Lösbares Paligrammproblem

Index	1	2	3	4	5
u	abb	a	bab	baba	aba
v	bbab	aa	Ab	aa	a

Tab. 7.2 Lösung des Paligrammproblems aus der Tab. 7.1

Index	2	1	1	4	1	5
u	a	abb	abb	baba	abb	aba
v	aa	bbab	bbab	aa	bbab	a

Tab. 7.3 Unlösbares Paligrammproblem

Index	1	2	3	4	5
u1	bb	a	Bab	baba	aba
v1	bab	aa	Ab	aa	a

Für diese beiden Reihungen gilt:

```
u[2] + u[1] + u[1] + u[4] + u[1] + u[5] == "aabbabbbabaabbaba"
v[2] + v[1] + v[1] + v[4] + v[1] + v[5] == "aabbabbbabaabbaba"
```

Oder mathematisch ausgedrückt, es gilt:

$$u_2\, u_1\, u_1\, u_4\, u_1\, u_5 = v_2\, v_1\, v_1\, v_4\, v_1\, v_5 = \text{aabbabbbabaabbaba}$$

Die Indexfolge { 2 1 1 4 1 5 } ist also eine Lösung für das Paligrammproblem mit den beiden Wortfolgen *u* und *v:* Das Wort *aabbabbbabaabbaba* kann aus den Wörtern sowohl aus *u* wie auch aus *v* mit der Indexfolge { 2 1 1 4 1 5 } ausgelegt werden (siehe Tab. 7.2).

Für die folgenden beiden Reihungen u1 und v1 kann man *keine* Folge i1, i2, ..., in von Indizes finden, sodass

```
u1[i3] + u1[i4] + ... + u1[in] == v1[i3] + v1[i4] + ... + v1[in]
```

gilt (siehe Tab. 7.3).

Allerdings ist es nicht ganz einfach zu beweisen, dass das so ist. Denn es gibt unendlich viele Folgen von Indizes, sodass man unmöglich all diese Folgen „durchprobieren" kann. Aber mit ein bisschen Übung ist es gar nicht so schwer, einen Beweis zu finden.

Hier folgt ein weiteres algorithmisches Problem, von dem man zeigen kann, dass es dafür keinen Lösungsalgorithmus gibt:

Paligrammproblem Gesucht wird ein Algorithmus mit folgendem Ein-/Ausgabeverhalten:
Eingabe zwei gleich lange Reihungen u und v von Wörtern.
Ausgabe „Ja", wenn es eine Folge i1, i2, ..., in von Indizes gibt, sodass

```
u[i1] + u[i2] + ... + u[in] == v[i1] + v[i2] + ... + v[in]
```

gilt, und „Nein" sonst

7.2.6 Gleichwertigkeit von Grammatiken

Programmiersprachen werden durch (typischerweise *kontextfreie*) *Grammatiken*[5] beschrieben werden. Eine solche Grammatik besteht aus (endlich vielen endlich langen) Regeln. Trotzdem kann man aus *einer* solchen Grammatik *unendlich viele* Zeichenketten ableiten. Beispielsweise kann man aus der Grammatik von Java genau die Zeichenketten ableiten, die als Java-Programme zulässig sind und jede Zeichenkette, die man nicht aus der Java-Grammatik ableiten kann, ist auch garantiert kein richtiges Java-Programm. Man kann also mit der *endlich großen* Java-Grammatik die *unendlich große* Menge aller zulässiger Java-Programme präzise beschreiben.[6]

Nun kann man eine und dieselbe Programmiersprache (z. B. Java) durch *verschiedene* Grammatiken beschreiben. Einige dieser Grammatiken bestehen aus relativ vielen, aber einfachen und leicht verständlichen Regeln. Andere Grammatiken bestehen aus weniger, aber komplizierteren Regeln. Für Programmierer ist die erste Art besser geeignet. Als Grundlage für den Bau eines Compilers ist die zweite Art besser geeignet. Man hätte also gern (mindestens) zwei verschiedene Grammatiken für Java. Diese beiden Grammatiken „taugen" aber nur dann etwas, wenn sie garantiert *genau die gleiche Sprache* (nämlich Java) beschreiben. Wenn es auch nur eine Zeichenkette gibt, die man aus der einen Grammatik ableiten kann, aber aus der anderen Grammatik nicht, dann wäre das ein schwer wiegender Fehler.

Man nennt zwei Grammatiken *äquivalent* („gleichwertig"), wenn man aus ihnen genau die gleichen Sprachen ableiten kann. Leider ist auch das folgende algorithmische Problem nicht lösbar:

Äquivalenz *von kontextfreien Grammatiken:* Gesucht wird ein Algorithmus mit folgendem Ein-/Ausgabeverhalten:
Eingabe zwei kontextfreie Grammatiken
Ausgabe „Ja", wenn die beiden Grammatiken äquivalent sind, „Nein" sonst

Für die Praxis bedeutet dies: Man kann das Problem, die Äquivalenz zweier Grammatiken zu zeigen, nicht „ein und für alle mal" durch einen Algorithmus erledigen. Stattdessen muss man jedes Mal, wenn man von zwei Grammatiken wissen will, ob sie äquivalent sind, „die Ärmel hochkrempeln" und den Beweis der Äquivalenz (oder der Nicht-Äquivalenz) „von Hand" führen.

Aus einem ähnlichen Grund kann – wie schon im Abschn. 2.1.9 angedeutet – auch die Äquivalenz (Gleichwertigkeit) von Algorithmen nicht bewiesen werden.

---

[5] Oder durch entsprechende *Syntaxdiagramme*.

[6] „Compilerbauer" mögen bemerken, dass und warum diese Behauptung nicht ganz richtig ist, aber vorläufig ist sie „richtig genug".

7.3   Praktische Lösbarkeit von Problemen

Die Klasse 2 der *theoretisch* lösbaren algorithmischen Probleme aus dem Abschn. 7.2 kann man nochmals in zwei Teilklassen aufteilen:

- **Klasse 2.1.** die *praktisch* nicht lösbaren algorithmischen Probleme
- **Klasse 2.2.** die *praktisch* lösbaren algorithmischen Probleme

Ob ein algorithmisches Problem zur Klasse 1 (theoretisch nicht lösbar) oder zur Klasse 2 (theoretisch lösbar) gehört, hat mit dem *Aufwand für die Entwicklung* eines Lösungsalgorithmus zu tun: Wenn der Aufwand unendlich groß ist (d. h. wenn man beweisen kann, dass kein Lösungsalgorithmus existiert), dann gehört das Problem zur Klasse 1. Wenn der Entwicklungsaufwand „nur" endlich groß ist, gehört das Problem zur Klasse 2.

Es gibt zwar Probleme, von denen man (heute noch) nicht weiß, ob sie lösbar sind oder nicht. Die Grenzen zwischen der Klasse 1 und der Klasse 2 sind aber völlig *scharf* und lassen keinen Spielraum für „persönliche Ansichten".

Ob ein bestimmtes algorithmisches Problem zur Klasse 2.1. (praktisch nicht lösbar) oder zur Klasse 2.2. (praktisch lösbar) gehört, hat mit dem *Aufwand für die Ausführung* der besten bekannten Lösungsalgorithmen zu tun, d. h. mit der Zeitkomplexität der Lösungsalgorithmen. Die Grenze zwischen den Klassen 2.1. und 2.2. ist *nicht scharf*. Man kann der Ansicht sein, dass eine Rechenzeit von zehn (oder von 100 usw.) Jahren noch durchaus „machbar" ist, oder man kann alle Rechenzeiten oberhalb von einem Jahr (oder von einem Monat usw.) als „unrealistisch" ausschließen.

Allgemein hat sich folgende Definition der Klassen 2.1. und 2.2. eingebürgert und als erstaunlich sinnvoll und robust erwiesen:

Klasse 2.1 Ein schnellster Lösungsalgorithmus hat eine *exponentielle* (oder „schlimmere") Zeitkomplexität.

Klasse 2.2 Es gibt einen Lösungsalgorithmus mit *polynomialer* Zeitkomplexität.

Beispiele

- für exponentielle Zeitkomplexitäten: 2^n oder $1{,}0001^n$ oder 500^n
- für „noch schlimmere" Zeitkomplexitäten: n^n oder $n!$ oder $n(n^n)$
- für polynomiale Zeitkomplexitäten: 1 oder n oder n^2 oder n^3 oder n^{1000}

Mit einigen algorithmischen Problemen aus der Klasse 2.2. (praktisch lösbar) haben wir uns schon befasst (Problem der maximalen Teilsumme, Sortierproblem, Suchproblem usw.). Hier folgen einige Beispiele für algorithmische Probleme, die (nach allem was man heute weiß) zur Klasse 2.1. (praktisch unlösbar) gehören.

7.3.1 Das zweite Kachelproblem

Im Abschn. 7.2.4 haben wir schon das Kachelproblem formuliert. Es konnte bewiesen werden, dass es unlösbar ist. Das zweite Kachelproblem ist aber lösbar:

2. Kachelproblem Gesucht wird ein Algorithmus mit folgendem Ein-/Ausgabeverhalten:
Eingabe n^2 viele Kacheln, wobei $n = 2, 3, 4, 5, \ldots$ ist.
Ausgabe „Ja", wenn man mit diesen Kacheln ein $n \cdot n$-Quadrat kacheln kann, „Nein" sonst

Aufgabe 7.10
Entwerfen Sie einen einfachen Lösungsalgorithmus und ermitteln Sie seine Zeitkomplexität. Die besten bekannten Lösungsalgorithmen sind nicht „wesentlich" schneller als der von Ihnen entwickelte Algorithmus.

Offensichtlich ist das Einzelproblem für $n = 2$ leicht lösbar. Aber schon für $n = 5$ gibt es 25! verschiedene Anordnungen der 25 Kacheln, das sind ungefähr $1,55 \cdot 10^{25}$ Anordnungen. Ein Jahr hat ungefähr $3,15 \cdot 10^7$ Sekunden. Wenn man pro Sekunde 1 Milliarde von Anordnungen prüfen kann, dann braucht man ungefähr $1,55 \cdot 10^{18}$ Sekunden, d. h. ungefähr $4,92 \cdot 10^8$ Jahre, d. h. ungefähr eine halbe Milliarde von Jahren, um alle möglichen Anordnungen zu prüfen.

Heutige (Mitte 2001) Supercomputer wären durchaus in der Lage, jede Sekunde ungefähr 1 Milliarde Anordnungen von 25 Kacheln zu überprüfen (d. h. zu prüfen, ob die Anschlussbedingung überall erfüllt ist).

Das heißt: Für „sehr kleine n" ist das zweite Kachelproblem durchaus lösbar. Aber spätestens ab $n = 5$ ist es, gemessen an den heutigen Möglichkeiten von Computern, praktisch unmöglich, alle möglichen Anordnungen der Kacheln durchzuprobieren.

7.3.2 Das Rucksackproblem

Dem zweiten Kachelproblem ähnlich einfach ist die triviale Lösung des *Rucksackproblems*; sie ist aber für das allgemeine Problem ähnlich unrealistisch ausführbar:

Rucksackproblem Gesucht wird ein Algorithmus mit folgendem Ein-/Ausgabeverhalten:
Eingabe eine Liste von „Gegenständen" (z. B. Schlafsack, Feldflasche, Zelt usw.). Jeder Gegenstand hat ein Gewicht (eine natürliche Zahl, z. B. die Anzahl der Gramm) und einen „Wert" (ebenfalls durch eine natürliche Zahl ausgedrückt). Außerdem ist bekannt, wie viel Gramm in den Rucksack passen, z. B. 15000 Gramm.
Ausgabe eine Liste der Gegenstände, die eine möglichst wertvolle Füllung des Rucksacks ausmachen. Dies bedeutet, dass keine andere Menge von Gegenständen, die in den Rucksack passt, einen höheren Wert hat.

Aufgabe 7.11
Entwerfen Sie einen Lösungsalgorithmus und ermitteln Sie seine Zeitkomplexität.

7.3.3   Das Aufteilungsproblem

Eine Mutter hinterlässt ihren beiden Töchtern eine Menge von Diamanten. Jeder Diamant hat einen festgelegten Wert (ausgedrückt durch eine natürliche Zahl). Der Erbverwalter muss die Diamanten in zwei möglichst *gleich wertvolle* Teilmengen teilen. Nur im günstigsten Fall werden die beiden Teile gleich wertvoll sein. Aber in jedem Fall soll der Wertunterschied möglichst gering sein.

Beispiel

Wenn die Mutter fünf Diamanten mit den Werten 1, 2, 5, 5 und 12 hinterlässt, dann ist { 2, 5, 5 } und { 1, 12 } eine günstigste Aufteilung.

Aufteilungsproblem   Gesucht wird ein Algorithmus mit folgendem Ein-/Ausgabeverhalten:
Eingabe   eine Liste der (Diamanten-)Werte
Ausgabe   die (oder eine) günstigste Aufteilung.

Aufgabe 7.12

Entwerfen Sie einen Lösungsalgorithmus und ermitteln Sie seine Zeitkomplexität.

7.3.4   Das Problem des Handelsreisenden

Das bekannte Problem des Handelsreisenden („*traveling salesman problem*") gehört auch zu den praktisch unlösbaren Problemen:

Das Problem des Handelsreisenden   Gesucht wird ein Algorithmus mit folgendem Ein-/Ausgabeverhalten:
Eingabe   ein Graph mit „Städten" als Knoten und „Straßen" als Kanten. Jede Straße zwischen zwei Städten ist mit einer (natürlichen) Zahl markiert, die die Entfernung der Städte voneinander angibt.
Ausgabe   ein Plan für die kürzeste „Rundreise", die bei einer beliebigen Stadt anfängt und bei derselben Stadt endet und genau einmal bei jeder anderen Stadt vorbeiführt.

Beispiel

Eingabe sei der Graph wie in Abb. 7.6.
Ausgabe A, B, C, E, D, F, A, Gesamtlänge: 28

7.3.5   Hamiltonsche Wege durch einen Graphen

Ein *Hamilton-Weg* durch einen ungerichteten Graphen ist ein Weg, der an jedem Knoten genau einmal vorbeiführt. Abb. 7.7 zeigt zwei Beispiele.

Abb. 7.6 Das Problem des Handelsreisenden

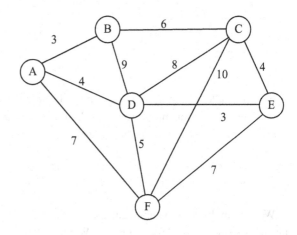

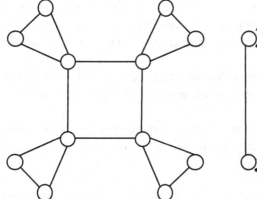 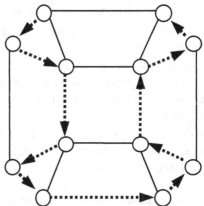

Abb. 7.7 Graph ohne und mit hamiltonschem Weg

Hamiltonsche Wege Gesucht wird ein Algorithmus mit folgendem Ein-/Ausgabeverhalten:
Eingabe ein (ungerichteter) Graph
Ausgabe „Ja", wenn der Graph einen hamiltonschen Weg besitzt, „Nein" sonst

> **Aufgabe 7.13**
> Entwerfen Sie einen Lösungsalgorithmus und ermitteln Sie seine Zeitkomplexität.

7.3.6 Das Erfüllbarkeitsproblem

Bei diesem Problem geht es um *aussagenlogische Formeln*. Eine solche Formel darf aus Variablen (a, b, c, ...), den logischen Operationen &, | und ! und aus Klammern bestehen. Einige Beispiele:

```
Formel1: a | (! a & b)
Formel2: a & (b | ! a) & ! b
Formel3: a | (b & ! a) | ! b
Formel4: (a | ! b) & (b | c | ! d) & (c | ! e | f) & (! f | g | ! h)
```

Eine Variablenbelegung für eine Formel besteht darin, dass man jede Variable (die in der Formel vorkommt) mit einem Wahrheitswert (`true` bzw. `false`) belegt. Hier folgen zwei Variablenbelegungen für die `Formel1`:

```
Variablenbelegung11: a = true; b = false
Variablenbelegung12: a = false; b = false
```

Wenn man die Variablenbelegung `Variablenbelegung11` zu Grunde legt, dann ergibt die `Formel1` den Wert `true`. Wenn man dagegen die Variablenbelegung `Variablenbelegung12` nimmt, dann ergibt die `Formel1` den Wert `false`.

Die `Formel2` ergibt bei jeder möglichen Variablenbelegung den Wert `true`. Da in der `Formel2` zwei Variablen vorkommen und jede dieser Variablen zwei verschiedene Werte annehmen kann, gibt es vier verschiedene Variablenbelegungen für `Formel2`. Die kann man alle durchprobieren.

Die `Formel3` ergibt bei jeder möglichen Variablenbelegung `false`. Dazu sagt man auch: `Formel3` ist *unerfüllbar*, d. h. es gibt keine Variablenbelegung, die der `Formel3` zum Wert `true` verhelfen würde.

Ist die `Formel4` erfüllbar? Eine „einfache" Methode, um das herauszufinden, besteht darin, alle möglichen Variablenbelegungen durchzuprobieren. Wie viele Variablenbelegungen gibt es für `Formel4`?

Erfüllbarkeitsproblem Gesucht wird ein Algorithmus mit folgendem Ein-/Ausgabeverhalten:
Eingabe eine aussagenlogische Formel, in der n Variablen vorkommen
Ausgabe „Ja", wenn die Formel erfüllbar ist und „Nein" sonst

Statt dieses Problem als Entscheidungsproblem zu formulieren (d. h. als Ja-/Nein-Problem), hätten wir als Ausgabe auch eine Variablenbelegung verlangen können, die die Formel erfüllt (falls eine solche Variablenbelegung existiert). Dadurch wäre das Problem auch nicht schwerer geworden.

7.4   Die Klassen P und NP

Die Klasse 2.2. aus dem Abschn. 7.3 (der nicht nur theoretisch, sondern auch praktisch lösbaren algorithmischen Probleme) heißt offiziell einfach P (weil die Lösungsalgorithmen eine *p*olynomiale Zeitkomplexität haben). Die Klasse 2.1. (s. Abschn. 7.3, der nur theoretisch, aber nicht praktisch lösbaren algorithmischen Probleme) heißt offiziell NP (wie „*n*icht-deterministisch *p*olynomial"). Ein Problem gehört zur Klasse NP, wenn es einen

Lösungsalgorithmus gibt, der sich auf einer *nicht-deterministischen Maschine* in polynomialer Zeit ausführen lässt.

Eine nicht-deterministische Maschine zu bauen ist etwa genauso schwierig, wie alle Stellen der Zahl π auszurechnen. Vollständig kann man also eine solche Maschine nicht bauen. Aber so, wie sich eine „schlechte Approximation" von π, die nur aus fünf Ziffern besteht, relativ leicht und eine „gute Approximation" mit 5000 Ziffern schon wesentlich weniger leicht berechnen lässt, so kann man eine nicht-deterministische Maschine mit mehr oder weniger Aufwand mehr oder weniger gut approximieren.

Eine nicht-deterministische Maschine kann man sich auf zwei verschiedene Weisen vorstellen:

1. als Maschine mit einem magischen Orakel
2. als Maschine mit unbegrenzt vielen parallelen Prozessoren

Hier sollen diese beiden Vorstellungen anhand des Erfüllbarkeitsproblems aus dem Abschn. 7.3.6 erläutert werden. Wie würde eine nicht-deterministische Maschine das Erfüllbarkeitsproblem lösen?

Eine *Maschine mit magischem Orakel* fragt, nachdem wir ihr eine aussagenlogische Formel eingegeben haben, ihr Orakel: „Welche Variablenbelegung soll ich ausprobieren?". Das Orakel nennt (so sind Orakel nun mal) sofort eine Variablenbelegung v und garantiert, dass wenn es überhaupt Variablenbelegungen gibt, unter denen die Formel den Wert `true` ergibt, dann ist v eine solche Belegung. Wenn dagegen die Variablenbelegung v die Formel `false` ergibt, dann gibt es garantiert keine Belegung, die die Formel zu `true` auswertet: Dann ist die Formel unerfüllbar. Die Maschine braucht also nur zu prüfen, ob die Formel durch die Variablenbelegung v `true` wird (dann ist die Formel offenbar erfüllbar) oder `false` (dann ist die Formel nicht erfüllbar, das garantiert das Orakel). Diese Prüfung nimmt nur polynomial viel Zeit in Anspruch.

Maschinen mit magischem Orakel sind zwar „unrealistisch", aber weit weniger, als es auf den ersten Blick erscheinen mag. Gute Mathematiker besitzen eine bestimmte Intuition, und nicht wenige schwierige Probleme sind schon auf diesem Wege gelöst worden. Einem Orakel entspricht in einem bestimmten Sinn auch eine unbegrenzte Anzahl von parallelen Prozessoren.

Eine *Maschine mit unbegrenzt vielen parallelen Prozessoren* würde das Erfüllbarkeitsproblem folgendermaßen lösen: Nachdem wir dem Hauptprozessor die aussagenlogische Formel eingegeben haben, zählt er die darin vorkommenden Variablen (es sind n Variablen). Für n Variablen gibt es 2^n viele Variablenbelegungen. Er reicht also die Formel an 2^n viele Prozessoren weiter und beauftragt jeden dieser Prozessoren, eine bestimmte Variablenbelegung auszuprobieren. Innerhalb eines bestimmten Zeitraums (der von der Länge der Formel, d. h. von n polynomial abhängt) sind alle Prozessoren mit dem Ausprobieren fertig. Wenn einer der 2^n Prozessoren feststellt, dass die Formel unter seiner Variablenbelegung `true` ergibt, dann meldet er das an den Hauptprozessor zurück. Wenn er innerhalb der bestimmten (von n polynomial abhängigen) Zeit keine solche Erfolgsmeldung erhalten hat, dann ist die Formel unerfüllbar.

Offensichtlich gilt

P $\subseteq$ NP

d. h. dass alle Probleme aus der Klasse P (die auf einer deterministischen Maschine polynomial gelöst werden können), auch der Klasse NP angehören, d. h. sie können auch auf einer nicht-deterministischen Maschine polynomial gelöst werden.

7.5   Ist P = NP?

Für viele algorithmische Probleme kennt man Lösungsalgorithmen mit polynomialer Zeitkomplexität. Diese Probleme gehören zur Klasse P. Für andere algorithmische Probleme würden auch die besten bekannten Lösungsalgorithmen eine nicht-deterministische Maschine brauchen, um in polynomialer Zeit ausführbar zu sein.[7] Diese Probleme gehören zur Klasse NP.

Aber bis heute konnte nicht bewiesen werden, dass man Probleme aus der Klasse NP nicht doch eines Tages mit einem besonders genialen Algorithmus in polynomialer Zeit lösen kann. Anders ausgedrückt weiß man nicht, ob die beiden Klassen P und NP in Wirklichkeit nur eine Klasse sind (P=NP) oder ob sie tatsächlich verschiedene Klassen sind (P $\subset$ NP). Dieses Problem ist seit 1971 bekannt und – trotz ziemlich großer Anstrengungen auf diesem Gebiet – ungelöst. So gut wie alle Wissenschaftler, die sich mit diesem Problem befasst haben, sind fest davon überzeugt, dass P $\neq$ NP gilt. Aber noch niemand hat es bewiesen.

Zum genaueren Verständnis: Man kann z. B. beweisen, dass es keinen Sortieralgorithmus mit einer besseren Zeitkomplexität als $n \log n$ gibt. Aber bisher konnte niemand beweisen, dass es keinen Algorithmus gibt, der z. B. das Erfüllbarkeitsproblem in polynomialer Zeit löst. Wenn morgen jemand einen solchen „schnellen Lösungsalgorithmus für das Erfüllbarkeitsproblem" veröffentlicht, dann würde das zwar sehr großes Aufsehen erregen, aber es würde keinem Beweis widersprechen.

Man kann allerdings beweisen, dass viele Probleme in der Klasse NP „eng miteinander zusammenhängen": Wenn man für *eines* dieser Probleme einen Algorithmus mit polynomialer Zeitkomplexität entwickeln könnte, dann könnte man das auch für *alle* Probleme dieser Klasse. Probleme mit dieser Eigenschaft heißen NP-*vollständig*.

Alle im Abschn. 7.3 angeführten Beispiele für Probleme aus der Klasse NP sind NP-vollständig. Es gibt auch Gegenbeispiele: Das Problem, von einer natürlichen Zahl festzustellen, ob sie eine Primzahl ist oder nicht, gehört nach heutigen Erkenntnissen zur Klasse NP. Man konnte bisher aber nicht beweisen, dass dieses Problem NP-vollständig ist.

---

[7] Auf einer deterministischen Maschine brauchen die besten Algorithmen eine schlechtere Komplexität als polynomial.

7.6   Übersicht über Problemklassen

Die untersuchten Probleme können nach folgendem Schema kategorisiert werden:

```
Probleme aller Art
├─ nicht-algorithmische Probleme
│   └─ Blei in Gold verwandeln
└─ algorithmische Probleme
    ├─ theoretisch nicht lösbare algorithmische Probleme
    │       ├─ das Halteproblem, das Kachelproblem, das Paligrammproblem
    │       ├─ die Äquivalenz kontextfreier Grammatiken
    │       └─ Gleichwertigkeit von Algorithmen
    └─ theoretisch lösbare Probleme
        ├─ praktisch nicht lösbare Probleme
        │       ├─ Probleme mit außerordentlich großer Zeitkomplexität
        │       │   └─ die Ackermann-Funktion
        │       ├─ Probleme mit exponentieller Zeitkomplexität
        │       │       ├─ die Türme von Hanoi
        │       │       ├─ der Weg des Springers
        │       │       └─ die acht Damen
        │       ├─ nicht NP-vollständige Probleme
        │       │   └─ Primzahl oder nicht (? – doch NP-vollständig?)
        │       └─ NP-vollständige Probleme:
        │               ├─ das zweite Kachelproblem, das Rucksackproblem
        │               ├─ das Aufteilungsproblem, das Erfüllbarkeitsproblem
        │               ├─ das Problem des Handlungsreisenden
        │               └─ der Hamiltonsche Weg durch einen Graphen
        └─ praktisch lösbare Probleme (P)
            ├─ suchen (ein Wort in einem Text)
            ├─ mit quadratischer Zeitkomplexität der besten Lösung
            ├─ mit Zeitkomplexität O(n log n) der besten Lösung
            │   └─ sortieren
            ├─ mit linearer Komplexität der besten Lösung
            │       ├─ maximale Teilsumme einer Folge
            │       ├─ Fakultät
            │       ├─ Fibonacci-Zahlen
            │       ├─ suchen in einer Liste
            │       └─ Erkennen von regulären Sprachen
            └─ mit logarithmischer Komplexität der besten Lösung
                    ├─ suchen in einer sortierten Reihung
                    └─ eintragen und suchen im ausgeglichenen Baum
```

Verzeichnisse

Literaturverzeichnis

[ArnGos] *Arnold, Gosling:* Die Programmiersprache Java (*Addison-Wesley*)

[AU] Aho, Ullmann: Principles of Compiler Design (*Addison-Wesley*, 1977)

[AVL] *Adelson-Velskii, Landis:* Ein Algorithmus zur Informationsorganisation (auf Russisch; *Doklady Akademii Nauk SSSR* 146 – 1962, Seiten 263–266)

[Bay] *Bayer, McCreight:* Organization and Maintenance of Large Ordered Indexes (*Acta Informatica 1*, No. 3 – 1972, Seiten 173–189)

[EWD] Dijkstra Archive (auf Englisch; http://www.cs.utexas.edu/users/EWD)

[Eu] *Euklid:* Elemente (Buchhandlung des Waysenhauses, Halle 1781)

[Goog] https://github.com/google/guava

[Irv] Irwing, Leather, Gusfield: An Efficient Algorithm for the „Optimal" Stable Marriage, Journal of the ACM, July 1987

[JLS] *Gosling, Joy, Steele:* Java – Die Sprachspezifikation (*Addison-Wesley*)

[Nut] *Flanagan:* Java in a Nutshell (*O'Reilly*, 2014)

[Gam] *Gamma* u. a.: Design Patterns (*Addison-Wesley*, Reading 1994)

[Gil] *Gilstad:* Polyphase Merge Sorting (Proc. AFIPS Eastern Jt, 1960)

[Gr] *Grude:* Java ist eine Sprache (*Vieweg*, 2005)

[KesSol] *Kessler, Solymosi:* Ohne Glauben kein Wissen (*Schwengeler*, 1995)

[Mey] *Meyer:* Objektorientierte Softwareentwicklung (*Hanser* Verlag, 1988)

[Niev] *Nievergelt, Solymosi:* Schulbeispiele zur Rekursion (*Informatik Spektrum*, April 1990, Band 13 Seiten 106–108)

[Ses] *Sestoft*: Java Precisely (*MIT Press*, 2016)

[Sh] *Shell:* A Highspeed Sorting Procedure (*CACM*, 1959)

[SolC] *Solymosi:* Objektorientiertes Plug and Play – Ein Lehrbuch für Programmieren in C++ (*Vieweg*, 1997)

[SolN] *Solymosi:* Effizient Programmieren in C# und .NET (*Vieweg*, 2001)

© Springer Fachmedien Wiesbaden GmbH 2017
A. Solymosi, U. Grude, *Grundkurs Algorithmen und Datenstrukturen in JAVA*,
DOI 10.1007/978-3-658-17546-7

[SolS]   *Solymosi:* Synthese von analysierenden Automaten auf Grund von formalen
            Grammatiken (*Arbeitsberichte des IMMD*, Erlangen, 1978)

[SolSch]   *Solymosi, Schmiedecke:* Programmieren mit Java – Das Lehrbuch zum sicheren
            Umgang mit Objekten, *Vieweg Verlag*, 1999, ca. 350 Seiten

[Wil]   Williams: Heapsort (Communications of ACM, 1964)

Klassische Literatur zum Thema

[Sed] *R. Sedgewick:* Algorithms, *Addison-Wesley*, Second Edition, 1989, ca. 650 Seiten
Ein sehr sorgfältig und gut gestaltetes Buch in Englisch. Die Abläufe und die Ergebnisse
vieler Algorithmen werden durch spezielle und sehr anschauliche Grafiken dargestellt. Es
enthält sehr gute und verständliche Erklärungen zu schwierigen Algorithmen sowie viele
Beispiele. Das Literaturverzeichnis ist nach Problemgebieten organisiert und enthält
Kommentare. Die Algorithmen werden in Pascal dargestellt. Es gibt auch eine deutsche
Übersetzung.

[Gon] *G. H. Gonnet, R. Baeza-Yates:* Handbook of Algorithms and Data Structures,
Addison-Wesley, Second Edition 1991, ca. 420 Seiten
Ein Werk zum Nachschlagen, keines zum „Durcharbeiten". Es werden sehr viele Algorithmen („alle wichtigen und einige weniger wichtige Varianten") in Pascal und in C dargestellt. Die Erläuterungen zu den einzelnen Algorithmen sind eher sparsam und
beschränken sich auf das Allernötigste. Es gilt als eine Anschaffung fürs Leben, ähnlich
wie ein gutes Lexikon. Ein sehr umfangreiches Literaturverzeichnis (mehr als 1300 Einträge) ohne Kommentare ist vorhanden.

[Harel] *David Harel:* The Science of Computing, *Addison-Wesley* 1989, ca. 350 Seiten
Eine hervorragend einfach und verständlich geschriebene Einführung in das Gebiet der
Algorithmen in Englisch. Es geht nicht um „brauchbare Algorithmen für die Praxis", son-
dern um ein tieferes Verständnis des Gebietes.

[Kn] *Donald E. Knuth:* The Art of Computer Programming, Addison-Wesley

* Vol. 1: „Fundamental Algorithms", 1973
* Vol. 2: „Seminumerical Algorithms", 1969
* Vol. 3: „Sorting and Searching", 1973

Der Klassiker in Englisch. Die Algorithmen werden in einer Assemblersprache dargestellt.

[Wir] *Nikolaus Wirth:* Algorithmen und Datenstrukturen (*Teubner Verlag*)

Dieses Buch zählt ebenfalls zu den Klassikern im deutschsprachigen Raum. Viele bekannte Algorithmen werden in Pascal (und in einer späteren Ausgabe in Modula) formuliert,
beschrieben und auch mathematisch analysiert.

Java 8

Von den zahlreichen Erweiterungen und Ergänzungen, die Java 8 mit Lambda-Ausdrücken und den neuen Bibliotheken mitgebracht hat, wurden hier nur einige wenige angerissen, die Relevanz für die untersuchten Algorithmen und Datenstrukturen haben. Folgende Kapitel und Abschnitte enthalten Verweise auf die Neuerungen:

- Bemerkung im Abschn. 2.3.3: Gleichwertigkeit
- Abschn. 3.2.5: Lambda-Ausdrücke
- Abschn. 3.4.3: Die acht Damen
- Aufgabe 4.4: Binäres Suchen rekursiv
- Aufgabe 4.5: Binäres Suchen funktional
- Aufgabe 4.7: Lineares Suchen
- Abschn. 4.4.3: Listen funktional
- Abschn. 5.1.3: Sortieralgorithmen in Java-Standardbibliotheken
- Aufgabe 5.4: Bubble und Shaker Sort
- Abschn. 5.6: Sortieren von Listen
- Abschn. 6.8: Bäume in den Standardklassen

Programmverzeichnis

Kapitel	Klasse/Methode	Datei
1.1	ggtIterativ, ggtRekursiv ggt1, ggt2, ggt3	Euklid.java
1.3	proz0, proz1, …	Komplexität.java
2.1.3 2.1.5 2.1.6	maxTeilsumme3 maxTeilsumme2 rechtesRandMax, linkesRandMax maxTeilsummeRekursiv maxTeilsumme1	Teilsumme.java
2.3.1 2.3.2	Stapel Knoten	Stapel.java Warteschlange.java
2.3.3 2.3.4	Stapel auswerten	Stapel.java Ausdruck.java
3.1.1 3.1.2 3.1.3 3.1.4	fakultätIterativ fakultätRekursiv fibonacciRekursiv FibonacciMitGedächtnis fibonacciIterativ ackermann hanoi	Rekursion.java

Kapitel	Klasse/Methode	Datei
3.2.1 3.2.2	`istGleichIter, kopierenIter` `istGleichRek, kopierenRek`	`Liste.java`
3.2.3	`istGleichIter, kopierenIter` `istGleichRek, kopierenRek`	`Reihung.java`
3.2.4	`Iterator`	`Reihung.java`
3.2.5	`fakultätLambda`	`FakultätLambda.java`
3.3	`Schildkröte`	`Schildkröte.java`
3.3.1	`schneeflocke`	`Schneeflocke.java`
3.3.2	`pfeilspitze` `drache`	`Pfeilspitze.java` `Drache.java`
3.3.3	`hilbert`	`Hilbert.java`
3.3.4	`ISchneeflocke`	`ISchneeflocke.java`
3.4.2	`versuchen`	`Springer.java`
3.4.3	`versuchen`	`Damen.java`
	`versuchen`	`DamenLambda.java`
	`Liste`	`Liste.java`
4.1	`suchen, nextTabelle` `kmpSuchen`	`Suchen.java`
4.3.1	`Beschlüsselt`	`Beschlüsselt.java`

4.3.1
4.3.2
4.3.3
	`Reihung`
	`SortierteReihung`
	`SortierteReihungBinär`
	`SortierteReihungLöschbar`
		`Reihung.java`
		`SortierteReihungBinär.java`

4.4.1	`Knoten, eintragen, suchen`	`Liste.java`

4.4.3	`anzahlPrimeKlassisch`
	`anzahlPrimeSequentiell`
	`anzahlPrimeParallel`
	`ListeFunktional`
		`AnzahlPrime.java`
		`ListeFunktional.java`

4.5.2 4.5.3	`HashTabelle` `hash01, hash02, …`	`HashTabelle.java` `HashFunktionen.java`

5.1
5.1.3
	`Sort`	`Sort.java`
		`SortTest.java`
		`Standardsort.java`

5.2.1
5.2.2
5.2.3
5.3
5.4.1
5.4.2
5.5
5.7.1
	Bubble Sort
	Shaker Sort
	Straight Insertion
	Straight Selection
	Shell Sort
	`QuickSort`
	`mergeSort`
	`HeapSort`
	`merge`
		`BubbleSort.java`
		`ShakerSort.java`
		`StraightInsertion.java`
		`StraightSelection.java`
		`ShellSort.java`
		`QuickSort.java`
		`MergeSort.java`
		`HeapSort.java`
		`Merge.java`
		`MultiMerge.java`

Kapitel	Klasse/Methode	Datei
5.6	BubbleSort,QuickSort ListenSort	BubbleSort.java QuickSort.java ListenSort.java
5.7.2	SortierKanal	SortierKanal.java
6.1.3	Binärbaum	Binärbaum.java
6.2.2 6.2.3 6.2.4	senken BaumSort inorder, preorder, postorder vorhanden	BaumSort.java
6.3.1 6.3.2 6.3.3	Baum eintragen löschen	Baum.java
6.4 6.4.2	AVLBaum löschen	AVLBaum.java
6.8	LambdaBaum	LambdaBaum.java
7.1	geschummelt hältNie, hältImmer hältWennGrößer1 hältWennNichtLeer hält7, hältVielleicht gödel, programm	Algorithmen.java

Die übersetzbaren, lauffähigen Quelltextdateien (4. Spalte) sind im Internet unter der folgenden Adresse zu finden:

http://public.beuth-hochschule.de/oo-plug/A&D

Stichwortverzeichnis

© Springer Fachmedien Wiesbaden GmbH 2017
A. Solymosi, U. Grude, *Grundkurs Algorithmen und Datenstrukturen in JAVA*,
DOI 10.1007/978-3-658-17546-7

Printed in the United States
By Bookmasters